U0107372

互联网+制造

迈向中国制造 2025

司　晓　孟昭莉　闫德利　李　刚　戴亦舒◎著

腾讯研究院　出品

電子工業出版社

Publishing House of Electronics Industry

北京 · BEIJING

图书在版编目（CIP）数据

互联网+制造 ：迈向中国制造 2025 / 司晓等著. —北京：电子工业出版社，2017.11

ISBN 978-7-121-32786-5

Ⅰ. ①互…　Ⅱ. ①司…　Ⅲ. ①互联网络—应用—制造工业—研究—中国　Ⅳ. ①F426.4-39

中国版本图书馆 CIP 数据核字（2017）第 236860 号

策划编辑：董亚峰
责任编辑：徐蔷薇
印　　刷：北京画中画印刷有限公司
装　　订：北京画中画印刷有限公司
出版发行：电子工业出版社
　　　　　北京市海淀区万寿路 173 信箱　邮编 100036
开　　本：720×1 000　1/16　印张：20　字数：331 千字
版　　次：2017 年 11 月第 1 版
印　　次：2017 年 12 月第 4 次印刷
定　　价：88.00 元

凡所购买电子工业出版社图书有缺损问题，请向购买书店调换。若书店售缺，请与本社发行部联系，联系及邮购电话：（010）88254888，88258888。

质量投诉请发邮件至 zlts@phei.com.cn，盗版侵权举报请发邮件至 dbqq@phei.com.cn。

本书咨询联系方式：（010）88254694。

本书创作团队

司　晓　孟昭莉

闫德利　李　刚　戴亦舒

董小英　王　泉　叶丽莎

刘　琼　周子祺　孙　怡　马天骄

出品

腾讯研究院

战略伙伴

腾讯云

互联网与制造业大融合，共同推动数字经济发展

马化腾
腾讯公司董事会主席兼首席执行官

1. 制造业是发展数字经济的主战场

2015 年，李克强总理在政府工作报告中正式提出推动"互联网+"行动计划；2016 年的政府工作报告提到支持"分享经济"发展；2017 年的政府工作报告又提出"数字经济"这一概念。从我们的理解来看，这三个概念是一脉相承的，"互联网+"是手段，分享经济是过程，数字经济是结果。而习近平总书记提出的"网络强国"是贯穿始终的目的和目标。

为什么要大力发展数字经济？原因有三。首先，以科技企业为代表的数字经济正在全球崛起。十年前，全球市值最高的企业大部分是以石油公司为代表的能源企业和以银行为代表的金融机构。今天全球排名前十位中，有七位是像苹果、谷歌这样的高科技企业。其次，数字经济发展为中国经济整体转型升级提供了新动能。云计算、移动支付、LBS 等通用技术不仅方便了人们的日常生活，也让协同设计、柔性制造等成为可能。结合大数据等新的生产要素，数字经济正逐渐成为推动供给侧结构性改革的发动机。最后，中国的科技企业已经站到科技发展的前沿，在新一代通信技术、人工智能等方面与世界先进水平看齐。市值排名全球前十的互联网企业中，中国占四席，美国占六席。数字经济发展带给中国"弯道超车"或者"变道超车"的机会，不可错过。

制造业是发展数字经济的主战场。中国被誉为"世界工厂"，拥有完备的制造体系，2015 年全球四分之一的工业制成品来自中国。制造业转型升级，是夺取新一轮全球竞争主导权的关键。中国在移动互联网领域的优势地位，能帮助我们打造出全球规模最大、类型最丰富的工业大数据。补足短板，力争先进，到 2025 年，实现从制造大国向制造强国的跨越，不仅仅向全球输出中国产品，还要输出工业互联网的中国样本。

2. 互联网与制造业融合发展的三个基础

移动互联网与制造业的融合发展，是建立在三个基础之上的：一是连接，二是云，三是安全。

先说连接。国内的制造业企业，存在数十种信息协议，形成一个个互相分割的"信息孤岛"，容易造成生产和消费脱节、连接失效。目前仍有企业沿用老思路，用非常保守的方式希望把数据放在自己的内网上。但是这样做其实既不经济也不安全，就像是电力时代，企业不接入公共电网而是在厂子里建个自用的发电厂。互联网在解决这一问题方面有天然的优势，可以帮助制造业企业打通线上线下，把信息网、销售网与供应链融合起来。借助移动互联网，制造业企业可以动态感知用户需求，从而组织研发、制造和服务，实现智能制造。这是一个系统工程，需要政府、制造业企业、互联网公司，以及大量的第三方服务机构一起努力。

再谈谈云。互联网与制造业的结合点，是工业云平台。这是目前先进制造业战略竞争的焦点，也是抢占制造业数字入口的关键。100多年前的第二次工业革命，制造业因为电力新能源的加入开启了电气化改造进程，产生了一系列技术突破，实现了生产效率革命。现在的"接入云"与"插上电"具有同样的意义。借助云平台，传统制造业企业不但能够纵向整合产业链资源，也能横向触发跨界创新的可能，让各类制造资源的共享、重组和更新变得更简单。此外，大企业可以通过云平台，向中小企业开放入口、数据和计算能力，推动中小企业与大企业的协同创新，共同实现数字化升级。

腾讯与三一重工合作的"根云"项目就是一个很好的尝试。三一重工通过腾讯云把分布在全球各地的 30 万台设备接入平台，实时采集近 1 万个运行参数，远程监控和管理设备群的运行，实现了故障维修 2 小时内到现场、24 小时内完成，同时大大减轻了零组件库存压力。在这个过程中，制造业企业价值链延伸，成为服务级企业的提供商。现在，用电量是重要的经济指标，表明经济活动是否活跃。未来，用云量也很可能成为类似的衡量数字经济发展的重要指标。

最后，也是数字经济发展的最基础的需求——安全。安全问题是制造业企业进行数字化转型的主要顾虑点。2017 年早些时候，Wannacry 病毒突袭了全球超过 150 个国家的 30 万台电脑，影响到金融、能源、医疗等众多关乎国计民生的行业，造成了 80 亿美元的损失。我们对此有切身体会。安全永远是腾讯的生命线。过去近 20 年，我们在内部成立了 7 个安全实验室，深入研究不同的安全领域，安全、稳定地运营海量数据。2016 年，我们设在上海的科恩安全实验室发现了特斯拉汽车系统的多个漏洞，帮助特斯拉排除了一些安全隐患。这些能力都可以通过云平台成系统地开放给制造业企业。未来的安全问题，需要互联网企业与制造业企业，形成紧密的安全联盟，防患于未然。

3. 制造业是数字经济发展的未来

一切有云，有人工智能的地方都必须涉及大数据，三者的有机共生毫无疑问是未来科技发展的方向，也是腾讯正在探索的方向。腾讯优图和广东的医院合作，通过深度学习的方法识别 CT 图像，辅助医生做早期筛查，初步结果是查出肺癌的准确率达到 63%，排除肺癌的准确率达到 78%，超过了普通医生的平均水平。其他的人工智能产品，如微信里的语音翻译用到了自然语言处理和声纹识别；还有最近刷爆朋友圈的建军节换头像穿军装，用人脸识别和智能融合技术，把个人头像融合到军装背景里，看起来逼真自然。

这些应用场景单个看都很小，听上去也不如云计算、大数据这么吸引人。但是我们有一个观点，未来数字经济发展的重要发力点是"场景"，或称之为"市场"。有了应用场景，有了市场，数据自然会产生，也会驱动技术发展，人才也会随之而来。从不可复制性的角度来说，计算能力和大数据都是可复制的，但是市场和人才是不可复制的。

制造业中有非常多这样的应用场景，孕育非常大的市场机会。未来，所有制造业企业都会在云端用人工智能处理大数据。互联网与制造业企业融合的结果，就是所有制造业企业都是大数据企业、云计算企业、人工智能企业。

过去 20 年，中国互联网产业的繁荣，离不开中国制造业的支持。移动互联网的普及，得益于网络基础设施和上网设备的制造能力。未来 20 年，中国制造走向中国创造，需要互联网与制造业的深度融合，需要各方携手共创未来。

Preface

序 2

推动互联网+制造迈开强劲步伐

郑新立
中国工业经济学会会长

工业是立国之本、强国之基，是国民经济的主体。只有做强中国制造，才能振兴实体经济。党的十八大以来，以习近平同志为核心的党中央高度重视工业发展，坚定不移地走中国特色新型工业化道路，加快制造强国和网络强国建设进程，为经济社会稳定发展和综合国力稳步提升提供了重要支撑。

近年来，全球范围内新一轮科技革命和产业变革与我国加快转变经济发展方式形成历史性交汇，我国工业发展的环境和动力发生了深刻变化。为此，我们要顺应技术和产业发展趋势，始终把创新驱动发展放在首位，不断增强工业发展动力和主动权，聚焦互联网+制造的主攻方向，推进信息化与工业化深度融合，深化供给侧结构性改革，推进制造业不断升级优化。

"互联网+"作为一种对互联网渗透作用最通俗的表达方式，已经开始根植在人们的思维中，"互联网+"通过逆向渗透快速从第三产业延伸到第二产业，引发了新一轮科技革命和产业变革，开启了互联网+制造的新阶段。互联网+制造以互联网理念、平台模式与开放生态实现智能化决策和资源动态配置，改变信息不对称，提升制造效率和品质，助力制造业的转型升级。

互联网+制造已经成为国际竞合的制高点，也是我国落实中国制造 2025，实施"互联网+"行动计划，发展数字经济的主战场。通过互联网+制造实现互联网与工业的深度融合，打造我国制造业增长新动能、发展新空间和转型新动力。

《互联网+制造——迈向中国制造 2025》一书阐述了互联网+制造的发展政策与企业实践，提出了互联网+制造的新路径、新模式与新空间，是一本有思路、有内涵、有价值的书籍。我相信，通过该书的出版发行，将会进一步推动互联网+制造的创新发展，并将有助于实现中国制造 2025 的发展目标。

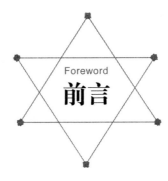

Foreword
前言

改革开放近 40 年，我国制造业取得长足发展，规模稳居世界第一，门类齐全，体系完整，构成了国民经济的坚实基础。在看到历史成绩的同时，还要看到挑战和问题。当前，在全球制造业格局中，我国面临高端回流和低端转移的"双向挤压"挑战，制造下行压力持续加大，亟待通过转型升级实现创新发展。

现代制造业的演进史，就是信息通信技术与工业不断融合的发展史，新的信息通信技术几乎都会在每个 10 年为制造业带来新的变革。当前，互联网作为创新最活跃、赋能最显著、渗透最广阔的产业，正在通过互联网+制造延续已有的融合，加速向制造各环节渗透，驱动新产品、新应用、新市场与新业态的不断涌现，为制造业发展赋予了网络化、服务化、个性化与智能化的新特征，推动制造业发生深刻变革，并全面进入到互联网+制造的新时代。

李克强总理在 2016 年 1 月 27 日主持召开的国务院常务会议上提出的"所谓'四次工业革命'，大致划分，第一次是'蒸汽革命'，第二次是'电气革命'，第三次是'信息革命'，第四次是'工业革命'，现在使用的词叫做'物理信息融合'，主要讲的其实就是'互联网+'，里面的内容是大数据、云计算、智能机器人和 3D 打印技术，等等，并由此掀起新一波汹涌澎湃的创新浪潮。"总理的讲话指出了互联网+制造的丰富内涵。互联网+制造是以互联网为核心的新一代信息技术与制造业跨界融合与深度应用，贯穿于设计、生产、管理、服务等制造活动的各个环节，形成了具有信息深度感知、智慧优化决策、精准控制自执行等功能的先进制造系统，创造出新思维、新模式、新产品和新业务，构建形成了连接一切的制造业新生态，推动了制造业的生产方式和组织形态的根本变革。

制造业是国民经济的主体，是实体经济的骨架和支撑。在党中央、国务院战略指引下，互联网+制造将成为落实中国制造 2025，实施《国务院关于积极推进"互联网+"行动的指导意见》，发展数字经济的主战场。通过互联网+制造可发挥我国信息通信产业的领先优势和制造业规模优势，实现互联网与工业的深度融合，打造我国制造业增长新动能、发展新空间，推动我国制造业的转型升级。正如李克强总理在 2015 年 10 月 14 日国务院常务会议上所强调的："互联网+双创+中国制造 2025，彼此结合起来，进行工业创新，将会催生一场'新工业革命'。"

为了进一步推动互联网+制造的创新发展，使我国在新工业革命中抢占先机，我们经过缜密的思考与架构，开始了《互联网+制造——迈向中国制造 2025》一书的写作。期间，我们走访了推进互联网+制造的先行企业、查阅了国内外的发展政策与企业实践，通过多次内部讨论和反复斟酌，就一些基本的观点和看法取得了一致。例如，工业云将成为互联网+制造的关键入口，制造业丰富场景将带来下一轮数据爆发，并为更多创新提供素材，等等。最终，在业内外专家领导的热情支持和大力协助下，该书得以撰写完成并出版发行。在此，我们对所有参与讨论的专家表示感谢。

该书分为 5 大部分，16 个章节。内容包括互联网+制造的内涵和外延，美、欧、日、德的政策与实践，以及我国互联网+制造的新动能、新模式、新生态、新技术、新特征、新格局和新空间等。

通过该书的出版发行，将系统阐述国内外互联网+制造的发展理念、发展政策与发展实践，提出中国互联网+制造的发展路径、发展模式与发展空间。同时，该书用较大篇幅详细描述了典型行业与企业的丰富案例，为制造企业、网络信息企业、学术机构、大专院校及创业者等提供互联网+制造的全方位参考，并将进一步推动互联网+制造在我国的创新发展。

Contents

目 录

PART 1

背景篇 新工业革命酝酿兴起

PART 2

产业篇 推进互联网＋制造 助力转型升级

PART 3

技术篇　互联网 + 制造的技术架构

PART 4

国外篇 推进互联网 + 制造是世界大势

PART 5

案例篇 互联网＋制造的案例实践

背 景 篇

新工业革命酝酿兴起

第1章　制造业是国民经济的主体

制造业是国民经济的主体，是立国之本、兴国之器、强国之基，是实现创新、抢占未来的关键制高点；决定着实体经济的质量和效益。只有做强中国制造，才能振兴实体经济。

1.1　国民经济行业分类中的制造业

三次产业分类法是世界上通用的产业结构分类方法，由新西兰经济学家费歇尔于1935年首先创立，它根据劳动对象的加工顺序把国民经济部门划分为三次产业：

（1）第一产业即传统意义上的农业，包括农、林、牧、渔业。第一产业直接获取自然资源。

（2）第二产业即通常所说的工业和建筑业。工业包括采矿业，制造业，电力、热力、燃气及水的生产和供应业。第二产业对获取的自然资源进行加工和再加工。其中，采矿业是特例。采矿业在经济活动中是取之于自然的产业，理应划入第一产业，但采矿业有更多的属性与制造业类似。因此，产业结构理论的重要奠基人、英国经济学家克拉克在1951年出版的《经济进步的条件》（第2版）中，将采矿业划入了第二产业。这一划分方法被人们所普遍接受。

（3）第三产业即服务业，是指除第一产业、第二产业以外的其他行业，是非物质生产部门。

在实践中，各国的划分标准有所差异。根据《国民经济行业分类》（GB/T 4754—2017），我国三次产业的划分标准如表1-1所示。

表 1-1　我国三次产业的划分标准

三次产业 分类	基本特征	细分产业	门　类
第一产业 （农业）	直接获取自然资源	—	农、林、牧、渔业
第二产业 （工业、建筑业）	对获取的自然资源 进行加工和再加工	工业	采矿业 制造业 电力、热力、燃气及水生产和供应业
		建筑业	建筑业
第三产业 （服务业）	非物质生产部门	—	批发和零售业 交通运输、仓储和邮政业 住宿和餐饮业 信息传输、软件和信息技术服务业 ……

注：农、林、牧、渔业不含农、林、牧、渔服务业；采矿业不含开采辅助活动；制造业不含金属制品、机械和设备修理业；第三产业的门类较多，不一一列举。

资料来源：腾讯研究院，2017 年 9 月。

　　制造业是工业的主体部分，也是第二产业的主体部分，其内涵丰富，涉及范围广泛。根据《国民经济行业分类》（GB/T 4754—2017），我国制造业分为 31 个大类：农副食品加工业，食品制造业，酒、饮料和精制茶制造业，烟草制品业，纺织业，纺织服装、服饰业，皮革、毛皮、羽毛及其制品和制鞋业，木材加工和木、竹、藤、棕、草制品业，家具制造业，造纸和纸制品业，印刷和记录媒介复制业，文教、工美、体育和娱乐用品制造业，石油加工、炼焦和核燃料加工业，化学原料和化学制品制造业，医药制造业，化学纤维制造业，橡胶和塑料制品业，非金属矿物制品业，黑色金属冶炼和压延加工业，有色金属冶炼和压延加工业，金属制品业，通用设备制造业，专用设备制造业，汽车制造业，铁路、船舶、航空航天和其他运输设备制造业，电气机械和器材制造业，计算机、通信和其他电子设备制造业，仪器仪表制造业，其他制造业，废弃资源综合利用业，金属制品、机械和设备修理业。

按生产工艺特征，制造业可分为流程型制造业和离散型制造业。

流程型制造业，又称为流程工业，或过程工业，是指通过混合、分离、成型或化学反应而使产品增值的行业。流程型制造企业可细分为批制造流程企业（如制药、食品企业）、大量制造流程企业（如冶金企业）和连续制造流程企业（如化工企业）三类。

离散型制造业，又称为离散工业，主要是通过改变原材料物理形状、组装等手段生产产品，进而使产品增值的行业。离散型制造业主要包括机械加工、组装性行业，典型产品有汽车、计算机、日用器具等。离散型制造业可进一步划分为大批量生产和多品种小批量生产两种模式。

工业和信息化部是我国制造业的主管部门。在工作推进中，制造业主要分为原材料工业、装备工业、消费品工业和电子信息产品制造业四大类，分别由相应四个司局主管，如表 1-2 所示。

表 1-2　我国制造业的行业管理

制造业分类	细分行业	主管司局
原材料工业	石化、化工、钢铁、有色、黄金、稀土、建材	工信部原材料工业司
装备工业	机械、汽车、航空、发动机、船舶	工信部装备工业司
消费品工业	纺织、轻工、食品、医药、家电	工信部消费品工业司
电子信息产品制造业	集成电路、信息通信产品、视听产品、电子基础产品	工信部电子信息司

资料来源：腾讯研究院，2017 年 9 月。

1.2　我国是世界第一制造大国

1.2.1　制造业是关系国计民生的大事

18 世纪中叶开启工业文明以来，世界强国的兴衰史和中华民族的奋斗史一再证明，没有强大的制造业，就没有国家和民族的强盛。打造具有国际竞争力的制造业是我国提升综合国力、保障国家安全、建设世界强国的必由之路。

1．制造业是立国之本、兴国之器、强国之基

历史上，荷兰、英国、美国制造业的发展曾令世界瞩目，在他们相继成为世界制造中心后，都将发展重心转向了赚钱更快的贸易、金融等服务业，忽视了对以制造业为代表的实体经济的重视，从而使这些国家在面对世界经济危机时，或是失去了昔日世界强国的雄风，或是经济发展处于低迷状态。而坚持工业立国的德国却保持了持续稳定增长，经济实力居欧洲首位。

制造业是立国之本、兴国之器、强国之基，是实体经济的骨架和支撑，也是振兴实体经济的主战场。发达国家已重新认识到制造业的重要性，纷纷实施"再工业化"战略。我国正处于工业化的中后期，经济增长主要还是依靠实体经济和制造业的发展，特别是发展战略性新兴产业、先进制造业。我们要坚持发展制造业不动摇，加速推动制造业由大变强，以制造业的繁荣和强大，托起实现中华民族伟大复兴之梦。

2．制造业是物质财富的主要源泉

制造业是物质财富生产的核心部门，是人类社会赖以生存的基础产业。无论科学技术怎样发展，知识和信息的力量如何强大，其绝大多数价值最终是通过制造业贡献于社会的。在更高的社会发展阶段，对基础产业的依赖性将更为突出，信息社会和知识社会的高度发展离不开制造业的支撑。

制造业的带动性强，其发展可有效带动农业、采矿业、建筑业和服务业的发展。制造业为国民经济建设和国防现代化提供了以神舟系列载人飞船、"蛟龙"载人潜水器、歼-20 战斗机、北斗卫星导航系统、超级计算机、高铁设备、高压输变电设备、百万千瓦级超超临界火电机组、万米深海石油钻探设备为代表的一大批重大装备。制造业成为国家安全的保障和国防实力的重要支撑，成为人民幸福安康、社会和谐稳定的物质基础，成为实现我国工业化、信息化、城镇化、农业现代化同步发展

的主要推动者。

3. 制造业是最主要的就业渠道

制造业的快速发展创造了大量的就业机会，制造业是我国吸纳就业的最主要产业。2015 年末，我国城镇单位制造业就业人数达 5068.7 万人，占 1.8 亿城镇单位就业总数的 28.1%，位居各行业第一位，超过第二位和第三位之和。2015 年城镇单位就业人员的行业构成如图 1-1 所示。

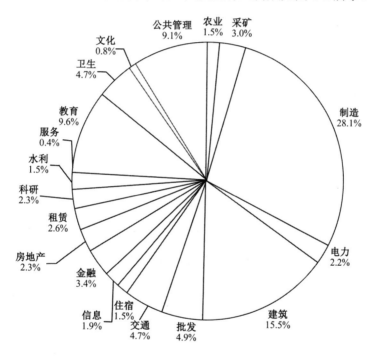

图 1-1　2015 年城镇单位就业人员行业构成

资料来源：中国劳动统计年鉴 2016。

制造业的就业带动效应十分明显，其发展可大大带动交通运输、批发零售、住宿餐饮等各行业的就业。米尔肯研究所（Milken Institute）在"制造业 2.0"报告里指出，制造业每创造一个工作岗位，将为其他行业创造 2.5 个工作岗位。世界各国无不将发展制造业作为促进就业的主要手段。

1.2.2 我国连续 7 年保持世界第一制造大国地位

改革开放以来，我国制造业发展取得了举世瞩目的成就，总体规模快速扩大，综合实力不断增强，不仅对国内经济和社会发展做出了重要贡献，而且成为支撑世界经济的重要力量。

根据联合国工业发展组织（UNIDO）数据，我国工业竞争力全球排名不断上升，由 1985 年的第 61 位，上升到 1998 年的第 37 位，再到 2010 年的第 8 位。根据该组织发布的《2016 年工业发展报告》，2013 年我国工业竞争力位居第 5 位，跻身全球五个最具竞争力的国家之列。其他四个国家分别是德国、日本、韩国和美国，均为高收入国家，工业化程度高。

工业竞争力被定义为国家增加其在国际和国内市场的份额，同时发展具有更高附加值和技术含量的产业部门和活动的能力。就规模而言，我国是无可争议的世界第一制造大国。1990 年我国制造业占全球的比重仅为 2.7%，居世界第 9 位；2010 年达到 19.8%，跃居世界第 1 位。2016 年制造业增加值达 24.8 万亿元，占 GDP 的比重为 33.3%[①]，连续 7 年保持世界第一制造大国地位，如表 1-3 所示。

表 1-3　我国制造业占全球的比重及排名

年份	占世界的比重	世界排名
1990 年	2.7%	9
2000 年	6.0%	4
2007 年	13.2%	2
2010 年	19.8%	1

资料来源：工信部规划司，2015 年 5 月。

在众多细分领域，我国也遥遥领先。按照国际标准分类，在制造业的全部 31 个大类中，我国在纺织品、电力装备、交通工具等七大类行业

---

① 数据来源：国家统计局，2016 年国民经济和社会发展统计公报。

规模名列全球第一。在 500 多种工业产品当中，我国有 220 多种产量居世界第一；工业制成品出口约占全球的 1/7，是全球最大的工业制成品出口国①。

我国制造业种类齐全，体系完整，是世界上制造业种类最多的国家。针对联合国列出的 113 种制造业，我国都有对应的制造企业。同时，强大的工业配套能力和良好的基础设施也为制造业的发展奠定了良好的基础。由于制造业体系的完备，在制造业发展的过程中，形成了不同的产业集群，形成优势互补、独立自主的制造业产业链。

1.3　制造业仍然"大而不强"

我国已成为世界第一制造大国，被誉为"世界工厂"，但还不是制造强国。工业和信息化部部长苗圩曾指出：全球制造业已基本形成四级梯队发展格局，中国处于第三梯队。

第一梯队是以美国为主导的全球科技创新中心。

第二梯队是高端制造领域，包括欧盟、日本。

第三梯队是中低端制造领域，主要是包括中国在内的新兴国家。

第四梯队主要是资源输出国，包括 OPEC（石油输出国组织）、非洲国家、拉丁美洲国家等。

由于在创新能力、产品质量、产业结构、信息化水平等方面与美国、德国、日本等制造强国存在较大差距，致使我国在核心技术、附加价值、产品质量、生产率、能源资源利用和环境保护等方面存在一系列问题。

1．自主创新能力薄弱

具有自主知识产权的产品少，核心技术对外依存度较高，产业发展需要的高端设备、关键零部件和元器件、关键材料等大多依赖进口。大多数装备研发设计水平较低，试验检测手段不足，关键共性技术缺失。

---

① 数据来源：苗圩，全面实施"中国制造 2025"着力振兴实体经济，学习时报，2017 年 3 月。

企业技术创新仍处于跟随模仿阶段，底层技术的"黑匣子"尚未突破，一些关键产品也很难通过逆向工程实现自主设计、研发和创新。

由于创新能力不强，我国在国际分工中尚处于技术含量和附加值较低的"加工—组装"环节，在附加值较高的研发、设计、工程承包、营销、售后服务等环节缺乏竞争力。亚洲开发银行的研究表明，苹果手机在中国制造，但实际由美国公司设计和拥有，多数元件在其他国家生产，只是组装在中国完成。因此，在一部苹果手机的批发价格中，日本、德国、韩国各自能从中获得34%、17%、13%的价值，而我国只能拿到3.6%。我国制造业自主创新能力不强导致附加值较低的状况由此可见一斑。

2．部分领域产品质量可靠性有待提升

突出体现在产品质量安全性、质量稳定性和质量一致性等方面。2017年上半年国家监督抽查产品不合格检出率为 9.3%[①]；制造业每年直接质量损失超过 2000 亿元，间接损失超过 1 万亿元[②]。部分产品和技术标准不完善、实用性差，跟不上新产品研发速度。另外，品牌建设滞后，缺少一批能与国外知名品牌相抗衡、具有一定国际影响力的自主品牌。

3．产业结构不尽合理

资源密集型产业比重过大，技术密集型产业和服务型制造业比重偏低；低端产能过剩、高端产能不足，产业同质化竞争问题仍很突出。而真正体现综合国力和国际竞争力的高精尖产品和重大技术装备生产不足，远不能满足国民经济发展的需要。

4．信息化水平不高

表现为利用网络信息技术改造传统生产方式和工艺流程的水平亟待提升，关系国家经济、社会安全的高端核心工业软件（设计、管理、控制、优化等）主要依赖进口。发达国家和地区已开始步入制造业与信息

---

① 数据来源：国家质检总局。
② 数据来源：国家质检总局，工业产品质量统计报表（2013 年）。

技术全面综合集成，以数字化、网络化、智能化应用为特点的新阶段，我国大部分地区和行业仍处于以初级或局部应用为主的阶段，且不同地区、行业及不同规模企业间信息化水平差距明显。

1.4 面临更加复杂严峻的新形势

我国制造业的发展形势十分严峻，亟须加快从"制造大国"向"制造强国"的转型升级。在国内，人口红利消失，资源及生态环境的承载能力接近饱和；在国际，全球产业格局正经历重大调整，我国面临"高端回流"和"中低端分流"的双向挤压，以及国际贸易环境变化的新挑战。

1.4.1 人口红利逐步消失

我国制造业的腾飞，除了制度变化的因素外，很大程度上受益于人口红利。改革开放之初，数量庞大、年轻且廉价的劳动力队伍是我国开始"制造大国"之旅的起点，也是我们的比较优势所在。这部分劳动力与大量的外来资本结合，造就了历史性的经济增长奇迹。然而，这些年我国人口数量和结构悄然发生了变化。

由于长期实行严格的计划生育政策，我国生育率保持持续下降趋势。1981 年到 1997 年是我国人口出生高峰期，每年新生儿数量高达 2000 多万人；1998 年新生儿数量开始降到 2000 万以下，为 1991 万；至今一直维持在 1500 万～2000 万人/年①。新生儿数量的降低将直接影响 20 年后的劳动力供给，对制造业发展产生直接影响。

2010 年，我国人口抚养比停止下降，开始稳步上升。2011 年，16～59 岁劳动年龄人口的总量到达峰值，为 9.41 亿。2012 年开始出现负

---

① 数据来源：根据国家统计局数据整理。

增长，2016 年降到 9.22 亿，五年间净减少 2000 万劳动年龄人口。相应地，劳动年龄人口占总人口的比例也从 2011 年的 69.8%下降到 2016年的 66.7%，如图 1-2 所示。因此，我国从 2012 年开始，到达人口抚养比停止下降、劳动年龄人口停止增长的人口红利转折点，劳动力无限供给的特征趋于消失。也就是说人口红利已经消失，开始转为所谓的"人口负债"。

图 1-2　2007—2016 年我国大陆地区 16～59 岁劳动年龄人口数量

数据来源：国家统计局[①]。

1.4.2　资源环境约束日益趋紧

当前，我国制造业发展的资源能源、生态环境、要素成本等都在发生动态变化。我国制造业传统竞争优势赖以保持的多种要素约束日益趋紧，已经使粗放式的发展道路越走越窄。经济发展新常态下，在原有比较优势逐步削弱、新的竞争优势尚未形成的新旧交替期，我国制造业必

---

① 除 2010 年数据为 11 月 1 日零时数据外，其他数据均为年底数据。

须加快转型升级步伐。

从资源能源看，我国资源相对不足、环境承载能力较弱，人均淡水、耕地、森林资源占有量仅为世界平均水平的 28%、40% 和 25%，石油、铁矿石、铜等重要矿产资源的人均可采储量分别为世界人均水平的 7.7%、17% 和 17%[①]。2016 年，我国原油对外依存度升至 65.4%[②]。

从环境压力看，长期积累的环境矛盾正集中显现。固体废物、危险废物、持久性有机废物持续增加，重大环境污染事件时有发生，农村和土壤环境问题日益凸显，水土流失、草原退化等生态问题十分突出，一些地区资源环境承载能力已接近极限。2016 年，全国有 254 个城市环境空气质量超标，占 338 个地级及以上城市的 75.1%；全国地表水 1940 个评价、考核、排名断面中，Ⅰ 类、Ⅱ 类水质断面仅占 39.9%；2591 个县域中，生态环境质量"优"和"良"的占国土面积的 44.9%，尚不足一半[③]。

1.4.3 面临着"高端回流"和"中低端分流"的双向挤压

当前，发达国家高端制造回流与中低收入国家争夺中低端制造转移同时发生，对我国形成"双向挤压"的严峻挑战。

制造业重新成为全球经济竞争的制高点，发达国家纷纷制定以重振制造业为核心的再工业化战略，高端制造领域出现向发达国家"逆转移"的态势。例如，苹果电脑已在美国本土设厂生产；夏普计划在本土生产更多机型的液晶电视和冰箱；TDK 也将把部分电子零部件的生产从中国转移至日本秋田等地；福耀玻璃已投资 10 亿美元在美投资建厂，并计划未来还要追加 10 亿美元投资。

发达国家推出再工业化和制造业回归战略的同时，印度、越南、印

---

① 数据来源：《中华人民共和国可持续发展国家报告》（2012）。

② 数据来源：中国石油企业协会、中国油气产业发展研究中心，《2017 中国油气产业发展分析与展望报告蓝皮书》。

③ 数据来源：环境保护部，《2016 中国环境状况公报》。

度尼西亚等发展中国家则以更低的劳动力成本和资源成本抢占加工制造业的份额，承接劳动密集型产业的转移。我国制造业在部分劳动密集型行业与发展中国家分工的争夺战已经开始。一些跨国资本直接到新兴国家投资设厂，有的则考虑将中国工厂迁至其他新兴国家。例如，微软关停诺基亚东莞工厂，部分设备转移到越南河内；耐克、优衣库、三星、船井电机、富士康等知名企业纷纷在东南亚和印度开设新厂；本土电商服装品牌凡客也已经将部分订单交给孟加拉国的代工厂进行生产。

1.4.4　国际贸易规则正在重构，面临贸易环境变化的新挑战

国际贸易保护主义强化与全球贸易规则重构相交织，我国也将面临国际贸易环境变化的新挑战。

1. 国际贸易保护主义进一步强化

近年来，我国成为遭受贸易救济调查最严重的国家，2016 年共遭遇来自 27 个国家和地区发起的 119 起贸易救济调查案件，同比上升 36.8%，案件数量达到历史高点；涉案金额 143.4 亿美元，同比上升 76%[①]。更为严重的是，贸易摩擦政治化、措施极端化倾向明显，终裁税率普遍较高。

2. 全球贸易规则也处于重构过程

美国极力推动打造跨太平洋全球最大自由贸易区（TPP），在服务贸易、知识产权、劳工和环境保护等方面的高门槛，将进一步削弱我国出口产品的成本优势，也将影响我国制造业实施的"走出去"战略。此外，美国推动的跨大西洋贸易与投资伙伴协定（TTIP），美欧双方互相降低非关税壁垒，统一各类认证等监管标准，也将挑战我国参与的金砖国家准贸易联盟。全球贸易投资秩序的重建，可能对国内贸易投资产生替代效应，我国的对外贸易和吸引国际直接投资的压力将会增大。

---

① 数据来源：商务部。

第 2 章　互联网+制造是新工业
革命的核心

制造业是国民经济的主体，是实体经济的骨架和支撑，是实施"互联网+"行动、发展数字经济的主战场。制造业成为主战场，是由制造业在国民经济中的主体地位所决定的，是由新一轮制造业制高点竞争所决定的，是由"互联网+"融合发展趋势所决定的，也是国家发展的战略选择。

2.1　新工业革命酝酿兴起

推进由"制造大国"向"制造强国"升级，我国面临着严峻复杂的发展形势，也迎来了新工业革命酝酿兴起的历史机遇。

2.1.1　制造业重新成为全球竞争的制高点

国际金融危机后，全球制造业处在重塑发展理念、调整失衡结构、重构竞争优势的关键节点。伴随着新一代信息技术的突破和扩散，柔性制造、网络制造、绿色制造、智能制造、服务型制造等日益成为生产方式变革的重要方向，并引发了国际社会对能源互联网、工业互联网、数字化制造等一系列发展理念和发展模式的广泛讨论和思考。

不管是美国经济学家杰里米·里夫金提出的"第三次工业革命"（2011 年），还是世界经济论坛创始人克劳斯·施瓦布提出的"第四次工业革命"（2016 年），抑或德国提出的"工业 4.0"（2013 年），以及广受关注的数字经济（2016 年），无不预示着世界范围内将迎来一场新的工业革命，制造业重新成为全球经济竞争的制高点。

为迎接新工业革命的发展机遇，并应对随之而来的挑战，近年来，世界各国纷纷出台制造业中长期发展战略，如美国的"先进制造业伙伴计划""制造业创新网络计划"，英国的"英国制造 2050"，德国的"工业 4.0"，法国的"新工业法国"，欧盟的"欧洲工业数字化战略"，韩国的"制造业创新 3.0"，印度的"印度制造战略"，西班牙的"工业连接 4.0"，俄罗斯的"国家技术计划"，日本的"机器人新战略"和"再兴战略"，意大利的"意大利制造业"，阿根廷的"国家生产计划"和中国的"中国制造 2025"等都包含推进新工业革命的重要举措。

2.1.2　新工业革命的本质特征：网络信息技术与制造业的融合

李克强总理在 2015 年 10 月 14 日国务院常务会议上强调："互联网+双创+中国制造 2025，彼此结合起来，进行工业创新，将会催生一场'新工业革命'。"

2016 年 G20 杭州峰会发布的《二十国集团新工业革命行动计划》认为：正在兴起的这场新工业革命，以人、机器和资源间实现智能互联为特征，由新一代信息技术与先进制造技术融合发展并推动，正在日益模糊物理世界和数字世界、产业和服务之间的界限，为利用现代科技实现更加高效和环境友好型的经济增长提供无限机遇。

从根本上来说，新工业革命是由网络信息技术与制造业的深度融合所催生的。作为网络信息技术的核心和灵魂，互联网是最活跃的因素，赋能效应最显著，渗透路径最广阔，代表着当今最新生产力发展水平。研究表明，全球 95% 的工商业同互联网密切相关[1]。因此，互联网与制造业的融合成为这次变革的核心，将在世界范围内给制造业带来颠覆性变革，主要表现在四个方面：

---

[1] 习近平，坚持开放包容　推动联动增长——在二十国集团领导人汉堡峰会上关于世界经济形势的讲话，2017 年 7 月 7 日。

1. 从解放体力劳动向解放脑力劳动转变

互联网拓展了知识积累、挖掘、扩散的广度和深度，制造业持续提升研发、制造、管理、服务等专业化能力。二者的融合实现了全球范围内研发设计资源、制造资源和制造能力的聚合，奠定了集众智、汇众力协同创新生态的基础，从根本上改变了劳动者知识获取、工具使用、创新创业的方式和能力，正在逐步推动劳动者脑力劳动的解放，劳动者正在代替劳动工具成为推动生产力发展的决定性因素。

2. 从传统生产要素驱动向新型生产要素驱动转变

通过互联网+制造使得新一代信息通信技术不断向生产要素领域深度渗透，不仅改造了土地、资本、劳动工具等传统生产要素，而且催生出数据这一新型生产要素。工业大数据的及时性、完整性、开发利用水平，以及数据流、物质流和资金流协同集成能力，决定着制造资源的优化配置效率，引领着生产方式和产业模式变革。

3. 从生产引导消费向消费引导生产转变

当前以用户为中心的全球产业竞争日益激烈，互联网+制造搭建了用户需求和生产制造之间的桥梁。依托互联网平台海量用户个性化需求，得以低成本地传递至设计和生产环节，进而与制造领域融合，催生数据驱动的柔性化智能生产模式。推动规模化、标准化、专业化，以效率提升为核心的规模经济，加速向个性化、动态化、协同化、以快速响应为核心的定制经济转变。

4. 从生产型制造向服务型制造转变

以互联网为基础，在物联网、云计算、大数据等泛在信息的强力支持下，通过制造商、生产服务商、用户在开放共用的网络平台上的互动，量体裁衣式的单件小批量定制生产将逐步取代大批量流水线生产，产业形态将从生产型制造向全生命周期的服务型制造转变。网络众包、异地协同设计、大规模个性化定制、精准供应链管理等正在构建企业新的竞争优势。

以互联网为核心的网络信息技术与制造业的深度融合催生新工业革命,我国制造业发展迎来新的战略机遇期。推动制造业与互联网融合,充分发挥"制造业大国"和"互联网大国"两个大国的叠加效应、聚合效应、倍增效应,加快新旧发展动能和生产体系转换,实现从"跟跑"到"并跑"再到"领跑"的历史跨越,加快"制造强国"和"网络强国"的建设进程。

2.2　互联网+制造的内涵与外延

2.2.1　互联网+制造的内涵

互联网+制造是以互联网为核心的新一代信息技术与制造业跨界融合与深度应用,贯穿于设计、生产、管理、服务等制造活动的各个环节,形成具有信息深度感知、智慧优化决策、精准控制自执行等功能的先进制造系统,创造出新思维、新模式、新产品和新业务,构建形成连接一切的制造业新生态,推动制造业的生产方式和组织形态根本变革。

互联网+制造具有平台支撑、软件定义、数据驱动、服务增值、智能主导五大特征。

1. 平台支撑

新一轮科技革命和产业革命的孕育兴起,全球工业互联网正加速深化发展,互联网平台正在从商业领域向制造业领域扩展,成为工业互联网战略布局的核心。作为工业互联网、工业 4.0 的倡导者和主导者,GE和西门子分别推出 Predix 和 MindSphere 工业互联网平台,领军企业围绕"智能机器+云平台+应用 APP"功能架构,整合"平台提供商+应用开发者+用户"生态资源,抢占工业大数据入口主导权、培育海量开发者、提升用户黏性,其本质都是以开放化平台为核心,向下整合硬件资源,向上承载软件应用,构建基于工业云的制造业生态,引领未来工业发展方向。

2．软件定义

全球诸多跨国软件企业一致认为，未来制造业将由软件支撑和定义。软件早已不再是过去的软件业，而是设备的软零件、软部件，并最终将发展成软装备。它不仅定义产品的结构和功能，而且定义企业生产流程和生产方式。正如西门子所称："软件是工业的未来，数据是未来的原材料"，其软件研发费用约占整个集团研发费用的 40%。Auto Desk 认为软件将定义产品的结构和功能，其通过衍生式设计软件为空客设计了具有内部晶格结构的仿生隔断，比原来设计的结构重量轻 45%。

3．数据驱动

当感知无所不在、连接无所不在，数据一定也会无所不在，未来制造业将由数据和知识协同驱动。一方面，通过数据的自动流动解决复杂问题的不确定性；另一方面，通过隐性知识的显性化实现生产制造全过程的标准化和模块化。西门子研发的贯穿于产品生命周期各环节的"数字化双胞胎"——"产品数字化双胞胎""生产工艺数字化双胞胎""设备数字化双胞胎"，将 PLM（生命周期管理软件）、MES（制造执行系统）和 TIA（全集成自动化）集成在 Teamcenter 数据平台上，可实现数据的自动流动和隐性知识的显性化，代表了未来工业的发展方向。

4．服务增值

随着制造和服务之间的界限越来越模糊，以产品制造为核心的传统发展模式正在向提供产品服务系统转变，服务型制造将是未来工业的重要方向之一。微软、IBM、西门子、SAP、PTC 均积极与制造企业合作，为制造企业开展智能服务提供技术支持。微软与罗尔斯·罗伊斯合作，开展航空发动机预测性维护服务，大大增加了航空发动机维修间隔时间，降低了维修费用。IBM 与约翰迪尔合作，开展农业机械的远程监控和运行维护服务，增加客户黏性。

5．智能主导

新一代信息通信技术的融合发展正将制造业带入到一个感知无所不在、连接无所不在、数据无所不在的新时代；带入到一个独立要素不断整合为小智能系统；小智能系统不断融入大智能系统，大智能系统不断演进为超级复杂智能系统的新时代。智能的本质是以数据在闭环系统的自动流动，实现要素资源配置的优化；智能的核心是以赛博空间的信息流优化物质世界的资源配置效率。从自动化到智能化，是从局部优化到全局优化的过程。在时间上，资源优化只有起点，没有终点；在空间上，参与优化的资源沿着点、线、面、体、大系统、巨系统方向不断拓展；在频率上，优化的频率越来越快，零库存等概念方向本质是库存周期的变化。自动化是单点、低水平、有限的资源优化，智能化是多点、高水平、全局的资源优化。

2.2.2　互联网+制造的外延

互联网+制造泛指以互联网为代表的网络信息技术与制造业的全面融合。互联网+制造既包括智能制造，也涵盖工业互联网，以及工业机器人、3D 打印等单点智能，这三者之间有着紧密的联系。

第一，智能制造需要依托两方面的基础能力。工业制造技术包括先进装备、先进材料和先进工艺等，是决定制造边界与制造能力的根本；工业互联网包括智能传感控制软硬件、新型工业网络、工业大数据平台等综合信息技术要素，是充分发挥工业装备、工艺和材料潜能，提高生产率、优化资源配置效率、创造差异化产品和实现服务增值的关键。

第二，以工业机器人为代表的人工智能。人工智能为智能制造和工业互联网提供技术支撑与数据流，对智能制造产生重要影响。

第三，工业互联网是智能制造、单点智能的关键基础。工业互联网为其变革提供了必须的共性基础设施和能力，同时也可以用于支撑整个制造产业的智能化发展。

2.3 制造业是"互联网+"的主战场

2.3.1 制造业成为"互联网+"的主攻方向

互联网是网络信息技术的灵魂，是最具活力的领域，具有"融合赋能"的重要作用。互联网在三大产业中呈现由第三产业向第二产业、第一产业逆向渗透融合的基本路径。自我国全面接入国际互联网20多年来，互联网已经深刻改变了零售、物流、交通、金融、住宿、餐饮、旅游、娱乐等服务业，正在加速向制造业渗透。从"互联网+"的发展路径来看，制造业已成为当前的主攻方向。

1. 互联网已深刻改变了服务业

网络信息技术是一种通用技术。在互联网诞生及发展的几十年里，技术创新带动新应用频出，也使人们的需求不断增加，推动互联网应用向更多元的交互方式、更强大的理解能力、更广泛的服务领域发展。我们已经目睹了互联网对服务业的生产方式、发展模式、产业组织和生产关系的重大影响。

在交通运输领域，2014年的网约车市场快速发展，开启了移动出行新时代，撬动出租车改革，推动交通运输管理方式变革。

2016年遍布街头的共享单车爆发式发展，补充了公共交通的不足，解决出行最后一公里问题，为居民短途出行提供便利选择。

2016年是我国互联网行业的"直播年"。直播带来身临其境的现场感，大幅提升参与感，改变了内容制作和传播方式，也改变了传统视频企业持续亏损的窘境，并逐渐正成为互联网核心用户入口争夺战的新焦点，并向电商、社交、教育、旅游等融合领域快速拓展，形成了"直播+电商"

"直播+旅游"的新生态。

2. 互联网+制造的新时代即将开启

"互联网+"作为一种对互联网渗透作用最通俗的表达方式已经开始根植在人们的思维中。人类社会的经济发展是从第一产业到第二产业和第三产业。而"互联网+"是逆向渗透，从第三产业向第二产业、第一产业快速延伸，目前已经进入到第二产业（见图 2-1），引发了新一轮科技革命和产业革命变革，开启了互联网+制造的新阶段。制造业成为了"互联网+"的主战场，将对一国的经济发展和人民生活产生巨大影响。为此，美国率先提出发展先进制造业，德国继而提出工业 4.0 战略，中国也出台《中国制造 2025》，各国政府都在大力推进互联网与制造业的深度融合，促进制造业转型升级和创新发展。

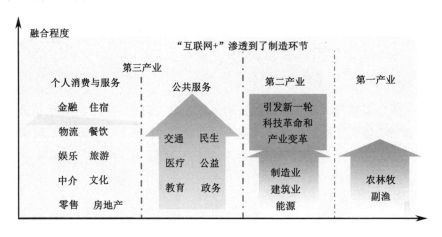

图 2-1 "互联网+"渗透路径

2.3.2 互联网+制造成为国际竞合的制高点

1. 各国发布相关标准文件，抢占国际话语权

互联网+制造运用大量先进技术，涉及众多领域的交叉，出现了大量

新的、空白的技术需要制定新的标准。当前，从德国、美国的最新动态来看，互联网+制造相关标准的研究与制定已经成为未来新工业革命的战略高地，国际竞合将加剧。各国将以本国主导的参考架构为核心，重点推进新技术、融合技术领域标准实施，并加快向国际标准化组织输出标准。

美国国家标准研究院（NIST）在《当前智能制造系统的标准概况》中阐述，标准在全球经济增长中起非常重要的作用。NIST 制定了先进制造国家战略框架下的智能制造相关标准，包括关键系统设备互操作的产业标准、CPS 安全和数据交换的政策标准、基于新材料特性的协同研发标准，确定了信息物理系统、物联网、大数据及云制造等热点领域。

德国在"工业 4.0 实施战略"中，将推进标准化和参考架构排在八项行动首位。早在 2013 年初，德国即依托 DIN 发布了《工业 4.0 标准化路线图 v1.0》。首先，阐述了工业 4.0 当前的标准化环境；然后，分析了当前可识别的标准化需求，给出了详细标准化行动建议；最后，确定了工业通信、人员、增材制造、研发流程等标准化热点领域。2016 年，德国发布《工业 4.0 标准化路线图 v2.0》。

各国推进多边与跨组织合作，强化国际话语权。国家层面上，在 2016 年汉诺威工博会上，德国总理默克尔与美国总统奥巴马互动积极，均表示将进一步推动美德双方标准化合作。机构层面上，美国工业互联网联盟 IIC 与德国工业 4.0 平台在互联网+制造标准方面已开始深度合作。2016 年双方成立了联合研究组 JTG4"标准与互操作需求"，统筹"IIC 互操作联合体 I3C"与"工业 4.0 平台互操作委员会"标准合作工作，推动形成联合工作模式。双方计划形成标准列表，联合开发标准特点图谱，确定需优先研制的标准，并将进行推广实施。同时，德国依托自身核心标准化组织，积极参与并主导国际标准化组织，极力争取标准输出。美国、中国也将加快标准国际化步伐。

2．工业互联网平台成为制造业与 IT 巨头争夺主导权的焦点

从国际态势看，GE 的 Predix、西门子的 MindSphere 等平台已成为全球工业互联网竞合的推进焦点。

（1）GE、西门子、博世、ABB、海尔、三一重工等工业巨头挟工业软硬件所长，提供"产品+服务"，形成"国际品牌+高端产品+先进平台"的立体新优势。

（2）微软、IBM、思科、SAP、华为等信息通信企业挟 IT 技术优势，将这类平台的合作开发、部署运行、技术扩展作为各自平台业务拓展的新方向，抢占线上线下融合发展主动权。

两大主体合作形成竞争优势，不断构建和完善平台化产品，形成对底层数据资源和外部生态资源的掌控能力。

2.4　推进互联网+制造是制造强国的必由之路

新工业革命的重要特征是以互联网为代表的新一代信息技术持续创新并与传统产业融合，在经历了从局部扩散到全面融合、从量的积累到质的转变、从生产变革到组织创新之后，正推动研发、产品、装备、生产、管理、服务数字化、网络化、智能化，加速重构制造业发展新体系。推进互联网+制造发展，进一步深化制造业与互联网融合，是我国加快制造强国建设的必由之路。

2.4.1　互联网+制造成为制造业发展新动力

互联网开放、共享、协同、去中心化的特征，正在推动制造业创新主体、创新流程、创新模式的深刻变革。

（1）移动互联网、工业互联网、开源软硬件、3D 打印等新技术的应用推动着创新组织的小型化、分散化和创客化，面向大企业及中小企业的各类创新创业平台不断涌现，支持万众创新的产业生态正在完善。

（2）企业创新资源的配置方式和组织流程正在从以生产者为中心向以消费者为中心转变，构建客户需求深度挖掘、实时感知、快速响应、及时满足的创新体系日益成为企业新型能力。

（3）技术创新、业态创新、商业模式创新相互交织、激荡融合，协同创新、迭代创新、众创、众包、众筹、O2O 等新的创新模式密集涌现。互联网对于创新资源的优化配置不断激发全社会的创新活力，成为制造业转型升级的新动力。

2.4.2　互联网+制造拓展制造业发展新空间

互联网等新一代信息技术与传统产业融合发展进一步提升劳动力、资本、土地、技术、管理等要素的配置效率，增强产业供给的能力和水平，将为经济增长持续注入新活力、新动力，拓展产业发展的新空间。

1. 经济增长的新空间

新一代感知、传输、存储、计算技术加速融合创新，极大激发了泛在获取、海量存储、高速互联、智能处理和数据挖掘等技术的创新活力，智能制造、生物医药、新能源、新材料等领域的交叉融合创新方兴未艾，新的经济增长点不断涌现。

2. 产业投资的新空间

工业云、工业大数据、工业核心软硬件、信息物理系统（CPS）、物联网、智能机器人等正成为支撑制造业发展的关键设施和装备，也是当前及今后一段时间产业投资的热点，并将进一步带动高速、移动、安全、泛在的信息基础设施建设，以及能源、交通等重要基础设施的智能化改造。

3. 信息消费的新空间

互联网的普及正在推动形成新的消费习惯、消费模式和消费流程，智能穿戴、智能家居、智能汽车、服务机器人等新产品不断涌现，不断刺激新的信息产品和信息服务消费需求。互联网从产业、投资、需求等方面不断催生大量新兴增长点，开辟制造业发展新空间。

2.4.3　互联网+制造重塑国际竞争新优势

互联网与制造领域加速融合，引发基础设施、生产方式、竞争格局的持续变革。

（1）云计算和互联网正逐步成为制造业发展的新基础设施。工业大数据、工业 APP 的集成应用不断激发对工业云的迫切需求，工业网络宽带化、IP 化、无线化稳步推进，网络化、智能化的机器设备成为新型制造体系的关键要素。

（2）软件支撑和定义制造业的基础性作用不断凸显。计算机辅助设计仿真、制造执行系统、产品全生命周期管理等工业软件正在解构和重塑工业活动，工业产品、企业流程、生产方式、新型能力、商业模式和产业生态正在被重新定义。

（3）定制化、服务化成为生产方式变革的新趋势。传统产品将被具有感知、存储和通信功能的智能产品所取代，消费者正成为深度参与生产制造全过程的产销者（Prosumer）。传统的大批量集中生产方式加快向分散化、个性化定制生产方式转变，产品全生命周期管理、总集成总承包、精准供应链管理、互联网金融、电子商务等加速重构产业价值链新体系。

（4）构建智能制造产业生态系统是各国产业竞争的焦点。互联网等新技术推动制造过程中人、机器、产品等要素的泛在连接，形成制造、器件、网络、软件、芯片、解决方案等多方参与的协同攻关、标准合作、能力适配、规则共制利益共同体，工业互联网联盟（IIC）、工业 4.0 平台作为产业生态发起者、推动者、构建者的地位将不断巩固和加强，新的竞争规则正在孕育和形成过程中。

2.4.4　推进互联网+制造是我国的战略选择

2016 年 4 月 19 日,习近平总书记在网络安全和信息化工作座谈会上强调："要着力推动互联网和实体经济深度融合发展，以信息流带动技术流、资金流、人才流、物资流，促进资源配置优化，促进全要素生产率提升，为推动创新发展、转变经济发展方式、调整经济结构发挥积极作用。"这充分肯定了互联网+制造的战略地位，并提出了明确的要求。

近年来，国家十分重视互联网+制造和制造强国工作。2016 年 5 月，国务院出台了《关于深化制造业与互联网融合发展的指导意见》，把互联网+制造上升到国家战略高度，明确了互联网+制造的总体要求、推进思路和主要任务。国务院还印发了《中国制造 2025》《关于积极推进"互联网+"行动指导意见》等文件，中共中央办公厅、国务院办公厅印发《国家信息化发展战略纲要》，无不将互联网+制造摆到关系"制造强国"的战略层面。为推进实施制造强国战略，加强对有关工作的统筹规划和政策协调，国务院于 2015 年成立国家制造强国建设领导小组。我国政府近期出台的互联网+制造文件如表 2-1 所示。

表 2-1　我国政府近期出台的互联网+制造文件

出台部门	时　间	文　件
中共中央办公厅、国务院办公厅	2016 年 7 月	《国家信息化发展战略纲要》（中办发〔2016〕48 号）
国务院	2015 年 5 月	《中国制造 2025》（国发〔2015〕28 号）
	2015 年 7 月	《关于积极推进"互联网+"行动的指导意见》（国发〔2015〕40 号）
	2016 年 5 月	《关于深化制造业与互联网融合发展的指导意见》（国发〔2016〕28 号）
工信部、发改委、财政部	2016 年 3 月	《机器人产业发展规划（2016—2020 年）》（工信部联规〔2016〕109 号）
工信部、财政部、国土资源部、环保部、商务部	2016 年 7 月	《关于深入推进新型工业化产业示范基地建设的指导意见》（工信部联规〔2016〕212 号）
工信部	2016 年 10 月	《信息化和工业化融合发展规划（2016—2020）》（工信部规〔2016〕333 号）
工信部、财政部	2016 年 12 月	《智能制造发展规划（2016—2020 年）》（工信部联规〔2016〕349 号）

资料来源：腾讯研究院，2017 年 9 月。

在部委层面，工信部印发了《信息化和工业化融合发展规划（2016—2020)》，并联合其他部委印发《关于深入推进新型工业化产业示范基地建设的指导意见》《机器人产业发展规划（2016—2020 年)》《智能制造发展规划（2016—2020 年)》等重要文件，加快推进制造业数字化转型。

在一系列政策的指引下，"中国制造"正在向"中国创造"转变，"中国速度"正在向"中国质量"转变，"中国产品"正在向"中国品牌转变"。当前，互联网+制造正在进一步深化，将成为落实中国制造 2025，实施"互联网+"行动计划，发展数字经济的主战场的重要推动力。

产业篇

推进互联网+制造
助力转型升级

第3章 云计算：新工业革命的
基础设施

当前，云计算的应用正在从游戏、电商、移动、社交等在内的互联网行业向制造、政府、金融、交通、医疗健康等传统行业应用转变。随着中国制造 2025、互联网+制造的迅速崛起，面向制造业的云计算也将迎来迅速发展新阶段。制造业将成为云计算在垂直应用市场的主要突破口，云计算也将成为我国互联网+制造和新工业革命的重要基础设施，并有力支撑制造业转型升级和数字化改造。

3.1 云计算的内涵和发展

3.1.1 云计算的内涵

人们常常用一句话表达云计算的目标诉求："未来让人们像用水和用电那样使用云计算。"云计算能够让企业不必在信息技术设备和软件上大量投资，低成本按需使用强大的信息资源，为制造企业推动个性化定制、网络化协同、智能化生产和服务化转型提供了低成本、高效率、安全可靠的基础支撑，能够有效降低企业数字化转型的技术门槛和资本投入。

云计算可以用八个通用特点、五大基本特质、三种服务模式以及四类部署模式来概括，如图 3-1 所示。

（1）八个通用特点：弹性计算、大规模计算、标准化、虚拟化、面向服务、低成本、地理分布、高安全性。

（2）五大基本特质：按需自助服务、广泛的网络访问、资源池化、快速的弹性伸缩以及可计量的服务。

（3）三种服务模式：基础设施即服务（IaaS），平台即服务（PaaS），以及软件即服务（SaaS）。

（4）四类部署模式：私有云（专有云）、行业云、公有云及混合云。

图 3-1　云计算介绍示意图

3.1.2　云计算的发展阶段

1．云计算：企业 IT 系统的第三次变革

20 世纪 80 年代，以 x86 服务器和 PC 系统的诞生为标志，企业 IT 系统经历里程碑式变革。从 All in One、全封闭的软硬件栈走向了水平分层的网络、存储、服务器、操作系统、中间件、应用层等多层次水平分工的架构，各层之间接口标准化、规范化，极大简化了每一层的技术复杂度，各层 IT 产业链获得了大繁荣与大发展。

　　然而，这种架构发展到一定阶段，弊端逐步显现。企业 IT 的层次太多，各层之间集成交付的难度越来越大，一个关键业务的部署往往需要涉及服务器、网络、存储等各方面基础设施资源的协同配合。业务驱动的基础设施层服务器、存储、网络资源的集成管理配置和按需供给成为影响企业 IT 快速响应企业业务需求的关键制约因素。同时软硬件各层的开发虽然实现了解耦，部署和运行态仍然是软硬件耦合绑定的关系，跨服务器的资源出现忙闲不均，依旧无法有效利用 IT 资源。

　　于是，IT 领域进入第三次里程碑式演进变革：从"PC+"服务器时代迈入云计算时代。通过虚拟化与云调度管理技术，将来自不同厂家的、多台烟囱式的、彼此孤立和割裂的计算、存储、网络设备在逻辑上整合成为一台"超大规模云计算机"，为上层的软件提供弹性的按需资源供给的能力。从而实现软硬件部署过程与运行态的解耦，屏蔽软硬件异构多厂家差异性与复杂度，并填补计算与存储之间的性能鸿沟。

2．云计算的三个发展阶段（见图 3-2）

1）云计算 1.0

　　云计算 1.0 是面向数据中心管理员的 IT 基础设施资源虚拟化阶段。主要在于通过计算虚拟化技术的引入，将企业 IT 应用与底层的基础设施彻底分离解耦，将多个企业 IT 应用实例及运行环境（客户机操作系统）复用在相同的物理服务器上，并通过虚拟化集群调度软件，将更多的 IT 应用复用在更少的服务器节点上，从而实现资源利用效率的提升。

2）云计算 2.0

　　云计算 2.0 是面向基础设施云租户和云用户的资源服务化与管理自动化阶段。通过管理平面的基础设施标准化服务与资源调度自动化软件的引入，以及数据平面的软件定义存储和软件定义网络技术，面向内部和外部的租户实现一键式全自动化资源发放服务过程。其好处是大幅提升了企业 IT 应用所需的基础设施资源的快速敏捷发放能力，缩短了企业 IT 应用上线所需的基础设施资源准备周期，将企业基础设施的静态滚动规划转变为动态按需资源的弹性按需供给过程。

3）云计算 3.0

云计算 3.0 是面向企业 IT 应用开发者及管理维护者的企业应用架构的分布式微服务化和企业数据架构的互联网化重构及大数据智能化阶段。企业 IT 走向数据库、中间件、平台服务层以及分布式无状态化架构，从而使得企业 IT 在支撑企业业务敏捷化、智能化以及资源利用效率提升方面迈上一个新的高度和台阶。

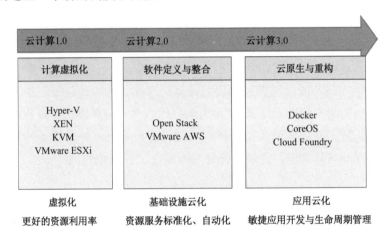

图 3-2　云计算发展的三个阶段

3.2　"用云量"：衡量发展水平的新指标

3.2.1　云计算是新工业革命的原动力

新工业革命与第二次工业革命具有诸多相似特征。

第二次工业革命以电气化为核心特征，由电驱动。从产业角度，电应用到制造业，开启了第二次工业革命的新阶段。电最初的使用局限于照明、电车等生活消费领域。在电灯发明 20 年后的 1899 年，美国制造业所有动力中仅有 4.8%是由电力驱动的。电动机的发明，发电、输变电技术的进步，大规模集中电厂的出现推动电广泛进入生产领域，使电力的普及速度明显加快。1910 年制造业电气化普及，制造业用电量激增。
1917 年，生产领域的用电量超过生活领域；2012 年，全球 45%的电被电
动机消耗，照明仅占 20%[①]；2016 年，中国工业用电占 69.9%，居民用电
占 13.6%[②]。

电重新定义了动力，动力设备由蒸汽机变为电动机，充分释放了工
业革命的潜能。正是基于电的基础作用和通用意义，"用电量"成为衡量
经济发展水平的重要指标。《经济学人》杂志在 2010 年推出"克强指数"，
用于评估中国 GDP 增长量，即通过耗电量、铁路货运量和贷款发放量来
分析经济运行状况，耗电量位列三大核心指标之一。

云是新工业革命的基础设施，是新工业革命的核心驱动力，云化程
度是核心特征。云将重新定义智慧，开启从解放体力劳动到解放脑力劳
动的转变，促进数字红利的充分释放。用云量成为衡量经济发展的新指
标，如表 3-1 所示。

表 3-1　用云量是衡量经济发展水平的新指标

阶　段	核心驱动力	核心特征	发展指标	产业角度		技术角度	
				第一阶段	第二阶段	第一阶段	第二阶段
第二次工业革命	电	电气化	用电量	消费领域	制造领域	电的发现	电动机
新工业革命	云	云化	用云量	消费领域	制造领域	国际互联网	人工智能

资源来源：腾讯研究院，2017 年 9 月。

目前，消费领域已普遍"接入云"，广大网民已享受到云计算无时不
在的服务，滴滴、微医、聚美优品、同程网、58 同城等众多明星企业的
IT 架构均置于云上；被 Facebook 以 190 亿美元高价收购的 Whats APP，
仅有 50 名员工，重要原因在于采用了 IBM 公共云业务，大大减少了 IT
人员投入。然而，这只是云的初级阶段，只是新工业革命的初级阶段。
正如电由生活领域拓展到生产领域，从而进入新的阶段一样。工业云的
应用和发展，将推动云计算进入新的发展阶段，继"插上电"之后，"接
入云"将再次推动制造业的变革，引发新工业革命。

---

① 数据来源：陈新河，软件定义世界，数据驱动未来。软件产业与工程，2014 年第 1 期。

② 数据来源：国家能源局。

3.2.2 云计算是人工智能的强载体

电动机的发明，驱动第二次工业革命新腾飞。人工智能是下一个数字前沿，是驱动新工业革命新腾飞的核心技术。而云计算正是人工智能的强载体。

60 多年来，人工智能的发展起起伏伏。近年取得了实质进展，迎来了一次新的发展高潮，对经济社会产生了巨大影响。突破人工智能关键技术障碍的是深度学习，而深度学习正是在云计算发展过程中取得了实质性进展。深度学习鼻祖杰夫·辛顿在 2013 年加拿大英属哥伦比亚大学的一次演讲中指出，深度学习以前不成功是因为缺乏三个必要前提：足够多的数据、足够强大的计算能力和设定好初始化权重。大数据和云计算为深度学习算法提供了海量数据和近乎无限的计算能力，打破了这两个限制人工智能发展的主要瓶颈。值得一提的是 GPU 的出现加速了深度学习的数据处理速度。与只拥有少量内核的 CPU 相比，GPU 拥有上百个内核，可以同时处理上千个指令相同的线程。这意味着对神经网络的权重计算这种高度一致的重复并行计算工作，GPU 的处理效率有可能达到普通 CPU 的几十倍，从而可以高速有效地进行各种模式识别计算。

马化腾先生指出："未来就是在云端用人工智能处理大数据。"云计算、大数据、人工智能三者的发展相辅相成、相互促进、不可分割。云计算为人工智能提供坚实的基础，是人工智能发展的必不可少的最强载体。

对于科技公司而言，云计算通过云端实现对软件、硬件和数据的分享，提供计算、存储和大数据分析工具，从而降低运营成本和市场进入门槛，增强市场竞争力，推动人工智能全面落地。除了利用云端服务加强深度学习研究，科技巨头们还积极着手，把云和人工智能连接起来。微软把云和人工智能作为两大战略支撑，谷歌的机器学习部门设在谷歌云之下，亚马逊亦将人工智能融入旗下的 AWS 云服务。

3.2.3　云计算驱动城市发展新格局

城市是人类文明的载体。经济形态的更迭，必将重塑城市发展格局。在农业社会，人们为了满足生活和灌溉需求，城市一般依河而建。人类最早的文明——四大文明古国，均起源于大河之旁。当时世界上最繁华的城市——华夏四大古都，均依水而建。西安有"八水绕长安"之说；洛阳则是"洛水贯其中"；南京"襟带长江而为天下都会"；北京虽没有大江大河，但也河湖沼泽密布，元朝定都后着即翻修大运河，使得"江南北国脉相牵"。世界上古老悠久的城市无不建于大河两岸，如塞纳河畔的巴黎、泰晤士河畔的伦敦、台伯河畔的罗马，莫斯科、临淄、洛阳、汴京等城市更是因水得名。

农业文明是大河文明，工业文明是海洋文明。随着大航海时代来临，人类进入工业社会，全球化时代来临，国际贸易日益兴盛，港口城市因占交通之便利，超越内陆沿河城市，成为繁华之所在。纽约、东京、悉尼、新加坡、香港等城市迅速崛起成为国际大都市；民国的"南有上海滩，北有天津卫"则是因海而生。

传统的城市发展基于区位优势，依赖于江河湖海，"因水而生、因水而兴、因水而名"。数字时代，互联网成为连接世界的新途径，成为构建城市竞争力的重要内容。未来的城市发展是物理空间和网络空间的叠加交融，区位优势固然重要，但有了另外一个重要指标，那就是用来衡量网络空间的指标——云计算，如表3-2所示。

表3-2　人类文明的演进路径

发展阶段	文明中心	实　例
农业时代	沿河（生活、灌溉）	四大文明古国 中国四大古都 伦敦、巴黎、罗马 莫斯科、临淄、汴京
工业时代	沿海（货运、国际化）	纽约、东京、悉尼、新加坡、香港、上海、天津
数字时代	云上（智慧化）	硅谷、班加罗尔、贵阳

资料来源：腾讯研究院，2017年9月。

目前，企业组织的 IT 架构正加速向云端迁移，云计算成为经济发展和智慧城市建设的重要驱动力。正如电的使用唤醒了工业革命的勃勃生机，云服务将使"计算"成为像水和电一样无所不在的基础设施。用云量成为衡量城市智慧化水平、经济发展水平的重要指标。城市发展开始由"在水边"向"在云端"演进，未来的大都市必然是"云上之都"。硅谷、班加罗尔、贵阳等地区和城市，正是基于网络空间的打造，以"云"代"水"，探索出了一条崭新的城市发展道路。

3.3　工业云推动制造业转型升级

云计算是信息技术应用和服务模式创新的集中体现，是增强经济发展活力、引领生产方式变革、提高资源配置效率的重要途径，是加快新旧动能转换、推进供给侧结构性改革的重要支撑。工业云是云计算技术与工业融合发展的产物，已渗透到工业研发、生产、管理、营销、物流、服务等全流程，成为与厂房、设备等传统基础设施同等重要的新型基础设施，成为智能制造、制造业"双创"、工业互联网、工业电子商务等新业态新模式发展的重要支撑。

3.3.1　工业云成为推动智能制造的新基础

在专业化分工日益细化的大趋势下，生产率提升和成本降低不仅取决于单个生产活动的效率和成本，更取决于不同生产活动之间相互衔接的效率和成本。制造业的数字化、网络化、智能化，带来了制造过程感知无所不在、连接无所不在、数据无所不在，工业软件的推广、智能装备和终端的普及以及各类传感器的使用，使得感知设备、生产装备、联网终端乃至生产者都在源源不断地产生数据。信息化发展面临信息系统建设成本持续攀升、数据爆炸式增长、系统集成需求迫切、专业技术人才严重不足等一系列挑战，许多企业通过推动研发工具、仿真系统、模型库、管理软件、制造执行系统等大型应用软件和数据存储、治理、挖掘、分析逐步向云端迁移，大幅提高信息系统部署效率，降低了信息化建设成本和运营成本，提升了资源共享和业务协同水平，加快了新业态、新模式创新步伐。中石油完成以 ERP 为代表的核心信息系统云化后，打通了 3023 个业务流程，降低硬件成本 48%，仅视频会议系统每年节省 1 亿多元。航天云网大型工程软件云化节省成本 70%，复杂模具云端 3D 打印节约 2/3 成本，复杂新产品样件 3D 打印缩短周期 50%。

1. 实现高效存储与庞大计算

随着互联网+制造的发展，以物联网（IoT）技术为基础，连接生产现场的各类传感器、执行器，进行大量数据采集并实时或离线分析，实现运行监控、预测维护、制造协同等成为制造业新的技术趋势。对 IoT 海量数据的存储与分析需要庞大的计算能力和存储，这成为云计算与 IoT 相互结合的最大动力，形成了是互联网+制造的基础支撑。

互联网+制造以云为基础，进一步丰富拓展了云计算的资源共享和服务。互联网+制造利用云计算服务，提供用户网上提交任务，企业与用户交互、产业链协同和全生命周期制造服务。云计算分布在设计、生产加工、实验、仿真、经营管理等各个服务环节中。当需要计算设备基础设施时，能够提供诸如高性能计算集群、大规模存储等 IaaS 类服务；当需要特定计算平台的支持时，能够提供诸如定制操作系统、中间件平台等 PaaS 类服务；当需要各类专业软件工具辅助制造过程时，能够提供诸如 SaaS 类服务。

2. 满足智能化决策、自动化生产和产业链协同的综合需求

互联网+制造发展需要实现内部网络扁平化，这要求工厂操作技术（OT）系统逐渐打破车间、现场的分层组网，智能机器之间直接横向互联，管理控制系统实现扁平化，信息技术（IT）和操作技术（OT）进行融合形成网络。随着信息技术发展和服务化转型，原来部署在工厂内的制造过程逐渐会扩展到外部，工业生产信息系统和互联网深度协同和融合实现产业协同，企业的 IT 系统甚至 OT 系统将部署在云上，利用 SaaS 供应

商来实现 IT 及 OT。因此，云计算的综合能力提供将对互联网+制造实现整体支撑。

3. 云计算支撑智能制造实现全生命周期服务

智能制造除了需要云计算的 IaaS、PaaS、SaaS，更加重视和强调制造全生命周期中所需的其他服务，如论证即服务（Argumentation as a Service，AaaS）、设计即服务（Design as a Service，DaaS）、生产加工即服务（Fabrication as a Service，FaaS）、验证即服务（Experiment as a Service，EaaS）、仿真即服务（Simulation as a Service，SimaaS）、经营管理即服务（Management as a Service，MaaS）、集成即服务（Integration as a Service，InaaS）等，如图 3-3 所示。

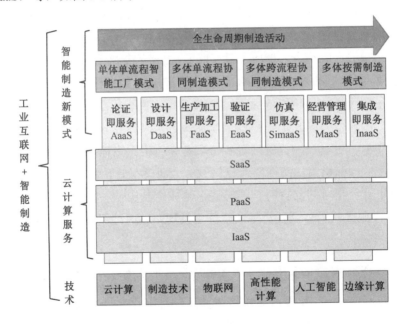

图 3-3　智能制造与云计算的关系（参考工业 4.0）

1）论证即服务（AaaS）

对于产品规划、营销战略等企业论证业务，可以利用智能制造服务中用于辅助决策分析的模型库、知识库、数据库作为支持，并将决策分析软件等软制造资源封装为云服务，对各种规划方案的可行性与预期效果进行论证分析。

2）设计即服务（DaaS）

对于产品的设计过程，当用户需要计算机辅助设计工具时，智能制造服务平台可将各种 CAD 软件功能封装为云服务提供给用户。同时，智能制造云将提供产品设计所需的多学科、跨领域知识，并在产品设计的各个环节提供智能化的帮助。产品设计中诸如三维可视化、复杂分析计算等任务往往需要高性能计算能力的支持，制造云可以动态组建高性能计算设备和软件平台，并作为虚拟机服务辅助计算。

3）生产加工即服务（FaaS）

产品的生产加工过程需要各种硬制造资源和软制造资源的配合，智能制造服务能够根据生产加工任务需求快速构建一个虚拟生产单元，其中既包括所需的物料以及机床、加工中心等制造设备，也包括制造执行系统软件、知识库和过程数据库等软制造资源。智能制造服务云可以提供诸如生产物流跟踪、任务作业调度、设备状态采集和控制等云服务，辅助用户对生产加工过程的监控与管理。

4）验证即服务（EaaS）

对于产品的试制和实验过程，智能制造云能够根据实验所需的软硬资源建立一个虚拟实验室，其中既封装了各种用于实验分析的软件功能作为云服务，同时也提供了对各种试制设备、检测设备、实验平台等硬制造资源的状态采集服务，能够动态感知实验中的各项参数变化，并结合实验分析软件的云服务对产品实验情况进行评估。

5）仿真即服务（SimaaS）

产品的仿真环节需要大量软硬仿真资源的支持，智能制造云根据仿真任务的需求，能够动态构建虚拟化的协同仿真环境，将所需的各种专业仿真软件、仿真模型、数据库和知识库等封装为云仿真服务，并自动部署到虚拟计算节点中。虚拟计算节点则根据仿真解算对计算资源的需求，定制相应的运算器、存储、操作系统、计算平台等硬资源并封装为虚拟机，为云仿真服务提供支持。对于仿真专用的硬设备，能够通过智能感知服务、状态采集服务等对其进行监控。

6）经营管理即服务（MaaS）

在企业的制造全生命周期过程中，对于各项经营管理活动如销售管理、客户关系管理、供应链管理、产品数据管理、生产计划管理等业务，云制造服务平台能够提供云端 CRM、云端 SCM、云端 PDM、云端 ERP 等服务，用户可以根据不同的管理需求定制个性化的业务流程，业务流程的各个节点与流程控制均可以通过在线租用所需的服务来实现。

7）集成即服务（InaaS）

智能制造云能够针对异构系统之间、平台与系统之间数据、功能、过程的集成服务，如可通过采用接口适配，数据转换、总线等技术，实现异构系统（如 ERP、PDM、SCM 等）以"即插即用"的方式智能接入到智能制造平台中。

3.3.2　云计算助力工业大数据

工业大数据包括面向生产过程智能化、产品智能化、新业态新模式智能化、管理智能化以及服务智能化等领域的数据采集、处理、分析和控制，目标是构建覆盖工业全流程、全环节和产品全生命周期的数据链。

1. 制造环节产生大量数据

工业大数据的主要来源有三类：

（1）生产经营相关业务数据。生产经营相关业务数据主要来自传统企业信息化范围，被收集存储在企业信息系统内部，包括传统工业设计和制造类软件、企业资源计划（ERP）、产品生命周期管理（PLM）、供应链管理（SCM）、客户关系管理（CRM）和环境管理系统（EMS）等。通过这些企业信息系统已累计大量的产品研发数据、生产性数据、经营性数据、客户信息数据、物流供应数据及环境数据。此类数据是工业领域传统的数据资产。

（2）设备物联数据。设备物联数据主要指工业生产设备和目标产品在物联网运行模式下，实时产生收集的涵盖操作和运行情况、工况状态、环境参数等体现设备和产品运行状态的数据。此类数据是工业大数据新的、增长最快的来源。

（3）外部数据。外部数据指与工业企业生产活动和产品相关的企业外部互联网来源数据，如评价企业环境绩效的环境法规、预测产品市场的宏观社会经济数据等。

2．云计算助力打通企业内外数据与资源

工业互联网是指具备底层设备数据采集集成和上层企业信息系统数据打通整合能力，并基于数据进行分析并面向多领域如资源管理、运营管理、工业生产、智慧应用等多方面提供应用服务的系统化平台。其本质内涵是实现 IT 层与 OT 层、企业/工厂内外的数据及资源的聚合打通。一个完整的工业互联网平台产品需要同时具备物联网要素，即设备的聚合能力；大数据与云计算要素，即大数据管理能力；互联网要素，即平台的开放能力。因此，云计算作为工业互联网平台的重要基础和基本要素对工业互联网平台发展将起到重要的支撑作用。

3．云计算推动工业大数据应用

大数据凭借分布式并行计算、高效海量数据采集和存储以及数据挖掘等方面的超强能力成为智能制造的关键性技术，包括：一方面进行大量传感器所产生数据的分析、处理以及挖掘工作，并与 MES、ERP 以及供应链环节所产生的数据融合，实现智能决策和智慧管理；另一方面通过横向企业合作，不断完善工业大数据，形成数据联邦，满足产业链协同，能够更好地满足面向用户的定制化、个性化需求，并通过产业链合作提高运作效率，提升社会价值。

云计算是工业大数据的基础能力。以离散制造为例，汽车制造、工业制造等领域，在工业设备智能化改造升级后将有多个传感器，传感器收集到机器数据，需要放在云计算上存储和分析，没有云计算无法支持大规模的数据存储和计算。传感器的数据通过采集获取和汇总放在云上，然后进行分析，进入数据库，就变成数据资产，通过上层应用发挥大数据价值，这一切需要大数据和云计算作为基础能力。

工业大数据与云计算结合，实现物理设备与虚拟网络融合的数据采集、传输、协同处理和应用集成，运用数据分析方法，结合领域知识，形成包括个性化推荐、设备健康管理、物品追踪、产品质量管理等工业大数据应用系统。从"数据即服务""产品即服务""制造即服务"三个视觉角度出发，帮助企业用户扩展产品价值空间，实现以产品为核心的经营模式向"制造+服务"的模式转变。例如，基于大数据分析的故障诊断和预知性维护方案，能够帮助制造业企业及时处理海量设备传感器状态数据，通过基于业务规则、特征分析和神经网络等方法构建的诊断和预测模型，并利用可视化技术实现对设备运行状态和故障信息的快速直观显示，从而有效降低设备全生命周期维修成本，实现预测性维修，使设备始终处于可靠受控状态，减少故障时间，提升经营效率。

4．云计算实现大数据价值变现

云计算可以打破数据孤岛，让数据发生更多的汇聚，更多的交换，更多的更新和挖掘，从而产生更大的价值，云计算早已不再是计算能力的单维竞争，"更聪明的云服务"才能制造更大的价值。例如，医疗大脑、工业大脑、城市大脑，等等。大数据智能开始为云计算带来红利，亚马逊、微软、谷歌、阿里、腾讯等云计算巨头们开始将"智能"纳入战略框架。

云服务的趋势是让一切变得更加"简单"。而计算能力是一种基础资源，如何将计算能力变成服务是云服务平台们需要思索的，特别是人工智能技术逐步落地之后，更加聪明的云服务也日渐成为一种新需求。智能制造基于云开始了一场智能化演进，制造企业基于云计算不断创新和系列实践。

3.3.3　基于工业云的产业生态成为竞争的制高点

1．ICT企业围绕工业云的战略布局不断加快

面对全球工业云市场快速发展的新形势，各大工业软件、通信设备、互联网、芯片企业和运营商等 ICT 企业纷纷布局工业云。

一方面，全球工业软件巨头核心产品云化战略已取得了阶段性成果，基于云架构的 CAX、PDM、MES、ERP 产品体系已初步形成。达索公司实现旗下 CATIA、Solidworks 等全部核心产品基于云端部署；PTC 将 Creo、Windchill 等核心软件部署在 ThingWorx 云平台，提供了适用于各种产品的快速应用开发和全生命周期管理解决方案；AutoDesk 将 AutoCAD、3ds Max 等核心软件连接到 A360 云平台上，实现了模型云渲染、设计云优化、结构云分析等多种功能。

另一方面，全球 ICT 企业进一步加快工业云领域战略布局，IBM、微软、思科、亚马逊、ARM 等全球领军企业围绕工业领域的云计算业务提出了一整套的落地解决方案。

2. 工业云生态竞争愈演愈烈

产业竞争逐渐演变为生态链的竞争，基于"智能机器+平台软件+工业 APP+开放社区"产业生态链竞争愈演愈烈。面对当前全球制造业竞争格局演变新趋势，跨国公司加快产业链资源整合步伐，围绕构筑基于工业云的物联网操作系统，打造产业联盟、制定参考架构、开展测试验证、深化技术合作，试图抢占产业生态竞争的主导权。

2014 年，GE 联合英特尔、IBM、思科、AT&T 等组建工业互联网联盟，在美西、美东、欧洲、日本等地建立四个云计算中心。2016 年，面向全球开放基于工业云的 Predix 平台，Predix 机器、Predix 连接、PaaS 平台、工业 APP 等生态组件已开始部署到石油化工、能源风电、航空等领域，已经有近 60 个微服务在平台上运行，100 多个客户使用了 Predix 的产品和服务，基于 Predix 产业生态培育取得新进展。

2016 年，西门子发布了基于工业云的物联网操作系统 MindSphere，深化与 SAP HANA、IBM Waston 的深度合作，推动 NanoBox 数据采集器、Mind 连接配置软件、MindSphere 平台、工业 APP 等组件在北美、欧洲等 100 多家企业部署应用，基于 MindSphere 的产业生态建设已经起步。

第 4 章　新模式：互联网+制造的四大模式

互联网+制造通过工厂现场、企业 IT 系统、平台、用户和产品设备的互联，以"智能工厂"与"企业 IT 系统"为基础，实现企业的智能化生产、用户的个性化定制、企业之间的网络化协同和产品的服务化延伸等诸多新模式、新应用和新业态，有效激发制造企业创新活力、新潜力和新动力。

4.1　网络化协同

4.1.1　内涵：基于互联网与云平台的企业间协同模式

协同制造原本不是新的概念，航空、汽车等行业实施企业内的协同制造已有十几年的历史。但是，云计算、大数据、移动互联网等新一代信息技术的发展却赋予了协同制造新的内涵和应用。

网络化协同指企业借助互联网或工业云平台，发展企业间协同研发、众包设计、供应链协同等新模式，能有效降低资源获取成本，大幅延伸资源利用范围，打破封闭疆界，加速从单打独斗向产业协同转变，促进产业整体竞争力提升。

4.1.2 模式：协同研发、众包设计、供应链协同

协同研发、众包设计、供应链协同等网络化协同模式正在推广应用，为传统企业高效、便捷、低成本的实现创新开辟新渠道。其中，研发、设计与供应链正在成为继营销之后与互联网融合的新热点，正在形成新型研发组织、设计模式与新型供应链体系，实现聚众创新、提质升效与协同共赢。

1. 协同研发

受空间、资源等限制，传统制造企业的研发设计主要在企业内部完成。网络化基础上的研发协同依托互联网和云平台，向全球企业和个人招募研发需要，通过实现虚拟交互和并发，实现多方用户、多个维度、并联式交互，让技术供需双方零距离对接，形成网络化协同研发。

例如，海尔开放创新平台——HOPE，是由海尔开放式创新中心开发并运营的中国最大的开放创新平台，面向全球所有的创新者和企业，致力于打造全球最大的创新生态系统和全流程创新交互社区。依托于海尔的全球十大研发中心和平台自身所整合的全球领先资源，海尔开放创新平台可实现多方交互，对接技术供需双方。同时海尔开放创新平台还能帮助用户实现从创意到产品的转化、提供创业者包含资金投资的项目孵化支持。

2. 众包设计

众包设计是指基于重庆猪八戒网等互联网众包平台将分散的中小型团队及个体设计专业人员的智慧与创意集聚到平台上，需求方可借此平台发布设计需求，以悬赏和速配方式寻找到精准匹配的设计团队和个人，通过平台打通内部与外部创意合作渠道，实现众包设计，提高设计效率。

例如，上海奉浦曾通过猪八戒网征集"贝壳状"汽车模型创意外观设计方案，一个月内共收到创意设计方案 158 个，总共仅花费 65 000 元。

又如，某石化厂通过猪八戒网对接设计团队，通过沟通，石化厂让北京倍达空间科技有限公司为其用 3D 虚拟现实制作采油厂和海上钻井平台三维模拟设计，如图 4-1 所示。

（a）采油厂系统三维模拟　　　　　　（b）海上钻井平台三维模拟

图 4-1　3D 虚拟现实模拟设计

资料来源：猪八戒网。

3．供应链协同

在全球经济下滑、传统制造业产能过剩等多重压力下，传统企业的生存空间面临巨大的压力。国内制造业的供应链管理和物流成本高达20%以上，而欧美国家供应链管理和物流成本则低至 10%左右。因此，对我国制造业来说，降低供应链和物流管理成本是非常重要的，这不仅需要企业单方面努力，也需要供应链上下游的通力协作方能实现。

经过多年信息化实践，目前不少企业已经建立健全了各类信息系统，但在供应链协同上则较为滞后，并未实现供需双方信息共享。绝大多数企业间协作还需要人工干预，通过电话、传真、邮件等非信息化流程实施协同，导致供需协作矛盾大，协作成本高，传统协作流程下协作不畅已成为制约供需双方效率提升的主要障碍，如图 4-2 所示。

针对这些问题，亟待通过网络化的供应链协同来提升整体效率。近年来，易链网等第三方供应链协同平台快速发展，不断探索通过"互联网+"实现供应链间的高效协同。

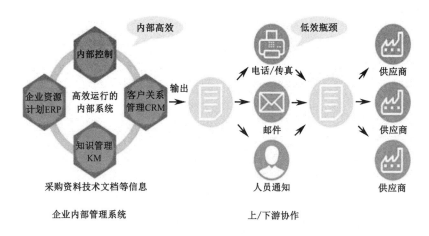

图 4-2　传统供应链模式下供需双方的痛点

专栏 4-1　易链网——第三方供应链协同服务平台

易链网是由重庆中摩联科技有限公司投资建设并运营管理的第三方供应链协同服务平台，基于互联网、大数据等技术，打造"供应链协同生态圈"，帮助企业构筑"多方共赢的、高效的供应链协作环境"，实现供应链成员间的高效率协作。

平台基于 Web 提供统一的协同门户，覆盖了供需双方的供应链环节，并将企业的管理延伸到整个供应体系，实现企业对供应链的全程化监管与控制。

项目介绍：

宗申机车通过易链网平台，成功将供应商物资供货单据、条码、装箱单等的打印推送到供应商端，并规范了单据及供货流程。

江苏里斯特则通过易链网平台，成功实现了从采购订单发布到订单确认、供应商供货、供货质量自动化评估考核的全程管控。

资料来源：易链网。

4.2　个性化定制

随着互联网、大数据及云计算、算法和柔性化生产能力与水平提升，推动个性化定制迅速发展。借助互联网平台，企业可与用户深度交互、广泛征集需求，运用大数据分析建立排产模型，依托柔性生产线在保持规模经济性的同时提供个性化的产品。

4.2.1　内涵：建立以用户为中心的按需生产

个性化定制是指利用互联网平台和智能工厂，将用户需求直接转化为生产排单，实现以用户为中心的个性定制与按需生产，有效满足市场多样化需求，解决制造业长期存在的库存和产能问题，实现产销动态平衡。

个性化定制是传统工业过渡到智能制造阶段的重要标志之一。个性化定制是由个性化需求决定的，具有三大属性：

（1）循环性。用户个性化需求不断满足会进一步促使更多样、更长尾的产品、服务要求得到表达，形成循环，如小米用户不断通过互联网提出新要求新建议。

（2）传导性。消费者对产品和服务的多样化需求会沿产业链向上延伸，拉动企业对原料设备的多样化需求。从产品功能、外观、性能到材料、零部件、系统。

（3）扩散性。个性化定制日益深入人心，这将使越来越多的行业被要求提供个性化、长尾化的服务，使个性化定制理念、模式迅速向多个产业扩散，如服装、家具、家电、汽车等。

个性化定制的主要做法是企业运用互联网等实现对用户的泛在连接，进而打造用户聚合平台、多元社交平台等，通过对用户行为和社交关系等的大数据分析，精准预判市场、开展精准营销；然后，借助平台的集聚和交互功能实现海量用户与企业间的交互对接，使大规模个性化定制、精准决策等成为可能。

个性化制造打破了传统的渠道单一、封闭运行、单向流动的企业用户关系，破解旧有的需求定位粗略、市场反馈滞后等问题。当前，服装、家居、家电等领域已开启个性化定制，未来按需生产、大规模个性化定制将成为制造业中诸多产业的发展常态。

4.2.2　模式：大规模定制、深度定制、众创定制、社群式制造

个性化定制是互联网+制造的新热点，正在成为传统制造企业创新的新模式。个性化定制可分为四个模式，其中，大规模定制是主要针对群体需要、深度定制是针对个体需要，而众创定制是指众多客户共同参与互动，而社群化定制则是采用社交方式传递供需信息，实现个性化定制。

1. 大规模定制

近年来，国内外制造企业紧紧抓住消费需求变化，研究基于互联网的大规模定制生产模式，积极推动制造模式的变革。从大规模制造到大规模定制，极大地增加了服装、汽车等产品的附加值，使处于价值链底层的制造企业走向了高端市场，使高技术集成的汽车和高度个性化需求的服装等产品更加满足消费者的需求，使消费者的多性化设计理念和需求得到满足，实现了用户体验的无缝化、透明化、可视化。

专栏 4-2　德国奥迪内卡苏姆工厂开启大规模定制的尝试

在奥迪汽车生产基地——奥迪内卡苏姆工厂中（见图 4-3），可以看到，在冲压车间里，模具由订单决定，当订单更换时，只需花费 6 分钟进行模具整体替换。在车架车间里，混线生产，每个车架有一个信息模块，里面记录着客户需求信息（车型，销售目的地等）。机械手扫描该模

块进行操作，根据客户需求组装相应的车灯、车座、轮胎等，不间断地生产着销往德国、美国、韩国、中国⋯⋯的汽车。

图 4-3　奥迪内卡苏姆工厂

资料来源：有关德国奥迪内卡苏姆工厂的报道。

2．深度定制

当前，收入水平和消费能力提升带来消费理念的转变，越来越多的消费者不再满足于千篇一律的工业化规格式生产，不再满足于低质低价的产品和服务，传统的产品开发和生产模式已无法适应，被低收入抑制的个性化、小众化、高端化需求快速释放，由传统的生存型、物质型消费向发展型、服务型等新型消费转变。

当前，移动互联网、云计算、大数据等新技术的应用，柔性化生产的发展，为制造业企业创造新供给、满足新需求提供了解决方案。深度定制就是指通过互联网平台，使用户与企业一对一交互产品设计元素和细节，企业利用柔性生产线进行定制生产。深度定制不仅包括产品颜色、图案、外形和组合的重新设计和定制，还包括内部结构、功能增减等变化和定制。

例如，红领集团通过信息化对生产流程进行再造，提高了个性化定制生产的效率。消费者在线自主选择服装的面料、款式、制作工艺等，企业实时接收订单，信息进入自主研发的数据库进行数据建模，自动转化为生产数据。生产过程中，每件产品都有单独的伴随生产全流程的电子标签，每个工位都有红领自主开发的终端设备，从互联网云端下载并读取电子标签上的订单信息。这一模式既能满足服装个性化定制的需求，又能实现大规模工业化生产，提高效率。

个性化定制还可激发消费者的创造与需求，以直接驱动全流程的价值链创新。例如，Shapeways 公司依照客户需求，通过 3D 打印进行定制生产，让个性化需求和高大上的奢侈定制变为更多人可以享受的性价比最好的定制，实现了定制需求驱动的零库存。

专栏4-3　Shapeways 公司通过 3D 打印，实现深度定制

总部设在纽约的 Shapeways 公司是 3D 打印服务商，顾客通过网站上传自己设计的产品图，或订购现有的设计图，公司则按图打印产品，送货上门。在 Shapeways 公司的网站自带程序里已预先装载大量物品设计图，如棋子、首饰、厨具等，顾客无须学习复杂的三维设计软件，便可直接打印所需物品。网站上，既有标价 760 美元的珊瑚造型台灯，也有只卖几美元的小饰品，还有一些仅 3D 打印技术才能制造出的稀奇玩意儿，如类似俄罗斯套娃但不能打开的"套球"。Shapeways 公司每年制作超过百万个商品，其中最受欢迎的是珠宝首饰、苹果手机套和玩具火车。

Shapeways 公司特点：一是快速。Shapways 运用 3D 打印技术，2010年 iPad 上市后第四天，就生产并上市第一个 iPad 保护套。二是风险为零。利用社群媒体的扩散效应与使用者互动机制，商品上市前可以先做市场调查，上市后可以依照消费者回馈调整商品设计，使因为"猜错"而造成的库存风险大幅降低。三是特殊设计商品化。3D 打印是一层一层把材料堆叠起来的制造方式，3D 打印让一些因为特殊设计而无法开模制造的产品也有机会被制造出来。

3．众创定制

近年来，海尔等制造企业积极通过互联网平台，向消费者发起邀请、共同参与新产品设计研制。

> **专栏 4-4　海尔掀起众创定制的风暴**
>
> 海尔通过众创定制，让用户可以全方位、全周期实现最佳体验。传统的定制是硬件定制，一次性购买交易，海尔的定制是生活场景的定制体验，可持续迭代。海尔通过众创汇上发布需求，邀请用户参与提出设计需求理念，吸引一流资源进行虚拟设计，将碎片化需求整合，最终形成新产品，随后在网上预售，全过程实现透明和可视，产品到用户家里后，还可通过网器大数据实现一个持续的迭代，这就是众创定制。
>
> 2017 年 4 月 26 日，海尔家电定制平台众创汇与海尔 U+智慧生活、海尔全球五大研发机构，在众多卓越设计大咖和创客的支持下，正式启动智能家居场景设计大赛，邀请用户一起定制智能家居场景设计方案。首先，从对智慧生活有个性需求和较强共鸣的母婴社群和家装社群两大用户群体切入，围绕厨房、浴室、起居、娱乐、安防五大典型生活化的应用场景，进行创意交互，由社群用户提出痛点，融合设计师、创客、极客智慧，将创意转换为设计方案，交由海尔内部研发制造资源和海尔 U+智慧平台，通过众创模式，实现用户对智能家电、家居的一体化定制需求。

4．社群式制造(Social Manufacturing)

信息通信技术与制造业的融合使社群式制造能够实现，它改变了制造流程，突破了传统代工产业链，促进制造业服务化的延伸，实现个性化定制。以 Quirky 为代表的社群式制造厂快速繁殖，这些新创的制造业是高技术密集而非人力密集，采用高水平的软件技术，秉承用户至上的服务宗旨，实现互联网+制造的价值理念，打造社群化的个性化定制。

> **专栏 4-5　Quirky 创新工厂最大价值不是制造，而是服务**
>
> Quirky 公司位于美国纽约哈德逊河旁，是一个由旧仓库改建的新创工厂。厂里有几台 3D 印表机、一台雷射切割机、几台铣床、一个喷漆台以及其他零散的小型制造设备，是一个类似家庭式的小型代工厂，但同时它也是创意产品社会化电商。Quirky 公司于 2009 年 3 月推出服务，利用众包方式让社区参与产品开发的整个过程，包括提交创意、评审团审核、估值、开发、预售、生产、销售等多个流程。

Quirky 的商业模式是帮助任何个人或公司将还在创意阶段的设计或想法，制作成产品原型。它让设计发明者上网分享自己的 idea，通过社群媒体（如 FB）散播，只要有够多的人喜欢这个 idea，Quirky 就会用 3D 打印机把产品原型印（制造）出来。发明人可以通过网络检视原型后，与 Quirky 讨论如何优化，然后自己决定定价、营销方式，最后在 Quirky 的线上商店销售商品。商机够大的话，Quirky 还能帮客户寻找较大规模的量产工厂，在 Amazon 等强势通路上架。

在整个"实现发明"的过程中，Quirky 代的"工"，不只是制造，还有完整的产销服务。Quirky 的另一个重要服务，是为设计发明人处理专利申请和各种许可的法律问题。Quirky 的营业收入来自商品的销售收益，30%的收益归发明人，其余为 Quirky 的服务费用。简单描述就是："你负责发明就好，其他交给 Quirky 来做，赚了钱大家一起分！"

Quirky 平装均一周可以上架两个全新的设计商品，最成功的产品是由 Jake Zien 发明的 Pivot Power，一个可以像蛇身一样随意转向的延长线插座。Pivot Power 的创意是 Jake Zien 在高中时想出来的，这个想法在 Quirky 上获得至少 709 个网友的正面回应，证明这个产品有商品化需求。短短一个月后，产品就上架了！Pivot Power 在尚未拿到专利的情形下，已经为 Jake Zien 创造 124000 美元的收入。Jake Zien 在 Quirky 公司有一个专门网页，如果他想要，可以继续发明，通过 Quirky 创造经营个人设计品牌。

4.3　服务化延伸

我国制造业服务化水平低，这已经成为制约我国产业结构转型升级的障碍之一，制造业服务化延伸已经成为制造业创新能力提升、制造业效率提高的重要源泉，也成为制造业中最具潜力的业务方向，需要加快制造业从生产型向生产服务型转变。

随着制造业产品复杂程度的提高，以及信息技术的发展，全球呈现出制造业服务化的趋势。新一代信息技术发展为服务型制造发展又提供了很有利的支撑，移动互联网、大数据、云计算、物联网、人工智能等信息技术的逐步成熟和产业利用，使这些都成为可能。新一代信息技术发展推动制造服务化延伸发展迅速，向需求者提供"制造+服务"一体化解决方案，极大地推动了制造业的服务化转型，使新商业模式、新业态的创新层出不穷，重构了价值链和商业模式，在产业层面形成制造业与服务业融合发展的新型产业形态。

对于制造业来说，向服务化延伸可以摆脱对资源、能源等要素的投入，减轻对环境的污染，同时能够更好地满足用户需求、增加附加价值、提高综合竞争力。因此，基于制造业服务化延伸已经成为越来越多制造企业销售收入和利润的主要基础，成为制造业竞争优势的核心来源。

4.3.1　内涵：实现由卖产品向卖服务拓展，有效延伸价值链条

服务化延伸是指企业通过在产品上添加智能模块，实现产品联网与运行数据采集，并利用大数据分析提供多样化智能服务，实现由卖产品向卖服务拓展，有效延伸价值链条，扩展利润空间。为了进一步增强企业的竞争力，制造业正在积极的探索由传统的以产品为中心向以服务为中心的经营方式的转变，通过构建智能化服务平台实现智能化服务将会成为新的业务核心。

4.3.2　模式：面向使用过程和服务过程的产品智能化服务

目前有两个主要模式，一是企业不出售产品，而是通过在线平台提供产品服务，如在线租赁机器设备、无人机服务等；二是产品销售后，保持对产品的智能化在线服务，如预警维修等。

1．提供面向使用过程的产品智能化服务

无人机、智能网联汽车、数控机床等是典型的创新型数字产品，它们的"人—机"或"机—机"互动能力强，用户体验性好，甚至可以代替或者辅助用户完成某些工作，因而具有较高的附加值。

以无人机为例，其智能性主要通过产品使用过程中的自主决策（如环境感知、路径规划、智能识别等）、自适应工况（控制算法及策略等）、人机交互（多功能感知、语音识别、信息融合等）、信息通信等技术来实现，因此，这类产品的服务延伸发展很快，如极飞科技通过提供农业无人机服务实现制造产品的服务化延伸。

又如，沈阳机床集团通过租赁方式，实现服务化延伸，为客户提供多样化的增值服务，探索从设备制造商向综合服务商转变。

专栏4-6 I5机床：零元购机+在线分享

沈阳机床集团是国内最大的机床生产企业，公司产品种类齐全，行业地位突出，品牌影响力显著。2011年至2013年，公司经营规模连续三年在世界机床行业排名第一。2014年公司发布的i5智能机床是网络化、智能化、集成化有效集成数字化产品，可实现操作、编程、维护和管理智能化。

沈阳机床集团成立了融资租赁公司，为中小企业零成本提供智能机床。集团通过服务化转型，实现"零元购机+在线分享"，不仅生产零部件，还"生产"工业数据。2016年，i5智能机床有七成客户采用租赁方式，按每小时10元钱收费或按加工量收费。租赁方式降低了企业一次性投资，提高了市场需求，2016年市场销量增加了300%。仅深圳市就租赁5000台i5智能机床用于加工华为、小米等手机壳及外观件，合同额达到10亿元。

通过制造服务化沈阳机床已逐渐转身为系统解决方案提供商、工业制造服务商，打造机床融资租赁、智能工厂、经营性租赁的全新商业模式。同时沈阳机床集团还在深圳、河北为客户开建了多家智能工厂，提供从机床到生产线设计等全流程服务。通过服务化转型，沈阳机床集团引领行业商业模式创新，打造"互联网+"中国制造的模范样本。

---

2. 提供面向服务过程的产品智能化服务

对于工程机械、航空发动机、电力装备等产品，远程智能服务是产品价值链中非常重要的组成部分。借助智能传感、宽带网络、大数据分析等技术，将机器设备运行状况、环境参数等信息直接反馈到设备生产厂家，使厂家实时了解其运行信息，并通过数据建模分析、专家诊断等方式，提前预判故障风险并给出相应解决方案，使过去被动维护或凭借经验开展的定期维护转变为按需提供的主动服务，有效节约运维成本，降低用户损失。

> **专栏4-7　三一"根云"平台为远程工程机械提供远程监控和预测预警**
>
> 　　三一"根云"平台以N+IIoT，用互联网和物联网技术来提高工业应用，通过端到端的价值输出，为需要物联应用的工业企业提供从硬件接入、电信网络流量购买、机器间通信、云资源编排、大数据处理到物联应用开发的打包解决方案（见图4-4）。
>
> 　　三一"根云"与多家企业合作，覆盖高空作业车、农业机械等行业，依托根云平台"云端+终端"建立了智能服务体系，实现工程机械全生命周期管理，给客户提供增值服务，实现价值的延伸。平台通过链接千亿级资产以及近30万台各类工程机械设备，经过腾讯云的大数据分析与云存储处理，实现远程监控、预测预警和远程诊断，对近30万台工程机构设备进行主动维护，实现了产品智能服务、智能服务高度和操作分析优化。同时，通过采集的大数据形成了三一指数，为产品做在地的宏观经济分析提供参考（见图4-5）。
>
>
>
> 　　图4-4　三一"根云"平台　　　图4-5　"根云"平台应用效果
>
> 　　项目介绍一：常州东风无级变速器有限公司采用"根云"平台及解决方案，实时了解设备的实时位置、工作状态、运维保养情况，为企业产品研发、质量改进、提升产品质量、快速解决故障提供数据支持，有效减少设备故障，降低设备停机时间降低服务费用，为企业精准营销、精准服务、精准配件管理提供数据支撑及服务。

项目介绍二：长沙迈新电子科技有限公司：采用"根云"平台及解决方案，实现智能服务云平台与控制器终端数据互通，车辆工况管理、位置监控及基础管理功能，打造制造商、代理商以及租赁行业的整体服务平台网络。

又如，通用电气（GE）位于美国亚特兰大的能源监测和诊断中心，收集全球 50 多个国家上千台 GE 燃气轮机的数据，每天的数据量多达10G，通过大数据分析可对燃气轮机的故障诊断和预警提供支撑。为了实现远程智能服务，产品内部嵌入了传感器、智能分析与控制装置和通信装置，从而实现产品运行状态数据的自动采集、分析和远程传递。

另一个例子是，IBM 利用物联网、云计算以及大数据技术，将设备实时状态、检测维修、环境工况等信息整合，运用流计算、数据挖掘等手段，提供给其采矿企业客户以设备健康状态实时管理以及预测性维修优化服务为核心的运营优化服务。

一些食品制造企业也在利用互联网技术构建覆盖全流程的可视追踪溯源服务，以打造食品生产透明化产业链，来保障食品生产、经营、流通的可视化、透明化。

4.4 智能化生产

4.4.1 内涵：网联化与智能化生产方式

在全球工业 4.0 的革命浪潮下，智能化生产成为未来制造业发展的重要方向。新一轮的制造业变革不是在原有制造逻辑上的小修小补，而是结合以互联网为核心的新一代信息技术实现制造体系逻辑的全新颠覆。通过物联网的泛在连接，大数据及计算技术发展，以及工业机器人、机械手等智能设备的广泛应用，使生产过程主要由机器智能生产，人员只是辅助工作。

智能化生产是指利用更加优化的制造工具，利用网络信息技术对生产流程进行智能化改造，实现数据的跨系统流动、采集、分析、优化，完成设备性能感知、过程优化、智能排产等智能化生产方式。

4.4.2　模式：打造智能工厂

实现智能化生产的重要方式之一就是打造智能工厂。欧美国家最早提出了"智能工厂"的概念。在工业 4.0 信息物理融合系统 CPS 的支持下，制造业需要实现生产设备网络化、生产数据可视化、生产过程透明化、生产现场无人化等先进技术应用。做到纵向、横向和端到端的集成，以实现优质、高效、低耗、清洁、灵活的生产，从而建立基于工业大数据和"互联网"的智能工厂。

在德国，弗劳恩霍夫研究院通过生产智能化布局，应用智能传感、标准化接口、模块化集成、数字化处理的融合，打造智能机床，构建智能工厂。一方面，通过在机床上部署了传感器和计算模块，使机床了解自己什么时候需要更换部件；另一方面，使生产设备通过标准化的接口进行机器通信，告知所处状态。并且，设置一个中央数据处理中心，统一对生产设备的软件进行更新，构建智能工厂。

近年来，我国以海尔、广汽传祺、五家渠石化等为代表的制造企业以"智能制造"为主攻方向，通过建立智能工厂（图 4-6 展现了智能工厂中智能生产线的一部分），实现数字化、网络化、智能化转型。

图 4-6　智能生产线的一部分

> **专栏4-8　五家渠石化：打造智能工厂，实践"互联网+"智能制造**
>
> 　　新疆五家渠现代石油化工有限公司是一家以生产经营润滑油及特种油品等产品的新型石油化工企业，实践互联网+制造，建设以自主知识产权专利技术为核心的年产30万吨的催化脱蜡/润滑油生产联合装置。装置建成后公司将成为国内同类润滑油生产装置最大规模、智能化水平一流、设备同类型最先进的石油化工企业。
>
> 　　五家渠石化以"智能制造"为主攻方向，打造智能工厂，通过DCS、MES等信息物理系统的建设和集成应用，建立全面覆盖企业采购、生产、销售等全过程的互联网应用系统，推动生产方式、商业模式、服务模式的创新，建立集约化、一体化的经营管理新模式和数字化、网络化、智能化的生产运营新模式，构建以客户为中心、互联网为载体的石化商业新业态。
>
> 　　**一、主要做法**
>
> 　　（1）以智能工厂建设为目标，建立全面覆盖企业采购、生产、运营等业务的生产执行系统（MES），通过计划调度、操作优化、设备管理、应急联动、协同办公等工具，帮助企业优化资源配置，整体实现工业化和信息化的"两化融合"。
>
> 　　（2）采用工业互联网、物联网、大数据分析等新一代信息技术，实现工厂底层自动化控制系统（DCS/PLC）、中层生产执行系统（MES）及上层管理信息系统（ERP）的深度集成，把产品、机器、资源、人有机联系在一起，推动各环节数据共享，实现产品全生命周期和全制造流程的数字化和智能化。
>
> 　　（3）建设工厂级的智能控制平台、智能管理平台和智能决策平台，逐步实现数据采集自动化、操作执行信息化、业务协同集成化和经营决策智能化的目标，打造"智慧生产、卓越运营"工厂（见图4-7）。
>
> 　　**二、实现效果**
>
> 　　（1）通过打造智能工厂，将工程建设和智能化系统建设深度融合，减小了建设成本。利用集中统一的智能化系统，统一落实各项管理方式，支持了全新的生产经营管理模式。
>
> 　　（2）同时，实现实时化、可视化和智能化的运营管理，使原本需要大量人员的工作完全由智能化的生产管理平台取代。初步估算，智能工

厂应用可减少 40～50 人的岗位编制。

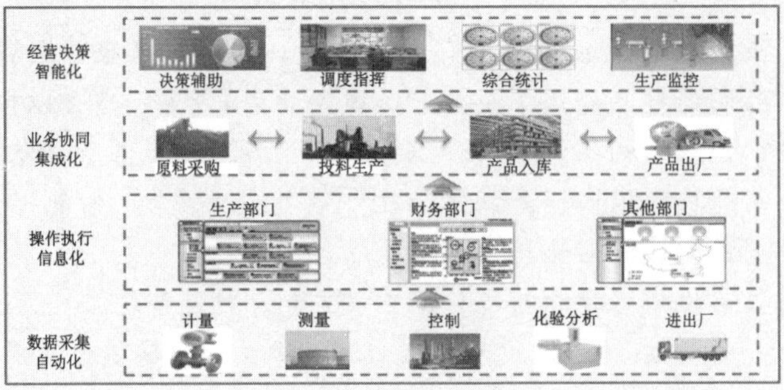

图 4-7 企业智能工厂层级架构和主要功能

（3）支撑核心生产业务优化，降低企业成本，实现智能化生产运行。经估算，应用智能工厂将使企业生产装置运行平稳率提高 6% 以上，产品质量合格率提高 5% 以上。

通过上述智能工厂建设项目的实施应用，将彻底改变石化企业传统的运营模式，使企业的生产经营、生产执行、生产控制等各个环节协同配合，管控一体，全面实现敏捷制造、智能生产和精细化管理，显著提升管理效率和经济效益。

智能工厂建设是一项复杂的系统性工程，涉及研发设计、生产制造、仓储物流、市场营销、售后服务、信息咨询等各个环节。需要企业立足于围绕产品的全生命周期价值链，实现制造技术和信息技术在各个环节的融合发展。虽然大型制造龙头企业已经规划布局智能工厂，但总体上，我国智能工厂发展水平低，全生命周期特征仍不明显。一方面，企业缺乏统筹规划，各部门、各业务板块之间资源整合力度还有待提高，特别是企业内部门间的横向数据对接、信息共享和业务协同；另一方面，企业普遍缺乏从产品研发、设计、生产、物流到服务的全信息流管理，难以实现全部环节的无缝衔接和信息集成。制造业智能化生产水平还比较低，因此，需要通过智能工厂建设，推动智能化生产的创新发展。

综上，我国互联网+制造是以制造企业为核心，以信息通信服务企业为支撑，由环节渗透向综合集成演进。以智能工厂为载体的智能化制造正在起步，以资源共享为基础的协同化组织应用广泛，以满足个性需求为导向的定制化生产平稳发展，以提升用户体验为目标的服务化延伸快速普及，以激发新动能为特征的平台化运营成效初显。

当前我国制造业仍处于 2.0、3.0 等不同阶段共存的时代，每一种模式都兼有智能化和非智能化的情况，随着互联网+制造的深入普及，未来制造模式都将建立在智能化生产基础之上。

第 5 章 新生态：打造互联网+制造生态体系

互联网+制造是以互联网为核心的新一代信息技术与制造业的深度融合所形成的产业和应用生态，大数据及云计算平台是实现产业应用的重要基础，基于大数据及云计算平台可以对海量制造业数据价值进行挖掘，实现生产智能决策、业务模式创新、资源优化配置和产业生态培育。2012 年以来，在 GE、西门子等国际制造业巨头推动下，制造业、IT 软硬件企业和互联网公司积极加入，使各类制造平台在全球快速发展，形成了互联网+制造的平台体系。

互联网+制造平台是跨制造产业、信息通信产业等的信息交汇与聚合枢纽，是互联网+制造的核心环节，也是当前制造业和信息通信产业各路巨头战略布局的重要方向，众多国内外企业已经纷纷加入互联网+制造的平台产品建设与运营当中。

从发展进程看，全球互联网+制造平台尚处于发展初期，我国需要把握机遇，及早布局，发展强大的平台产品及平台生态，这对于我国抢占产业竞争制高点，构建完善产业体系，巩固在制造业领域的优势地位具有尤为突出的意义。

5.1 制造企业构建互联网+制造新生态

5.1.1 工业巨头合力打造工业互联网平台

近年来，传统工业巨头将云计算、物联网、大数据等新一代信息技术和架构与制造业相融合，构建了工业互联网平台，主要代表是 GE 的 Predix、西门子的 MindSphere 以及我国海尔的 COSMO 等平台，大力推动了互联网+制造创新发展。

1. 特征：互联网创新技术与生态在工业领域复制与融合

从实现方式上看，GE 的 Predix、西门子的 MindSphere 等平台聚焦企业资源的管理与运营，利用传感器、移动通信、卫星传输等网络技术远程连接智能装备、智能产品，在云端汇聚海量设备、环境、历史数据，利用大数据、人工智能等技术及行业经验知识对设备运行状态与性能状况进行实时智能分析，进而以工业应用程序（APP）的形式为生产与决策提供智能化服务。

从平台特征上看，这类平台是互联网创新技术、生态模式在工业领域复制、融合的突出体现。这类平台充分融入主流、前沿的物联网、云计算、大数据、人工智能等技术。西门子的 MindSphere 平台采用了内存计算的先进计算模式，引入了 IBM 的 Watson 人工智能技术；GE 的 Predix 平台基于云计算流行的开源架构 Cloud Foundry。同时，这类平台充分采用互联网行业的开发模式和应用服务提供模式。MindSphere、Predix 等都提供软件开发环境和开发工具，强调第三方开发者和应用程序接入，旨在形成类似谷歌安卓、苹果 APP 商店的第三方开发应用生态。

从价值拓展上看，这类平台直接获取机器设备运行参数，通过对海量历史经验数据、实时运行数据的集成与建模分析，实现远程设备状态监控、预测性维护、能效管理等智能化服务，提高机器效率、降低能耗、降低故障率、拓展服务和价值空间。

2. 目标：工业巨头通过平台强化各自领域的主导地位

国际制造业巨头是工业互联网平台推进的主力，意图通过平台进一步强化在各自领域的主导地位。

首先，通过平台为自己公司的高端产品提供服务，通过丰富、专业、智能、精准的应用服务，使用户获得更好的体验和收益，形成对其产品更强的黏性，实现"使用用户的数据、为用户提供服务、赚取用户的钱"。

其次，通过平台获取广大用户的海量运行数据，形成对企业、对行业更加精准的预知。

再次，通过平台留住客户，由于客户海量数据置于平台，且对平台服务产生依赖，客户将很难向其他平台迁移。

最后，依托平台培育开放的开发者生态，未来可能像苹果或谷歌那样通过 APP 服务产生收益。

3. 生态：聚合强大的产业能力和应用服务

国际制造业巨头凭借工业互联网平台产品及行业应用，整合数据及经验，集聚 IT-OT 层上下游企业，逐步构建自主掌控的智能制造产业生态。同时，基于平台产品并购技术企业，扩展平台能力。

例如，GE 率先围绕 Predix 平台构建了产业生态，2016 年围绕 Predix 平台的收购案近 10 起，总金额近 400 亿美元。具体包括：并购全球第三大油服公司贝克休斯，为平台扩展石油服务应用；收购 LM 获取风力发电领域服务应用能力；收购 Bit Stew Systems 和 Wise.io 为 Predix 平台拓展从电厂、飞机引擎到数据库和软件分析能力；收购了 ServiceMax，拓展 IoT 平台管理能力。

再如，西门子大力推动 MindSphere 云平台，拓展全球应用。继 2016 年在汉诺威工业展上正式推出 MindSphere 平台之后，2017 年，其大力拓展包括云基础设施服务商、软件开发者、物联网初创企业、硬件厂商等的 MindSphere 生态圈。在底层的云计算基础设施方面，西门子与多家云服务商合作，重点构建操作系统，提供开放的能力接口，吸引行业客户或软件开发者开发更多的工业 APP，并将这些 APP 推荐给更多的客户使用。客户可以根据自身需求选择相应 APP 对工厂运营数据进行分析，实现对生产线的智能控制，如进行预测性设备维护、远程故障诊断、产品追踪等。在云服务层面，MindSphere 合作伙伴包括亚马逊 AWS，也包括微软。微软为西门子提供大数据、软件计算开发能力。其与西门子合作，主要是看重西门子在工业设备领域的能力。借助西门子的 MindSphere，微软能够将自己的产品推广给更多的工业客户。在应用层面，西门子与合作伙伴已经一起开发出超过 50 个 APP，供各类工业客户选用。在

MindSphere 生态系统里，西门子自己开发了基础的工业 APP，提供各种能力，使广大合作伙伴可以基于西门子的原生 APP 迭代出更多的专业性 APP。西门子提供的能力就像乐高的基础积木，客户或合作伙伴能够以搭积木的方式把它的分析、应用模型逐渐搭起来。

按照西门子的规划，MindSphere 第一批投放的国家主要是中欧、北欧、美国、英国，第二批覆盖中南欧如意大利、瑞士等，中国将是第三批投放的国家。目前，MindSphere 已经被一些厂商采用，比如生产研磨机械的设备制造商格林将几个关键部件的状态参数采集到 MindSphere 上，尤其是刀具的参数，经过一年多的数据累积、测试，该平台已经能够预测刀具的磨损状态，及时提醒格林更换刀具。

可以看出，西门子等厂商从设备数据采集出发、自下而上构建物联网生态圈之时，互联网、IT 企业也希望将自己的云计算、物联网、大数据等服务自上而下地向工业领域渗透。

5.1.2 制造企业构建互联网+制造垂直应用平台生态

伴随着工业巨头持续打造工业互联网生态，各国制造企业也根据各自所处领域的行业特点、业务类型、市场特点不同，分别推进按需定制（C2B）平台、软硬件资源分享平台、协同制造平台、供应链协同商务平台等，聚集资源的精准配置和流程的灵活重组，通过云接入分散、海量的资源，对制造企业资源管理、业务流程、生产过程、供应链管理等进行优化，提升供需双方、企业之间、企业内部各类信息资源、人力资源、设计资源、生产资源的匹配效率。

1. 按需定制平台，提升个性化制造水平

按需定制平台可前端连接大众用户，后端连接智能工厂，使供需直接交互、精准对接，开展以用户为中心的 C2B 定制，满足市场多样化需求，实现增品种、提品质、创品牌，同时避免库存积压和产能过剩。

按需定制平台最经典的案例就是红领集团，其专注于服装规模化定制生产全程解决方案的研究和试验，以订单信息流为主线，以海量版型数据库和管理指标体系为载体，以生产过程自动化为支撑，形成了独特的"红领模式"，开启了中国制造业按需定制的先驱，成为我国互联网+制造的标杆企业。

专栏 5-1　红领持续按需定制平台

红领不断探索、求新求变，以赢得市场先机。其战略主要包括以下三点：第一，把握市场主动权，紧跟国内市场。第二，数据标准化，实现个性化定制。第三，流程模块化，实现批量化生产。在战略引领下，红领通过以下三大系统打造按需定制的 C2B 平台体系。

1．C2M 商业生态系统

C2M 商业生态系统是指，消费者在终端提出个性化的服装需求，跨过传统中间渠道，直接对接工厂（M），工厂快速完成服装定制。2015 年 8 月，从红领改名为酷特智能的企业推出了代表 C2M 直销平台的战略性产品——魔幻工厂 APP。打开这款 APP，选择想要定制的服装，如西装、衬衫，一个 3D 的衣服模型就出现在眼前。用户可依次选择扣子、面料、胸袋、驳头等物料，这个过程中还可细致地观察到颜色、布料材质以及其他多处细节。如果想为特别的人设计一款独一无二的西装，那么一款只属于服装所有者的"专属名牌"也可以实现。同时，在整个设计过程中，还可邀约朋友同屏设计。设计完成后，便可预约量体。手机自动定位，帮助用户寻找附近的量体师，并预约上门服务。红领正在攻坚的是，希望能在不久的将来，用户不需要和量体师接触，就可通过 3D 的方式把身体的数据传输出去。

2．CAD 系统

定制的第一道难题是量体。可通过三点一线的"坐标量体法"来解决问题。定制的第二道难题是制版。采用 CAD 系统进行服装打版从理念到编程都不是很困难，也并非红领首创，但由于人体是个非常复杂的模型，要真的将 CAD 的理念从概念落到现实，需要一个非常巨大的数据库，在大数据的基础上进行建模，这个数据库的容量越大，基于这个数据库做出的计算模型就越精准。随着数据量的继续增加，这套系统仍在不断

进行自我完善，但错误率已经降低到万分之一左右。布料准备部门根据订单准备面料，裁剪部门按要求裁剪。在这个模式下，原本全手工制作、动辄价格数万元人民币的定制西服的价格被降低到了一两千元，而制作周期也从半年左右变成了 7 个工作日。

3. RCMTM 平台

红领通过 RCMTM 平台打造了智能工厂，即使是复杂的定制生产，各个部分也能配合有序良好。RCMTM 平台在红领的工厂里具体表现为，每个工人面前都有一台电脑识别终端，他们依据这个终端呈现的只有他们才读得懂的数据来量体裁衣。而这个终端数据就是由 RCMTM 平台传输出来的。顾客通过 5 分钟的量体，传给平台 19 个部位的数据，再依据自己喜好选择面料、花型、刺绣等几十项细节。如果顾客自己也难以确定细节，就让系统根据大数据分析自动匹配。细节敲定，订单传输到数据平台后，系统会自动完成版型匹配，并传输到生产部门。

正因为红领拥有全球最完善、庞大的西装版型数据库资源，上万亿个版型的数据库覆盖了全球 99%以上的人体体型及需求，红领的车间不再是简单的制造工厂，而是数字化 3D 打印机模式企业。也就是说，红领工厂的每件衣服都是"打印"出来的。从大规模制造转向大规模定制，红领在服装界走向买方市场时把握了市场主动权。

除此之外，海尔在互联工厂模式的基础上，构建以用户为中心的 COSMO 平台，汇聚用户需求，直接转化订单排产，同步预约下单，实现了产品开发 100%用户参与设计，生产线产品 100%订单有主，订单交付周期缩短 50%以上，更好地把握了终端用户需求，实现了无缝化、透明化、可视化的最佳体验。

2. 软硬件资源分享平台，促进产能优化

软硬件资源分享平台就指将分享经济、众创经济等新理念引入生产制造领域，推动制造业开放创新资源，有效盘活闲置存量资产，激发新的增长点。分享软硬件制造资源将为制造业提供强大的生产动力，降低企业内设备的闲置率，在某种意义上，可实现制造业领域"获取胜过拥有"的互利合作。

一方面，在大型集团企业内部各种与企业运作有关的资源，如设计、仿真、设备等，均可以利用云制造实现共享，避免或减少重复投资。另一方面，软硬件资源分享平台也正在推动中小企业间的制造资源共享。目前，在国内已涌现出一批云制造服务平台，例如，在天智网云制造平台上，遍布全国 30 个省、市、自治区超过 2 万家企业可以在线上实时对接，快速共享生产资源。宝信软件打造的上海工业云公共服务平台汇集了汽车、民用航空、钢铁等领域上百类制造资源，为企业提供云设计、云仿真、云制造等服务。数码大方的工业软件云服务平台为 3 万多家制造企业提供软件租用、设计、制造等服务。

又如，航天云网专有云平台（见图 5-1）通过航天科工内部实行资源软整合，接入集团 600 余家单位，对设计模型、专业软件、仿真实验等上百种资源和平台在线能力，以及 1.3 万余台设备设施等进行分享，有效解决了生产单元产能闲置与超负荷运转同时存在的问题，使集团资源利用率提升了 40%，提升了集团的市场竞争力。

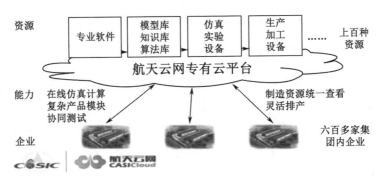

图 5-1　航天云网专有云平台

综上，借助互联网平台共享闲置设备，共享生产线空闲档期，共享人才和服务⋯⋯兴起于大众消费和服务领域的共享经济，如雨后春笋般出现在制造领域，制造业将成为未来分享经济的重要战场之一，从而推动制造业实现转型。未来制造业将在共享理念的推动下，衍生出混合经营模式的企业，即把过剩的资源放到平台上共享出去，租赁和承接订单。制造网络将多种类型和规模的制造业企业联系起来，形成有效的制造资源共享机制以及巨大的制造能力，平台通过互联网和分享模式打通各行业的核心产业链，把全球创新与中国制造联系在一起。

3. 协同制造平台，提升产业协同水平

协同制造平台是指通过大数据及云平台连接，打破地理约束形成的信息不对称，促进区域性和全球性的生产协同的平台。

典型案例是沈阳机床、神州数码和光大金控共建的智能云科平台。智能云科平台的基础是线下智能生产协同能力和工艺技术服务能力，通过平台接入分布在全国各地的六种类型、数千台 i5 智能机床等产品，提供金属切削加工等能力，根据订单智能匹配产能，大规模订单由需求方周边产能承接，单件或小批量订单也可以在合并汇聚后被接单，同时，用户还可实时查看装备忙闲状况和生产进度，掌握生产信息，制定生产目标。未来，智能云科平台通过整合资源，将形成完整的协同制造 O2O 服务体系。针对特定区域的行业特点组织设备和技术资源，建设面向企业用户的实体协同制造服务中心，支持制造业行业的转型升级。

4. 供应链协同商务平台，促进各环节高效无缝对接

越来越多的制造企业通过互联网平台建立与上下游供应商、合作伙伴和客户的直接连通，集聚供应信息并进行深度挖掘分析，提高供应链的反应速度、匹配精度和调运效率，降低采购成本，减少产成品和在制品库存，缩短对客户服务的响应时间。据 Gartner Group 报道，全球有20%～30%的原料采购通过在线采购的方式进行。在网络经济时代，企业的采购方式正快速向电子采购的方向转变，在线采购正逐步取代人工采购，成为国内外企业主要的采购方式。

（1）B2B 模式对接上下游采购需求。传统供应链产品选择范围小、管理难度大、生产线周转效率低，通过互联网平台，制造企业可与上游供应商无缝对接，快速集聚行业内优质供应商资源，在最短时间内以最低成本实现原材料采购的高效匹配，推动企业采购与供应链管理创新。为此，一些企业积极完善 ERP 管理，加强买方系统（Buy-sidesystems）或卖方系统（Sell-sidesystems）的开发和建设。

专栏 5-2 "中车购"通过 B2B 模式对接上下游采购需求

"中车购"是由中国中车股份有限公司（以下简称中车）投资建设的制造业 B2B 电子商务服务平台，致力于为中国高端装备制造企业提供高品质工业品的综合商务电子化服务，以 B2B 电子采购模式对接中车集团的上下游采购需求，实现轨道交通行业相关的原材料、零部件的一体化在线采购与销售服务。

"中车购"以中车企业供求为"牵引"，吸引中国优质高端制造业企业入驻平台，同时邀请制造行业权威资质认证机构为平台提供诚信保障。该平台涵盖中国中车的全系列产品，包括动车组、电力机车、内燃机车、客车、货车、地铁车辆等其他整机产品，以及电机、制动设备等重要配件和运营维护等服务产品。"中车购"电子商务基础平台（www.crrcgo.cc）已于 2015 年 8 月开发完成，目前具备店铺管理、产品展示、采购需求发布等功能，进入了平台试运营阶段。"中车购"涵盖中车售、中车采、中车 E 商城、中车公益、中车金、中车运、中车信七大核心业务版块，以轨道交通领域相关的原材料、零部件为核心，提供全方位一体化的在线招标、采购及销售服务，为广大轨道交通行业企业提供企业宣传、物流配送等服务。其以"中车购"供应链电商为基础平台，实现轨道交通行业跨厂商虚拟化同步供应链，使全行业成为一个逻辑上的企业，并提高供应链中各个节点企业的整体效益。

"中车采"作为国家级轨道交通行业高端工业品 B2B 供应链系统电商平台，为中车企业及供应商提供信息发布、智能推送、商机撮合等服务。"中车采"目前与国内多个制造业企业进行采购对接，尤其是与装备制造业企业对接，包括镇江太平洋电器有限公司、北京二七机车有限公司等。

通过 B2B 采购模式打造供需双赢局面。过去企业采购人员只注重结

果，通常是把订单交给那些能满足质量要求和按时交货的供应商就算完事。现在，在线采购过程通常有企业的制造工程师参加，他们审评图纸并按相似的特征或流程分类物料。这样，候选供应商能投标合并特征相似的物料，从而改进了成本、交货和质量特性。

资料来源：

中国轨道交通网 http://www.rail-transit.com；

托比网站 http://www.2b.cn/guandian/hangye/14762.html；

中车购官方网站 http://pur.crrcgo.cc/crrcpur/index；

中国中车采购电子商务平台 http://cg.csrgc.com.cn/index!subComListNews.do。

（2）生产线供应链协同实现高效精准配送。传统物料配送环节经常会出现配送不及时、物料缺少或囤积等问题，从而影响生产计划。企业利用大数据、物联网完善智能信息系统建设，对生产配比、物料配送、产品质量等各环节进行协同管控，实现物料配送的系统化、流程化，降低物流成本和能耗，降低仓储损失，加速了资金周转，提高了整个供应链的运行效率。

（3）仓储物流平台高效配置物流资源。物流系统的整体目标是追求以最低成本提供令客户满意的服务，而仓储系统在其中发挥着重要作用。随着企业生产规模不断扩大，当今的仓储物流早已不仅仅局限于企业自身物料保管、运输、装卸、流通加工等功能，需要整合全国各地仓储物流资源以有效保障自身货物流通，而基于互联网的仓储物流平台将有效解决这一难题。

5.2　IT 企业和互联网公司向制造平台拓展

IT 软件企业和互联网公司通过云平台提供云计算、物联网、大数据的基础性、通用性服务。其中有的侧重云服务的数据计算存储，如微软的 Azure、SAP 的 HANA、亚马逊的 AWS 及我国的阿里云、腾讯云等，有的侧重物联网设备连接管理，如思科的 Jasper、华为的 OceanConnect 等。

5.2.1 IT 软件商和互联网平台向制造业拓展，提供计算与存储

从发展进程看，互联网企业的云平台发展要早于制造业的云平台，但其特点是过去互联网平台的主要应用是软件、信息、娱乐、社交和交易等，制造业的应用比较少。近几年，互联网巨头纷纷将制造业作为平台业务拓展的重点领域，为互联网+制造部署提供连接、计算、存储等底层技术支撑，成为"平台的平台"，使上层平台专注于与工业生产直接相关的服务，从而实现专业分工，发挥叠加效应。

> **专栏 5-3　腾讯云计算与三一重工能力合作，打造平台三一"根云"平台**
>
> 三一"根云"平台主要是为本土制造企业提供端到端的物联网解决方案，帮助客户打通工业互联网应用最后一公里，给客户带来直接使用价值，腾讯云为其提供大数据存储和运算能力。
>
> 首先，"树根互联"会为企业提供网络接入的能力，使其设备能够联网采集数据，变得智能化。其次，腾讯云提供 IaaS、PaaS 层的大数据存储和运算能力。之后，"树根互联"在 PaaS 层利用工业大数据的优势进行机器数据建模，实施监控、预警、诊断，主动对在线设备进行维护，优化机器的全生命周期管理，提高运行效率。
>
> 从合作效果看，三一"根云"平台通过与腾讯云合作，将分布在全球的 20 多万台设备接入平台，采集近 1 万个运行参数，利用云计算和大数据，远程管理庞大设备群的运行状况，不仅实现了故障维修 2 小时内到现场、80%的故障 24 小时内解决，降低了 60%的服务成本，还大大减轻了备件的库存压力。通过三一"根云"平台，传统企业不仅能高效地完成设备分析、预测和运营支持，还实现了从设计、制造，到提供租赁和维护服务，再到大数据分析服务等一系列商业模式上的创新。
>
> 除了工程机械行业，三一"根云"平台还能为跨行业高价值设备提供基于物联网、大数据的云服务，面向农业机械、节能环保、特种车辆、保险、租赁、纺织缝纫、新能源、食品加工等行业开展深度合作，形成生态效应。

IT 巨头也将云计算作为战略布局的重要方向，并将制造业作为重要的云服务拓展领域。

专栏 5-4 微软公司与通用电气(GE)公司合作，打造 Predix 平台

微软公司与通用电气（GE）公司双方合作，将通用电气用于工业互联网的 Predix 平台登陆在 Microsoft Azure 云平台上，得到了微软在云服务基础架构、人工智能、高级数据可视化等方面的支撑，实现了微软的信息技术优势与通用电气的工业和制造业数字化经验相结合。

微软通过搭建混合云帮助通用电气优化工作效率和节省开支，更重要的是微软能够充分地利用他们所开发的云应用，获得更多的企业级数据资源，实现微软向工业的拓展。通过双方合作，一方面，客户将有更多权限灵活地去访问 Predix 和 Azure 平台，对于所有在云平台上留下足迹的应用，都可以进行托管、部署和运行；另一方面，那些使用微软 Azure 产品和服务的企业将可利用 Predix 平台来分析它所连接的设备资产中所产生出来的数据，再使用这些数据来构建应用。因此，Predix 平台可以借助 Azure 平台的充分的企业资源进行资源整合，并充分结合两者的技术优势。

未来，通用电气和微软还将 Predix 与 Azure IoT 套件、Cortana 智能套件及 Office 365、Dynamics 365、Power BI 等微软商业应用实现深入整合，从而更好地将工业数据与业务流程和分析无缝衔接。

5.2.2 IT 硬件及服务商向制造业拓展，侧重物联网设备连接管理及应用服务

随着物联网、云计算、大数据技术的兴起，越来越多的企业和创业者投身到物联网产业中。在物联网业务快速发展的同时，这些企业和创业者也面临着网络连接复杂，终端和传感器种类众多，集成困难，新业务上市周期长等挑战。为帮助合作伙伴应对这些挑战，一些 IT 硬件公司

和应用服务商纷纷拓展平台服务，侧重于物联网设备连接管理及应用服务，期望从制造业中寻找新的发展空间。

例如，华为推出了 OceanConnect IoT 平台开放生态，旨在聚合各种应用与接入，推动产业发展，共同实现商业成功。OceanConnect IoT 平台提供了 170 多种开放 API 和系列化 Agent 帮助伙伴加速应用上线，简化终端接入，保障网络连接，实现与上下游伙伴产品的无缝连接。同时提供面向合作伙伴的一站式服务，包括各类技术支持、营销支持和商业合作等。截至目前，华为 OceanConnect IoT 平台开放生态已经集成了 200 多种终端/传感器，聚集了 80 多家重量级伙伴企业，涵盖车联网、智慧家庭、公共事业、油气能源等领域。在车联网领域，华为携手启明信息技术股份有限公司，为一汽提供车队管理、共享车等解决方案。

一些应用服务类企业专注于应用层，主要提供各领域服务应用及第三方开发环境，其他层级能力完全依赖第三方支持。代表产品是 Ayla 网络的 Ayla 平台，Ayla 平台所有的平台技术全部通过第三方集成，自身主要以应用开发及提供应用服务为主。

5.3 互联网+制造生态体系发展态势

随着信息通信技术与工业控制技术的快速融合，初步显现出以开放化平台为核心，向下整合硬件资源、向上承载软件应用的发展趋势。在此背景下，互联网+制造平台快速发展，助力制造业转型升级。

5.3.1 工业互联网发展迅速，竞争格局初步形成

随着美国、德国、英国和法国等发达国家相继更新制造业转型升级战略，以及 GE、西门子、微软等国际企业在工业互联网平台方面的布局，全球制造业将进入平台竞争时代。通用电气公司于 2013 年推出以 PaaS 为核心的 Predix 工业互联网平台产品，正式开启了国际工业互联网平台发展的序幕。随后，其他国际产业巨头纷纷加入工业互联网平台的竞争，

西门子推出了 Sinalytic 平台，将所有跨业务的远程分析和维护服务进行整合；我国海尔也推出了 COSMO 平台，帮助更多企业更快、更准确地向大规模定制转型。而在 2015 年后，更多的 IT 和互联网巨头加入工业互联网平台的竞争格局中，其中最具代表性的包括微软的 Azure 平台、英特尔的工业互联网平台、腾讯云平台、阿里云平台等，开放融合的互联网+制造平台竞争格局初步形成。

5.3.2 互联网+制造平台应用于多领域和多环节

根据平台的用户需求及应用环节的不同，可将当前互联网+制造平台的应用模式概括为五类。第一，在设备层实现对生产设备的预测性维护，通过平台对生产设备进行实时监控，并通过采集数据处理分析实现预测运维，例如，GE 的 Predix 平台通过对风机数据的打通分析，实现了对风机设备的远程维护。第二，在车间层实现生产流程的优化，通过数据分析及平台应用帮助企业在生产和运营维护方面实现精益化提升。例如博世平台通过对现代汽车生产线数据的采集分析，实现了对生产现场的优化管理。第三，在管理层实现企业运用管理，基于数据分析能力向企业提供软件应用服务，助力提升企业运营管理，例如，中联重科公司应用 SAP HANA 平台，将原有 ERP 集成到 HANA 平台，实现了订单、维护等事务数据的分析处理。第四，在产品层实现产品服务化，通过对生产产品数据的打通采集，分析并提供产品远程服务。第五，在设计层实现个性化定制，将用户需求信息进行分析，并通过平台制定产品参数，组合形成个性化产品。例如，欧特克仿真平台与 Backhand 合作定制自行车零部件。

5.3.3 平台融合主体清晰，应用日趋成熟

工业互联网平台及解决方案提供商不断涌现。目前全球工业互联网

平台提供商包含以下四类企业。一是以传统制造业企业为主体，兼具平台层和边缘层功能，发展聚焦于工业领域，代表产品是 GE 的 Predix 平台。二是以 IT 软件及互联网企业为主体，聚焦 IT 层功能，提供多行业大数据解决方案。三是以 IT 硬件企业为主，聚焦 OT 层功能，与 IT 企业合作提供多行业的行业解决方案。四是应用服务类企业，专注于应用层，主要提供各领域服务应用及第三方开发环境。

5.3.4　我国领先企业率先布局，但在全球竞争中仍然相对滞后

我国工业互联网平台发展初步具备一定的基础，一批领先企业率先推出相关产品及解决方案。如和利时开发工业自动化通用技术平台 IAP，三一重工基于 Hadoop 搭建工业大数据分析平台，明匠开发出工厂数据集成管理系统，海尔构建了人机物互联平台 COSMO 等。然而，国内平台产品在性能和适用性上仍存在一些问题。

第一，国内现有工业互联网平台架构偏重传统工业，系统架构理念过时，对云、大数据、开源操作系统等新兴技术应用不足。

第二，国内的平台系统集成能力有限，在细分领域基于经验知识的数据建模和分析能力不足，缺乏基于平台二次开发的支撑能力。

第三，我国平台在领域覆盖、服务能力、产业链地位等方面都难以与外商竞争。国外平台依托企业既有的技术产品能力，覆盖领域广且占据产业链上游。如 Predix 平台覆盖风电、航空发动机及燃气轮机、医疗设备等多个高端领域。同时国外巨头通过收购软件企业或与 IT 企业紧密合作，不断强化其新一代信息技术能力。

第四，关键技术产品对外依赖严重，制约平台做精。资源分享类平台这一问题尤为突出，用户需要的高端软硬件大多来自国外，平台对这些资源分享存在版权等诸多限制。

第五，企业信息化集成和供应链管理能力不足，制约平台做大。利用平台进行网络协同制造、定制化生产等，对信息化集成应用和供应链

管理水平要求很高，而多数制造企业难以达到，发展难度大。

面对国际巨头加速其平台在我国落地的情况，既要看到通过合作有利于我国引进新技术、新模式，促进制造业升级，也要认识到这将可能加剧高端工业产品领域的"马太效应"，不利于本土同类厂商崛起，自动化、智能制造领域许多企业将可能被长期锁定在"中低端"。同时，我们更要看到，此类平台涉及新一代信息技术、大量工业技术和知识经验积累，专业门槛高，需要对技术、人才和资金的高投入，一般企业难以具备足够实力和动力，这也是国外平台多以跨国巨头推动的重要原因。我国制造领域缺乏像西门子、GE 那样具备智能产品、高端装备、综合解决方案全覆盖水平，并且有实力拓展新一代信息技术能力的龙头企业，发展难度不容小视。

5.4 案例：互联网+制造解决方案

对互联网+制造，制造企业和互联网企业根据自身优势，均推出了相应解决方案，呈现了不同的发展特点和演进路径。由制造企业主导的解决方案，简称 M 版，即 Manufacturing 版；由互联网企业主导的解决方案，简称 I 版，即 Internet 版。

5.4.1 制造企业推出的解决方案（M 版方案）

M 版方案的主角大部分来自工业基础雄厚的发达国家。如半官方版的博世"慧连制造"解决方案和西门子"数字工厂"解决方案，美国 GE 的工业互联网和炫工厂，日本三菱电机的 e-f@ctory 方案。以下我们对比较有代表性的 M 版方案逐一概括和梳理，提炼 M 版的共性因素。

1. 博世的"慧连制造"解决方案（Intelligent Connected Manufact uring Solutions）

博世（Robert Bosch GmH）成立于 1886 年，是全球最大的汽车零件供应商之一，总部设在德国 Gerlingen。博世旗下的工业技术集团 Bosch Rexroth 提供的压力、动力、控制系统，被广泛应用于从运输业到采矿业等重型工业企业。博世是德国政府工业 4.0 工作小组的主要成员，联席主席之一。博世近年来推出的博世物联网套装（Bosch IOT Suite，见图 5-2），可以看作是博世物联网应用战略的基石。

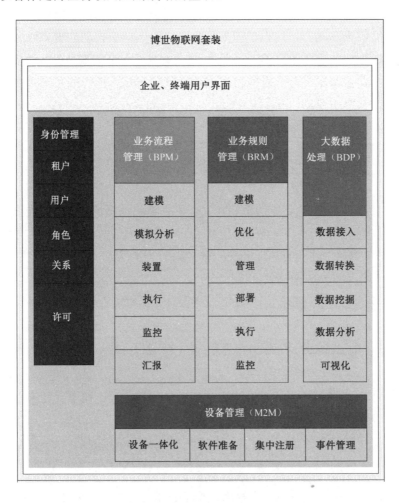

图 5-2　博世物联网套装

具体到制造业，博世的主打概念为"慧连制造"解决方案（见图5-3），方案核心为制造—物流软件平台，以之作为本地(on-prem)和云端的软件基础，对整个生产流程进行云化和再造。方案包括三个部分，一是过程质量管理(Process Quality Manager)，二是远端服务管理(Remote Service Manager)，三是预测维护(Predictive maintenance)。

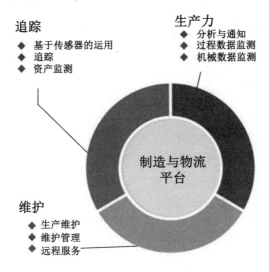

追踪
- 基于传感器的运用
- 追踪
- 资产监测

生产力
- 分析与通知
- 过程数据监测
- 机械数据监测

维护
- 生产维护
- 维护管理
- 远程服务

制造与物流平台

图5-3 "慧连制造"解决方案

过程质量管理：对生产全过程中所有的车间、流水线、作业区、机器设备实时监控；操作界面将各环节的表现指标和容忍度可视化，并对可能出现的波动提前预警。工作人员可以直观地感受到整个流程是否顺畅，及早对表现不正常的生产环节进行纠正。

远端服务管理：这一系统允许机器的制造者在远端控制产品，帮助客户解决在机器装配、使用中遇到的问题。例如，博世的工作人员可以在办公室里对在世界其他角落的设备进行功能测试、参数设置、数据接入、错误排查、故障解除等工作。大幅缩减设备交割、安装、售后维修的工作量。

预测维护：基于博世物联网套装，厂家可以通过装在产品上的传感器实时掌握其工作状态，并对可能出现的检修维护做准确预测，减少用户停产检修的次数。

可以看到，过程质量管理已经具备了工厂内信息实时互联等智慧工厂的基本要素；远端服务管理、预测维护都是基于物联网产生的价值链延伸。从这个意义上说，博世的"慧连制造"解决方案已经具备了"工业 4.0"的一些关键基础，未来发展值得关注。

2. 西门子"数字工厂"解决方案（Digital Factory Solution）

西门子（Siemens AG）成立于 1847 年，是欧洲最大的工业集团之一，总部设在德国柏林和慕尼黑。公司以电报业务起家，架设了欧洲第一条长途电话线，历史上曾生产过收音机、电视、洗衣机等家电；也生产过半导体、手机、电子显微镜、医疗器械；建过水坝、铁路、风电场；接过国防产品的大单。公司的历史，几乎可以看成是迷你版的工业革命史。目前，西门子是德国工业自动化的排头兵、工业 4.0 的重要参与者和推手。西门子对于未来的制造业有自己的蓝图和实现路径设想、方法论。其认为软件、数据、连接造就的所谓数字工厂（Digital Factory），是未来互联网与传统制造业结合的落地场景。

为实现这一目标，西门子以 32 亿美元收购了 PLM5 软件商 UGS。UGS 的软件弹药库中包括在线设计软件平台 NX，其中内置 CAD、CAM6 等一系列设计软件。库中还包括了数字化生产流程规划软件 Tecnomatix，以及市面上领先的 cPDM7 解决方案 Teamcenter。以 Teamcenter 为基础，西门子将 UGS 的弹药库嫁接在自己的工业自动化生产系统 Simatic 之上，形成了较为完善的制造业解决方案。整合之后，西门子"数字工厂"蓝图初具规模。其核心是基于数据分享的合作平台 Teamcenter。平台之上，生产者与用户、供应商共同组成"数字工厂"，通过 PLM、MES8、TIA9 三位一体的软件系统平台，实时沟通，达成产品从研发设计到售后服务的全周期管理。

"数字工厂"的工作流程（见图 5-4）可以大致描述为，通过 PLM 前端 NX 软件和用户一起设计产品，同时从 TIA 中调取制造流水线的组成模块信息，模拟生产流程。制造过程模拟信息实时反馈至设计环节，互相调整、配适。在模拟无误后，产品设计、制造流程方案传递至加工基地，由 MES10 实现生产设施构建、生产线的改装、产品生产、下线、配送到用户手中的全过程。

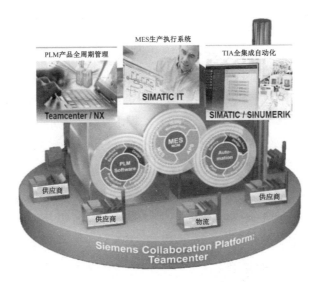

图 5-4 "数字工厂"工作流程

"数字工厂"的设想已经在一些高端汽车业的自动化制造过程中得到应用，如图 5-5 所示。

图 5-5 "数字工厂"应用范例

"数字工厂"可以看成是部分实现的工业 4.0 的第二构想全价值链工程端到端数字整合：从产品设计这一"端"到产品出厂的这一"端"，都事先在数字模拟平台上完成详尽的规划。与现实中在工厂走流程的产品相对应的是，数字模拟平台在云中分享的一个一模一样的虚拟产品。工厂内的具体执行系统可以根据数字模拟平台的要求进行一定程度的重构。

不仅如此，为了配合自己的工业自动化产品，西门子推出一款 APP"西门子工业支持中心"（见图 5-6）。但是这个 APP 目前只包含了西门子的 5000 多份各种手册、操作指南，以及 60000 多个常见问题解答。虽然这款 APP 与物联网没有实际的关系，但给人很大的想象空间。

图 5-6　"西门子工业支持中心"界面

3．GE 的炫工厂（Brilliant Factory）

GE 的炫工厂（见图 5-7）是工业互联网(Industrial Internet)和先进制造（Advanced Manufacturing）结合的产物。它用数据链（Digital Thread）打通了设计、工艺、制造、供应链、分销渠道、售后服务，并形成一个内聚、连贯的智能系统。

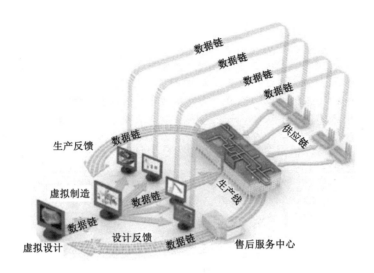

图 5-7　GE 炫工厂示意图

　　GE 把工业互联网描述为"大铁块+大数据=大成果"（Big Iron + Big Data=Big Outcomes）。其中大铁块意指涡轮机、发动机、风机、火车机车等工业用机器设备，大数据即云基分析（Cloud-based Analytics）。从总体上看，GE 的工业互联网与工业 4.0 中的 CPS 十分类似，都强调数字世界和现实世界边界变得模糊，装载了各种传感器的铁块之间、铁块与人之间，通过互联网实时交换信息。铁块们因而变得可预测、会反应、社会化。

　　先进制造包括 3D 打印、创新材料科技等模块。工业用 3D 打印，或称增材制造（Additive Manfuacturing），在很大程度上实现了工业设计的所见即所得。3D 打印的应用场景在很大程度上受材料科技的限制。配合创新材料科技的发展，先进制造技术让很多从未有过的零件设计很快变成原型机。

　　2015 年 2 月 14 日，GE 在印度 Pune 建设的炫工厂揭幕。区别于传统的大型工业制造厂，这间工厂具备超强的灵活性（Flexibility），可以根据 GE 在全球不同地区的需要，在同一厂房内加工生产飞机发动机、风机、水处理设备、内燃机车组件等看似完全不相干的产品。理论上说，这一灵活性将极大地提升 GE Pune 的生产率：通过分析云端从全球实时反馈回来的数据，炫工厂会自行在各个生产线上分配人力、设备资源，减少设备闲置时间、提升对市场需求反馈的反应速度。

虽然 GE 常常被视为美国工业的代表，独立于德国的工业 4.0 体系之外，但不难看到两者之间的共通之处。贯穿炫工厂的数据链与西门子的 PLM 平台类似；产品传回数据用来做售后的增值服务，与博世"慧连制造"中的预测维护相同。

GE 的雄心不止于此。美国作为互联网诞生地，对于物联网本身显然有更多的想法。GE Software 推出与工业互联网配套的 Predix™软件平台，为各种大铁块提供统一的软件标准，希望做成基础性操作系统、工业互联网的安卓。但与安卓不同，Predix™ 虽然鼓励各界投入与工业互联网相关的 APP，但系统并非开源，需要取得 GE 的许可。2014 年 12 月，日本软银与 GE 签订收入分成协议，成为 Predix™的第一位认证开发商。

4. 三菱电机的 e-F@ctory

三菱电机（Mitsubishi Electric）是全球领先的工业自动化成套设备供应商之一。公司 1921 年从三菱造船（今三菱重工）独立出来，总部设在日本东京。

e-F@ctory 是三菱电机面向制造业推出的整体解决方案（见图 5-8）。这一解决方案的结构很像一块三明治：底层为硬件、顶层为软件，中间夹着人机界面。硬件层包括两个部分，动力分配输送系统和生产设备系统；夹心层由信息通信产品群组成；软件层主要是企业级的信息系统，如 ERP、MES。

以太网（Ethernet）贯穿整个三明治：在生产场地，设备和配电系统通过所谓 iQ 平台接入以太网，将设备运行状态实时反映在夹心层的可视化人机交互页面上，同时数据实时反馈到上层的企业级信息系统，方便决策层及时调整企业内部的生产布局和企业外部的供应链管理。

e-F@ctory 中有相当多的元素与工业 4.0 不谋而合。例如贯穿生产场景的以太网，好比西门子的 PLM，或者 GE 炫工厂的数据链；底层硬件系统模块化，可以根据产品的不同、流程的不同进行一定程度的改变，等等。

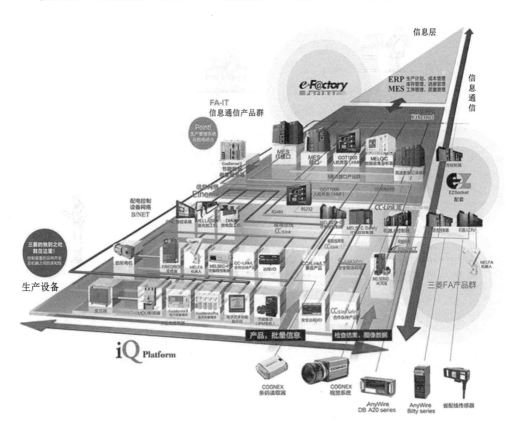

图 5-8　e-F@ctory 整体解决方案

此外，三菱电机为了扩大 e-F@ctory 的影响力，还采用了非常具有日本特色的"母鸡带小鸡"策略，与二十多家企业结成 e-F@ctory 联盟，共同发展这一先进制造平台。联盟成员主要包括传感器、工业 FRID 制造商如 Balluff、Schaeffler，以及软件集成开发商如 Delta Computer System、MDT Software 等。三菱电机与这些成员企业优势互补，三菱专注于自己擅长的工业自动化部分，其他联盟成员提供联网通信的硬软件平台，帮助三菱用户更好地根据自己的需求进行个性化选择。

5．小结

M 版方案都是以大型先进制造企业的生产环境和技术环境为基础，叠加了一些互相交叉的、边界较为模糊的互联网相关概念，如物联网、云/大数据、CPS 等。实质内容仍然围绕着硬件智能化、软件一体化、工业自动化展开，从制造业企业本身的技术优势出发，实现互联网+制造。工厂内的制造场景在方案中居于中心位置，企业内网包含在外围，公共互联网处于边缘，外部互联网企业提供的服务可有可无。

M 版方案都有雄厚的工业制造背景，德国版（"慧连制造""数字工厂"）以汽车工业为基础制造场景；美国版（炫工厂）以飞机发动机、内燃机等高端装备制造业为基础制造场景；日本（e-F@ctory）以半导体、汽车工业为基础制造场景，呈现出了技术和投资门槛双高、封闭体系、中心化驱动的特点。

门槛双高：M 版方案集合了当今世界顶尖的制造技术，如工业自动化系统（机器人）、工业级增材制造、创新材料科技，等等，这些专有技术的核心部分大多数掌握在少数几个业内领先的大型工业企业手中，技术门槛高；M 版方案的落地场景，也即各类智能工厂，造价不菲，如 GE 的 Pune 炫工厂投资额达两亿美元。

封闭体系：M 版方案虽然都提到了互联网、云、大数据的作用，但其中的互联网强调的是近场通信（RFID）、传感器等新技术带给互联网底层连接对象的变化；云大部分是企业内部沟通用的私有云；大数据也往往是企业搜集的内部数据，以物的运行数据为主，人的活动数据较少。

中心驱动：M 版方案的推动呈现中心化的特点。不论是博世的"慧连制造"、西门子的"数字工厂"，还是 GE 的炫工厂、三菱电机的 e-F@ctory，核心企业在这些方案中的强势主导地位都是毋庸置疑的。虽然德国政府的工业 4.0 方案中提到了生产组织结构分散化、网络化，制造流程由多个不同的企业共同完成，但至少从目前的进展来看，除非门槛双高、封闭体系被打破，否则分散化、网络化生产组织形式将在相当长的时间内停留在纸面上和口头上，无法落地。

实际情况也是如此，M 版方案的最大用户往往正是提出者自己：三菱电机的 e-F@ctory 方案 2012 年落地在自己的 Nagoya Works、西门子的"数字工厂"2013 年落地在自己的成都工厂、GE 的炫工厂 2015 年落地在自己的 Pune 工厂。从这个意义上说，M 版方案只是"巨人的游戏"。此类方案中，创新的速度似乎并没有因为互联网因素的加入而显著加快，仍然按照工业企业原有的步伐不紧不慢地渐进式前进。

5.4.2　互联网企业推出的解决方案（I 版方案）

I 版方案的主角来自互联网行业。跟传统制造业相比，互联网行业十分年轻；与制造业巨头相比，互联网企业相对稚嫩。I 版方案的互联网+制造因此显得没有那么野心十足，I 版方案的核心企业也没有大包大揽、舍我弃谁的霸气，而是主张加号两边的企业发挥各自的优势：生产场景交给传统制造业企业，剩下的只是把其他与生产场景相关联的制造业环节搬到云端，交给互联网企业提供的企业级互联网服务。

1. 谷歌的 Google for work

谷歌推出的 Google for work（以下简称 GFW）是以云为基础的一系列企业级服务套装，包括工作应用、云平台、工作浏览器、工作地图、工作搜索（见图 5-9）。可以说，谷歌为传统行业企业提供了一整套的"互联网+"解决方案，既包括工作场景中的 email、电视电话会议、文件处理、分享/存储，也包括后台服务如云存储、计算、API 开发，还有打包的互联网增值服务如搜索、地图，等等。这些成套解决方案对于节约 IT 成本、提高运营效率作用突出。实际上，西门子、GE 都是谷歌的客户，使用了 GFW 中的一项或多项互联网服务套装。

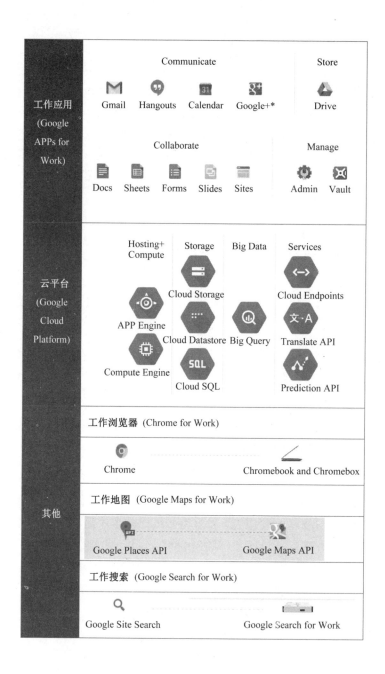

图 5-9　Google for Work 解决方案

针对制造业，谷歌提出了所谓的"做联网的制造者"（Be a connected manufacturer）的口号，利用自己的产品，帮助制造业者建立快速多层次沟通网络（见图5-10）。

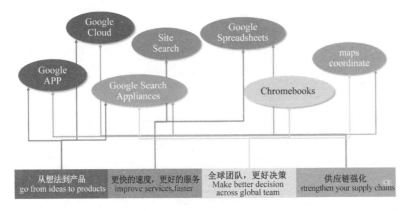

图 5-10 "做联网的制造者"

目前 GFW 仍然聚焦在线上部分，套装中的硬件产品很少，也不是 GFW 的主打诉求。但近两年 Google 在硬件方面，特别是机器人相关产品上，正在加紧布局。虽然从目前来看，这些投资似乎与制造业没有什么关系，但这些机器人在传感器、软件集成等方面有突出优势，这与目前工业4.0中生产场景智能化的发展方向不谋而合。

2．亚马逊的 Amazon Web Services

亚马逊的 Amazon Web Services (以下简称 AWS) 于 2006 年推出，面向企业提供云计算等 IT 基础设施服务（见图 5-11）。AWS 一揽子方案包括亚马逊弹性计算网云（Amazon EC2）、亚马逊简单储存服务（Amazon S3）、亚马逊简单数据库（Amazon SimpleDB）、亚马逊简单队列服务（Amazon Simple Queue Service）及 Amazon CloudFront 等。

国内的一加科技使用的就是 AWS 云服务。在商城海外闪购活动中，一加科技的技术团队用了 3 个 Amazon EC2 实例搭建了 Web 服务器、静态资源服务器和数据库。然后结合 AWS 提供的平台服务对系统架构和性能进行优化，如使用 Amazon CloudFront 分发静态资源、通过 Elastic Load Balancing（ELB）弹性负载均衡服务为 Web 服务器提供负载均衡等。整个项目从部署到上线总共用了两天时间。平台正式承载业务后，闪购峰值能够被分发到后台 Amazon EC2 实例上，保证了用户体验，平滑支撑了高流量。目前一加科技已经把所有海外商城全部迁移到了 AWS 平台上，这样自己的运维人员不需要费心关注后台问题，可以把精力放在核心业务上。

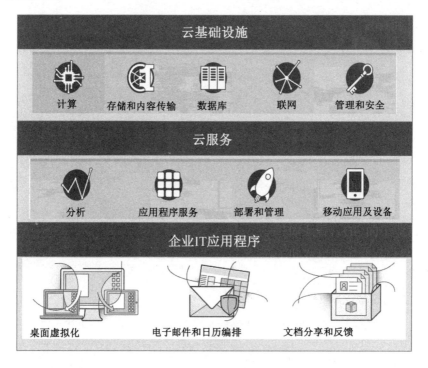

图 5-11　Amazon Web Services

3．微软的企业服务

早在 1999 年，微软就推出了适用于机顶盒、POS 机等非 PC 设备的嵌入式操作系统 Windows Embedded（见图 5-12）。使用这一系统的硬件可以与桌面应用程序无缝集成，大大缩短了产品上市时间。之后随着

Windows 不断升级，Windows Embedded 跟着不断推出新版本，适用的硬件范围更广，功能日益强大。

图 5-12　Windows Embedded 产品组合

微软推出的 Azure 云平台和 Windows 10 物联网版，更是在跨硬件通用性上下足了功夫，其口号是"Microsoft Everywhere"。Azure 为跨平台数据搜集提供了解决方案，各种硬件平台虽然使用不同的数据格式，但是可以通过前端的 Windows 10 物联网版和云端的 Azure 平台实现互联互通，让不同数据格式的机器互相"交谈"。

在此基础之上，微软将自己的 Office 系列企业级办公软件与远端的云存储、云计算结合在一起，创造出独特的企业级应用生态。在制造业的场景中，企业可以将自己的生产机器的软件控制系统直接建立在 Azure 和 Windows 10 物联网版之上，实现以 Windows 为软件控制基础的智能化生产。

KUKA Systems Group 在设计 Chrysler Jeep Wrangler 车体生产线的过程中，用微软的 Windows Embedded 软件、SQL 服务器在云端建造了一

个控制平台，大大提升了其生产效率和灵活性（见图5-13）。这一系统不仅与M版方案一样，具备根据客户反馈调整生产规模和流程的能力，而且还提供了一个特殊的优势，即由于人机界面采用大家都很熟悉的Windows，大大缩减了新员工上岗培训的时间。在2015汉诺威展上，微软和KUKA展示了联合研发的物联网机器人，其可以自行发现问题，并主动通知相关工作人员进行更改维修。

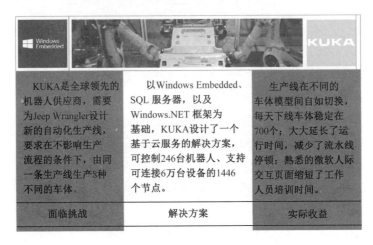

图5-13　"Microsoft Everywhere"

4．小结

I版方案代表性企业在与制造业的结合过程中发展方向各有特点，结合的程度也有差别。亚马逊还是坚守自己的一亩三分地，做云服务供应商，帮助企业提供一揽子的互联网解决方案。谷歌在机器人等工业自动化基础配套上积蓄力量，未来想象空间很大。微软走得更远，凭借自己在系统软件方面的优势与传统的工业自动化企业结盟，直接进入了车间地面的核心制造环节中。从中可以看出，I版方案有两个特点，一是"开放合作"，二是"丰俭由人"。

开放合作：I版方案并没有M版方案舍我其谁的气势，它强调与传统制造企业合作，帮助后者更好地适应互联网、使用互联网。不论是亚马逊、谷歌、还是微软，都是围绕制造业企业的实际需求在做服务，与传统制造业企业合作是 I 版方案的共同点。

丰俭由人：I 版方案的通用性较强，在云端可供选择的选项很多，价格的计算大都采用"用多少服务给多少钱"的方式。这一模式降低了制造业企业使用互联网服务的门槛，不论是亚马逊、谷歌还是微软，他们的物联网套装用户中都有大量的中小微企业。这在很大程度上弥合了规模差异带给企业的不公平竞争地位。

第6章 新技术：新兴技术推动制造业快速发展

6.1 3D打印引领制造新模式

6.1.1 3D打印概况

3D打印概念的提出始于20世纪80年代后期，我国从90年代初开始研究。所谓3D打印，是通过计算机构建数字模型文件，然后利用塑料或者金属等可以黏合的材料，通过类似"打印"的方式构造实际的物体。这与传统通过对原材料切割成型的方式正好相反，因此也被称为增材制造。

作为现代信息技术和传统制造技术深度融合的重要产物，3D打印技术使传统制造业的大规模流水线生产正在逐渐成为过去式，将深刻改变传统制造业形态。根据美国国家标准与技术研究所（NIST）数据，采用3D打印新兴技术可以使美国制造业每年节省1000多亿美元，并且能够推动其创新和增长。

3D打印技术具有以下特点。

（1）数字制造：借助CAD等软件将产品结构数字化，驱动机器设备加工制造成器件。数字化文件还可借助网络进行传递，实现异地分散化制造的生产模式。

（2）降维制造（分层制造）：即把三维结构的物体先分解成二维层状结构，逐层累加形成三维物品。因此，原理上3D打印技术可以制造出任何复杂的结构，而且制造过程更柔性化。

（3）堆积制造："从下而上"的堆积方式对于实现非匀致材料、功能梯度的器件更有优势。

（4）直接制造：任何高性能、难成型的部件均可通过"打印"方式一次性直接制造出来，不需要通过组装拼接等复杂过程来实现。

（5）快速制造：3D 打印制造工艺流程短、全自动、可实现现场制造，因此，制造更快速、更高效。

6.1.2　3D 打印的行业应用

1．3D 打印应用领域

经过 30 年的时间，3D 打印技术已取得了飞速发展，在工业设计、航空航天、微纳制造、生物医学工程等诸多领域的应用前景十分广阔。随着技术自身的发展，它的应用领域将继续扩展。这些应用主要表现在以下方面。

（1）设计功能原型：设计师通过制造的原型去证明设计的合理性，同时还可以使用三维组件进行性能的测试和细致的工程评价。原型组件的制作可以大幅度提高生产效率，一般可以提升数小时到数十小时，而且还便于快速找出缺点，避免因为后期出现的工程性变更而付出不应有的代价。

（2）模型工具制造：在企业的制造工序中，如果需要模型、夹具、测量仪器、样品、钻模等工具，可以使用 3D 打印技术进行制作，不需要在购买和安装机器上消耗大量时间和经济成本。同时可优化生产操作，减少人为因素的影响。

（3）制造成品：3D 打印现已成为产品制造行业的主导技术，3D 打印技术与传统生产技术相比，能够大幅度降低生产成本，加快生产周期。同时可以忽略时间和空间的限制，在有必要的时候对产品进行模型修改，可以给企业在开拓小批量定制产品方面提供技术保障。

2．主流厂商

目前，国际主流的增材制造产品和解决方案提供商包括 3Dsystems、Stratasys，以及专注于金属增材制造的 EOS 等。最近两年，主流的 IT 厂商开始进军该领域，3D 打印领域进入了快速发展阶段。例如，惠普推出具有打印真彩色和多种材料的多射流熔融(Multi-Jet Fusion) 技术的 3D 打印机（型号分别是 3200 和 4200），打印速度比其他三维打印机快十倍。Autodesk 公司则推出了基于 DLP（数字光处理，Digital Light Processing）技术的 Ember 三维打印机和开放的 Spark 三维打印平台，并与 Windows10 操作系统进行了集成。全球激光加工巨头通快集团也推出了金属材料增材制造设备。由华中科技大学张海鸥教授主导研发的"铸锻铣一体化"金属 3D 打印技术成功制造出了世界首批 3D 打印锻件。运用该技术生产零件，其精细程度可比激光 3D 打印提高 50%。同时，零件的形状尺寸和组织性能可控，大大缩短了产品周期。

3．3D 打印技术仍有不足

3D 打印技术现阶段仍然处于成长过程中，技术本身尚有一定的局限性。首先，成形材料相对于工业生产材料来说范围有限；其次，3D 打印与塑料注射机等成熟的大批量成形技术相比，生产成本过高，而与传统切削加工技术相比，产品的尺寸精度和表面质量存在较大差距；再次，快速成形机的制造成本和成形用的耗材成本居高不下，推广应用较困难。

我国开始重视 3D 打印技术的时间相对较晚，特别是在装备与核心元件、材料、软件、产业整合、服务模式等方面，与国际相比还有差距。

4．3D 打印的发展趋势

3D 打印技术的实现为工业化生产提出了一个发展新思路，即不必束缚于生产成本和模具制造的相关环节，将生产活动从量产车间分流出来，形成一个集精准制造、实体分析、结构还原、应用性探究为综合目的的实验性生产或者定制生产。这一思路决定了 3D 打印的发展趋势也必将是走出实验室，走进生产车间，走进日常的家居生活，成为数据信息化领域现代生活中应用最广泛的现实技术。3D打印技术在发挥其优势方面有很大的增长空间，3D打印产业也将向着以下几个方面推进。

（1）向打印设备两型化、智能化发展。未来3D打印设备将向着小型化和巨型化趋势迈进。小型打印设备既可以满足家庭和办公的使用要求，又可以在提供3D打印服务的打印店内实现很好的应用；巨型打印机可以满足大型制造工厂如航空航天、汽车制造企业的使用需求。同时，3D打印也将向着智能化方向发展，3D打印软件可以依据材料、结构和制造环境等因素的变化来实现不同的响应方式，实现制造的智能化。

（2）向材料多元化发展。就目前而言，3D打印的材料仍局限在很少一部分，与传统制造业上可用材料种类相比，3D打印仍有很大的局限性。但是随着技术的进步，未来适用于3D打印的基础材料将会大幅增加，而且会产生多元材料的混合制造，实现复杂物体的制造。

（3）与新能源产业逐步融合。目前制造业使用的加工设备的原动机多以电能驱动的方式运转，随着地球资源的枯竭及环境污染的压力，新能源取代传统能源的趋势已成必然。3D打印设备的自身优势为新能源的融合提供了有利支持，可以利用太阳能、风能、核能等新能源为3D打印设备提供能原动力，实现制造业的能源换代，实现"绿色、低碳"制造。

（4）开启云制造时代。随着互联网高新技术产业的前进步伐，3D打印技术和新型化设计将推动"云制造"模式的发展，即向着小规模、分布式方向转变。现行的大规模制造模式存在投入多、风险大等诸多弊端，而3D打印产业将会扭转这种局面，将一个个的小型制造企业组成大规模的分布式集成网络，规模堪比一个大型的制造企业。各个组成部分既独立又互连，降低了传统产业模式的风险。3D打印技术将推动制造商、小型企业和消费者进入"蚂蚁工厂"时代，应运而生的云平台将整合资源，提升服务与效率。同时云制造也会降低制造业准入门槛，推进技术创新。

Shapeways搭建起一个领先的3D打印服务平台和社区，开创了"云制造"的商务模式，为用户提供小批量定制产品生产。一方面，3D打印服务平台为用户提供了个性化产品的销售渠道，用户 A 可以在 Shapeways 平台上上传自己的设计，并出售给网站内对用户 A 的设计感兴趣的其他访客，如用户 B、用户 C、用户 D 等，而 Shapeways 负责产品订单的收款、打印制造和寄送，并与设计者 A 进行分成；另一方面，该平台可以成为用户为自己量身定制产品的工具，用户 E 将自己的想法与设计进行 3D 建模，并将模型上传，支付一定的费用给 Shapeways，几个工作日之后，他就可以拿到自己的创意产品，如图 6-1 所示。

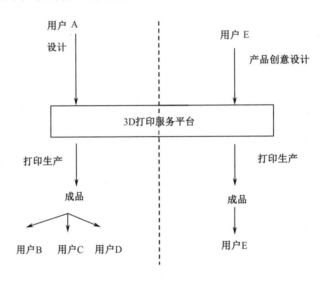

图 6-1 Shapeways 公司的 3D 打印服务平台运作模式

（5）带动制造业升级与商业模式革新。随着 3D 打印技术的推广，多领域交叉融合更加深入，必将带动制造业向高技术密集方向转化，促使相关产业链逐步形成，推动制造业转型升级，同时也将催生一种全新的商业模式。未来创意模型将作为一种商品出售，形成一种全新的商业模式，也将推动制造业进入"全民制造"时代，并开启和引领"全民智造"的浪潮。届时将有提供小型创意打印服务的商店、中大型打印服务的工厂，也有提供设计服务的专业公司，生态产业链的有机结合，将促进新型商业模式的发展繁荣。

6.1.3 案例：GE 用 3D 打印技术打印飞机发动机

3D 打印是 GE "伟大制造（Brilliant Manufacturing）"计划的一部分，于 2003 年启动。如今，3D 打印技术的应用已逐渐延伸到了 GE 旗下所有业务领域。

近年来，GE 一直在其全球诸多研发中心加大对 3D 打印技术研发的投资，这些研发中心的所在城市包括上海（中国）、班加罗尔（印度）、慕尼黑（德国）、尼什卡纳（美国）等。在自身研发 3D 打印技术的同时，GE 也在收购业内的专业 3D 打印公司。2012 年，GE 出资收购了 3D 打印技术公司莫利斯科技（Morris Technologies）；2016 年，GE 又宣布收购了德国概念激光（SLM Solutions）和瑞典 Arcam AB 两家 3D 打印技术公司。这一系列收购使 GE 从 3D 打印行业最大的用户跻身最大供应商之列。2017 年 3 月，GE 还对外宣布打算在 10 年内卖出 1 万台 3D 打印机[1]。

在航空领域，GE 的大部分新业务来自这些 3D 打印引擎部件，GE 新一代 LEAP 喷气发动机采用 3D 打印燃油喷嘴。燃料喷嘴的结构非常复杂，如果使用传统的切削工艺，制造成本非常高，而且喷嘴设计也受到很多限制。相比传统技术，3D 打印制造出的燃油喷嘴耐用性是传统的 5 倍，重量却只有传统的 25%。发动机上复杂的 3D 打印燃油喷嘴有助于 LEAP 燃料燃烧和排放减少 15%。预计到 2020 年，GE 用 3D 打印的航空发动机燃料喷嘴将达到 4 万个[2]。LEAP 引擎在 2017 年巴黎航空展上为 GE 带来了 310 亿美元的订单。该引擎安装在空中客车 A320neo、波音 737 MAX 和中国的 COMAC C919 等窄体商用客机上。

GE 还称 3D 打印的飞机发动机将在 2017 年运行，这款发动机为高级涡轮螺旋桨飞机（ATP）提供动力。基于 3D 打印技术特点，设计师将 855 个独立部件减少到 12 个，其中超过三分之一的引擎是由 3D 打印完成的[3]。

---

[1] 资料来源：http://advancedmanufacturing.org/ge-plans-sell-10000-3d-printing-machines-10-years/。

[2] 资料来源：https://www.geaviation.com/press-release/other-news-information/ ge-plans-invest-14b-acquire-additive-manufacturing-companies.

[3] 资料来源：http://www.ge.com/reports/ge-building-worlds-largest-additive-machine-3d-printing-metals/。

3D 打印将通过降低 ATP 的发动机的重量来降低成本,发动机轻 5%,这意味着它将使飞机减少燃油消耗,此外设计变更将使 ATP 的发动机提高燃油燃烧效率,从而减少 20%的燃油消耗,并且比传统加工方式制造的发动机多 10%的功率。

不仅仅是燃油消耗降低,此发动机 35%的部件由 3D 打印完成,这样的设计也颠覆了原来的维护保养方式,因为 ATP 将具有较少的组装部件,所以可以更好地避免磨损发生。

6.2 工业机器人极大地提升了效率

1954 年,美国发明家 George Charles Devol 申请了一款机器人专利,基于该专利制造的第一台工业机器人尤尼梅特(Unimate)于 1961 年在美国通用汽车公司安装运行。人类由此进入使用工业机器人的时代。

6.2.1 工业机器人的结构框架

工业机器人是集机械、电子、计算机、传感器、人工智能等多学科先进技术于一体的自动化装备。一般来说,工业机器人由三大部分六个子系统组成。

三大部分是机械部分、传感部分和控制部分。机械部分是机器人所需要的操作机械,例如机械手腕、机械臂部、行走设备等,这是构成机器人运行的主体。大多数工业机器人有 3～6 个运动自由度,其中腕部通常有 1～3 个运动自由度。传感部分主要功能是将计算机控制命令转化成机械语言,进而实现该命令。控制部分是按照输入流程,对驱动程序、执行机构发出指令信息,并对其进行信息控制。

六个子系统可分为机械结构系统、驱动系统、感知系统、机器人—

环境交互系统、人机交互系统和控制系统，如图 6-2 所示。

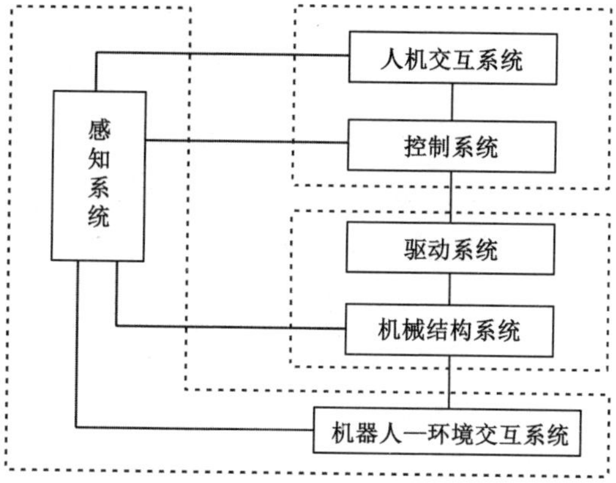

图 6-2　工业机器人的结构

1. 机械结构系统

从机械结构来看，工业机器人总体上分为串联机器人和并联机器人。

串联机器人的特点是一个轴的运动会改变另一个轴的坐标原点，而并联机器人一个轴运动不会改变另一个轴的坐标原点。早期的工业机器人都是采用串联机构。

并联机构定义为动平台和定平台通过至少两个独立的运动链相连接，机构具有两个或两个以上自由度，且以并联方式驱动的一种闭环机构。并联机构有两个构成部分，分别是手腕和手臂。手臂活动区域对活动空间有很大的影响，而手腕是工具和主体的连接部分。与串联机器人相比，并联机器人具有刚度大、结构稳定、承载能力大、微动精度高、运动负荷小的优点。

在位置求解上，串联机器人的正解容易，但反解十分困难；而并联机器人则相反，其正解困难，反解却非常容易。

2. 驱动系统

驱动系统是向机械结构系统提供动力的装置。根据动力源不同，驱动系统的传动方式分为液压式、气压式和电机式三种。

早期的工业机器人采用液压驱动。由于液压系统存在泄漏、噪声和低速不稳定等问题，并且功率单元笨重及昂贵，目前只有大型重载机器人、并联加工机器人和一些特殊应用场合使用液压驱动的工业机器人。

气压驱动具有速度快、系统结构简单、维修方便、价格低等优点。但是气压装置的工作压强低，不易精确定位，一般仅用于工业机器人末端执行器的驱动。气动手抓、旋转汽缸和气动吸盘作为末端执行器可用于中、小负荷的工件抓取和装配。

电机驱动是目前使用最多的一种驱动方式，其特点是电源取用方便，响应快，驱动力大，信号检测、传递、处理方便，并可以采用多种灵活的控制方式，驱动电机一般采用步进电机或伺服电机，目前也可采用直接驱动电机，但是造价较高，控制也较为复杂，和电机相配的减速器一般采用谐波减速器、摆线针轮减速器或者行星齿轮减速器。由于并联机器人中有大量的直线驱动需求，因此直线电机在并联机器人领域已经得到了广泛应用。

图 6-3　BigDog 四足机器人

美国波士顿动力公司开发的 BigDog 四足机器人（见图 6-3）具有令人叹为观止的卓越运动性能，这使得液压驱动技术在工业机器人中的应用有了新的畅想。电机驱动的不利因素有：电机的功率相对不足、工作状态不理想、附带装置太多、需要背负电池，不利于野外环境的自由行走。基于 BigDog 自身结构特征考虑，研究人员放弃使用电机驱动。BigDog 的髋部和腿部是实现四足机器人运动的基本单元体，每个单元体主要包括：髋部、大腿、小腿、踝肢体、足及 4 个液压执行器。

3. 感知系统

机器人感知系统把机器人各种内部状态信息和环境信息从信号转变为机器人自身或者机器人之间能够理解和应用的数据和信息，除了需要感知与自身工作状态相关的机械量，如位移、速度和力等，视觉感知技术也是工业机器人感知的一个重要方面。视觉伺服系统将视觉信息作为反馈信号，用于控制调整机器人的位置和姿态。机器视觉系统还在质量检测、识别工件、食品分拣、包装等各个方面得到了广泛应用。感知系统由内部传感器模块和外部传感器模块组成，智能传感器的使用提高了机器人的机动性、适应性和智能化水平。人类的感受系统对感知外部世界信息是极其巧妙的，然而对于一些特殊的信息，传感器比人类的感受系统更有效。

4. 机器人—环境交互系统

机器人—环境交互系统是实现机器人与外部环境中的设备相互联系和协调的系统。机器人与外部设备集成为一个功能单元，如加工制造单元、焊接单元、装配单元等。当然也可以是多台机器人集成为一个执行复杂任务的功能单元。

5. 人机交互系统

人机交互系统是人与机器人进行联系和参与机器人控制的装置。例如：计算机的标准终端、指令控制台、信息显示板、危险信号报警器等。

6. 控制系统

控制系统的任务是根据机器人的作业指令及从传感器反馈回来的信号，支配机器人的执行机构去完成规定的运动和功能。如果机器人不具备信息反馈特征，则为开环控制系统；如果具备信息反馈特征，则为闭环控制系统。根据控制原理，控制系统可分为程序控制系统、适应性控制系统和人工智能控制系统。根据控制运动的形式，则可分为点位控制和连续轨迹控制。

6.2.2　工业机器人产业蓬勃发展

国际金融危机后，2014 年全球制造业开始复苏，工业机器人需求明显增多。根据国际机器人联合会（IFR）统计，2016 年全球工业机器人销量约为 29 万台，同比增长 14%，预计 2019 年销量将达到 41.4 万台，届时全球部署的工业机器人数量将达到 260 万台，比 2015 年增加 100 万台，如图 6-4 所示。中国、韩国、日本、美国、德国是全球前五大工业机器人市场，75%的工业机器人被销往这五个国家。

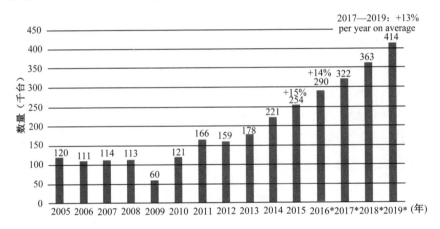

图 6-4　2005—2019 年世界工业机器人年销量

资料来源：IFR World Robotics 2016。

1．我国是全球最大的工业机器人市场

我国工业机器人市场发展迅猛，自 2013 年起，我国成为全球第一大工业机器人应用市场。根据 IFR 的数据，2016 年我国工业机器人销量达 9 万台，占全球销量的 31%，2017—2019 年仍将保持 20%的年平均增速，远高于世界 13%的平均水平。预计 2019 年我国工业机器人销量将达到 16

万台，占全球销量的比例将提高到接近 40%，如图 6-5 所示。

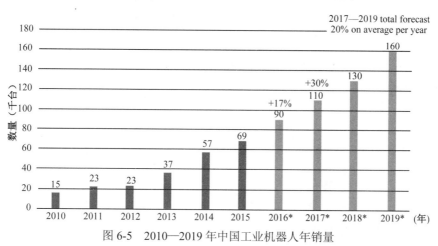

图 6-5　2010—2019 年中国工业机器人年销量

资料来源：IFR World Robotics 2016。

按照应用类型来分，2016 年国内市场的搬运上下料机器人占比最高，达 61%；其次是装配机器人，占比为 15%，比焊接机器人占比高 6 百分点。

按产品类型来看，2016 年关节型机器人销量占比超 60%，是国内市场最主要的产品类型；其次是直角坐标型机器人和 SCARA 机器人，且近年来两者销量占比幅度在逐渐扩大，上升速度高于其他类型的机器人产品①。

2. 韩、新、日三国的工业机器人密度最高，我国落后

从工业机器人的应用来看，根据 IFR 的数据，2015 年全球工业机器人密度（每万名产业工人占有的工业机器人数量）为 69 台/万人。其中，韩国的工业机器人密度全球最高，达 531 台/万人，遥遥领先；新加坡位

---

① 数据来源：中国电子学会. 2017 中国机器人产业发展报告，2017 年 8 月。

居其后，为 398 台/万人；日本和德国分列第三位和第四位，分别为 305 台/万人和 301 台/万人。韩、新、日三个亚洲国家囊括了全球前三位。但欧盟的发展更为均衡，在工业机器人密度最高的 22 个国家中，有 14 个是欧盟国家，如图 6-6 所示。

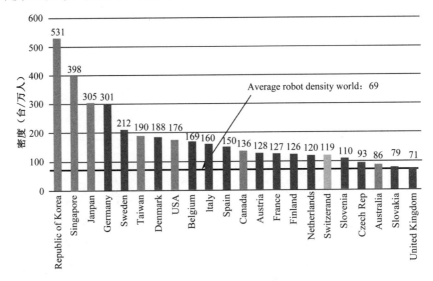

图 6-6　2015 年工业机器人密度最高的 22 个国家和地区

资料来源：IFR World Robotics 2016。

2015 年我国工业机器人密度仅为 49 台/万人，远低于国际平均水平。我国是制造大国，人口红利逐渐弱化，工业机器人的应用潜力很大。

3．工业机器人四大品牌

经过 60 多年的发展，全球工业机器人市场形成了以"四大家族"为主导的品牌：瑞士 ABB、德国库卡 KUKA、日本法那科 FANUC、日本安川 Yaskawa。另外，美国 Adept Technology、瑞士 Staubli、意大利 Comau、日本的川崎、爱普生、那智不二越和中国新松机器人自动化股份有限公司也是国际工业机器人的重要供应商。

6.2.3　工业机器人的应用

根据 IFR 数据，目前大约 70％的工业机器人应用在汽车制造业、电气/电子工业和金属制品三个行业。随着性能的不断提升，以及各种应用场景的不断明晰，工业机器人的应用领域不断得到拓展，所能够完成的工作日趋复杂。其主要应用行业是汽车和摩托车制造、金属冷加工、金属铸造与锻造、军工、航空制造、医疗设备、冶金、石化、塑料制品、食品等。工业机器人已经可替代人工完成装配、焊接、浇铸、喷涂、打磨、抛光等复杂工作。

1．搬运机器人

搬运机器人由计算机控制，具有移动、自动导航、多传感器控制、网络交互等功能，得益于机器人速度、精度、稳定性等方面性能的提高，它广泛应用于机械、电子、纺织、卷烟、医疗、食品、造纸等行业的柔性搬运、传输等。目前，搬运机器人可以搬运的东西越来越多，负载也越来越大。除了柔性搬运和传输的功能外，搬运机器人也用于自动化立体仓库、柔性加工系统、柔性装配系统；同时还可在车站、机场、邮局的物品分拣中作为运输工具。

六关节机器人定位精度高、动作灵活，广泛应用于机床的上下料、生产线的上下料和机器人之间的对接；并联机器人负载能力较低，但速度极高，因此经常用于生产线上小件零件的上下料和堆放，可以大大提高生产速度。

ABB 公司的 IRB 8700 机器人（见图 6-7）有效载荷最高可达 800kg，能够轻松满足重型和大型工件的搬运应用需求。IRB 8700 机器人专注于提升正常运行时间和

图 6-7　ABB 公司的 IRB 8700 机器人

可靠性，比市场同类产品速度提高 25%，循环时间更短，精度更高，可以说是"身手敏捷"的"小巨人"，也是迄今为止速度最快的高负载型机器人[①]。

2．焊接机器人

焊接机器人是在通用的工业机器人基础上通过装上某种焊接工具构成的，也有少数是为某种焊接方式专门设计的，可在焊接生产领域代替焊工从事焊接任务。由于机器人的运动较人工更加平稳，因此焊接机器人的焊接质量也较稳定。新型焊接机器人都可满足在 0.3s 内完成 50 mm 位移的最低功能要求，其可在短时间内快速移位，非常适合应用于点焊，极大地提高了焊接速度和生产效率。

白车身焊接生产线是焊接机器人最重要的应用领域。德国 KUKA 公司为奔驰、大众、宝马、福特等整车企业研制了大型自动化白车身焊接生产线，生产线上的机器人占有率高达 95% 甚至 98% 以上（见图 6-8）。意大利 COMAU 公司在多车型混装焊接生产线方面处于领先地位，研制的主焊接线合装平台可同时生产四种以上的不同车型，实现了高度柔性化。

图 6-8　四个 KUKA 机器人在精确地连接部件

在船舶制造中，焊接工作环境非常恶劣，烟、有毒气体和高温影响着焊接工人的健康。因此，使用机器人实现自动化焊接是十分合理的。船体焊接作业正在从劳动密集型走向自动化，已经成为机器人应用的重要领域。首尔大学和韩国生产技术研究院提出了一种基于 PDA（Personal

---

① 资料来源：ABB 官网。

Data Assistant）示教的船舶移动焊接机器人 Rail Runner。所需焊接的双壳体船是仅有一个过人孔的封闭结构。Rail Runner 机器人可在船体结构内部移动，并基于无线通信实现 PDA 与机器人的通信，从而以 PDA 替代了常规的示教盒，实现了对焊机机器人路径和焊接过程的无线示教。

3. 激光加工机器人

激光加工机器人是将机器人技术应用于激光加工中，通过高精度工业机器人实现更加柔性的激光加工作业。系统可通过示教盒进行在线操作，也可通过离线方式进行编程。该系统通过对加工工件的自动检测，产生加工工件的模型，继而生成加工曲线，也可以利用 CAD 数据直接加工。激光加工机器人可用于工件的激光表面处理、打孔、焊接和模具修复等。

4. 喷涂机器人

喷涂机器人同样被大量地应用在汽车、家具、电器及搪瓷等行业。工业化社会的发展要求产品生产车间高强度、高效率地完成喷涂工艺，由于此工艺易对人体健康造成损害，喷涂机器人应运而生。关节型工业机器人具有密封设计，加上其自由度大、速度快、工作空间运行灵活的特点，尤其适合有复杂运行轨迹的运行操作。

5. 装配机器人

装配机器人是柔性自动化装配系统的核心设备，具有精度高、柔顺性好、工作范围小、能与其他系统配套使用等特点，主要用于各种电器及手机制造等行业。

6. 协作机器人（COBOT）方是未来

以往，工业机器人都是与人隔开、孤立地工作。2015 年，ABB 推出双臂的 14 轴协作机器人 YUMI，可以帮助电子工业等领域实现小件装配的自动化应用，将人与机器人并肩合作变为现实。博世也推出协作机器人 APAS，它是协作机器人中首个获得认证的助理系统，可以协助人类工作，且无须任何额外的防护，如图 6-9 所示。机器人的保护皮衣是触觉检测装置，当检测到人靠近时，其会自动降低运行速度；在人离开该区域后，机器人会自动恢复正常速度。

未来的制造模式并不是机器换人，而是人机协作。协作机器人的应用将彻底改变未来工厂的生产组织和工人的工作方式。

图 6-9   博世的 APAS 协作机器人

6.2.4   工业机器人对就业有积极影响

关于机器革命对就业的影响，长期以来人们争论不休。机器人等先进技术的应用可以直接减少人力开支，这往往给人一种"机器换人"的直观错觉。实际上，先进技术的应用会产生大量新的就业岗位。欧洲经济研究中心（ZEW）和荷兰乌德勒支大学就此做过专门研究，他们认为，工业机器人的部署将对就业产生积极影响。德国的就业规模与工业机器人的数量实现了同步增长，2010—2015 年德国汽车工业的工业机器人运营量年平均增长 3%，而就业数量也实现了 2.5%的年平均增长率；美国汽车工业在 2010—2015 年新部署了 8 万台工业机器人，而就业新增规模达到了 23 万人。

6.3 人工智能在制造业的应用

经过 60 多年的演进，特别是在移动互联网、大数据、超级计算、传感网、脑科学等新理论、新技术，以及经济社会发展强烈需求的共同驱动下，人工智能加速发展，呈现出深度学习、跨界融合、人机协同、群智开放、自主操控等新特征。大数据驱动知识学习、跨媒体协同处理、人机协同增强智能、群体集成智能、自主智能系统成为人工智能的发展重点，受脑科学研究成果启发的类脑智能蓄势待发，芯片化、硬件化、平台化趋势更加明显，人工智能发展进入新阶段。当前，新一代人工智能相关学科发展、理论建模、技术创新、软硬件升级等整体推进，正在引发链式突破，推动制造业向数字化、网络化、智能化加速跃升。

6.3.1 人工智能是智能制造的核心驱动力

人工智能技术在制造业中的应用引起了生产方式、制造模式、组织管理模式的重大变革，大大提高了产品的流水化作业，减低了人工参与产品生产的过程，使得生产车间的环境发生巨大的变化。制造业由传统制造向智能制造转变，大大提高了生产率，降低了库存和中间成本，提高了生产制造的自动化、智能化水平。

1. 促进生产线智能自动化

人工智能技术在制造领域的应用首先带来的变革是工业生产流程的"智能自动化"。过去的生产设备为流水线式的自动化生产，但是在一些关键的智力判断选择环节，依然需要依靠人的脑力劳动来操作。而智能技术的应用使得工厂变得越来越少人化、无人化、自动化和智能化。生产设备均物物相连、自动运行，工厂的生产组织调度、原材料供应都可通过智能物流、智能生产管理来控制。人力逐渐被智能装备和智能生产系统代替，机器人的介入提高了生产效益，大大提高了生产速度，并使产品生产质量规格得到了较大的提升。同时计算机控制系统的应用也提供了更加准确的信息，保证了生产安全。人工智能技术使得机器换人和无人工厂成为工业制造业发展的典型趋势。

2．助力个性化量产

在人工智能技术的支撑下，现代工业企业能够采用个性化定制的生产模式，灵活地接受消费者的个性化订单，既满足了消费者的需求，又避免了盲目生产造成的浪费，并获取较高的利润。例如，在服装行业，消费者可以利用智能手机或智能试衣镜量体裁衣，通过电子商务平台向服装企业下单。智能的服装工厂接单后开始选料、裁剪、缝制、包装衣服，并交付物流将货品送达消费者。在这个过程中，最关键的技术就是生产工厂所使用的智能技术，它将来自四面八方的订单有条不紊地分解成对工人或机器的简单指令，并将各种物料按时按量从仓库提取出来送至生产车间，工人和机器只需按照指令进行操作即可。没有人工智能技术，复杂的个性化量产就难以有序组织和进行。

6.3.2　人工智能在制造业的应用场景

1．研发设计

高效匹配。在设计环节，设计人员完成 3D 模型设计后，需要根据 3D 模型中的参数，寻找可对应的现实中的零件，用于制造产品。在这个环节中，机器学习可以根据 3D 模型设计参数，计算零件与参数的类似度，从而高匹配地找出符合 3D 模型参数的那些零件。过去没有使用机器学习时，筛选的匹配率大概是 65%，而使用机器学习后，匹配率达到了 95% 左右。

按需设计。通过人工智能技术的应用，可加强工业产品关键材料、工艺和结构的学习与认知能力，形成专业知识库和功能模块，通过搭建研发设计人员与人工智能系统交互协同的工作平台，实现人工智能引导下的按需设计，降低研发高端产品的专业技术门槛，提高企业研发设计的实力，并增强行业创新活力。

2. 设备与系统

优化工业机器人。通过人工智能技术提升机器人控制系统对关键工艺、材料及工作场景等的感知、认知和行为控制的能力，来实现工业智能机器人在高复杂、长时间工作任务中的自检测、自校正、自适应及自组织。例如，当大量工业机器人在制造企业流水线上时，如果其中一个机器人出现了故障，当人感知到这个故障时，可能已经造成大量的不合格品，从而带来不小的损失。如果能在故障发生前就检知的话，可以有效做好预防，减少损失。因此在工业机器人减速机和主轴上配备传感器，并提前采集它们正常/不正常工作时的波形、电流等信息，可以检知到人很难感知到的细微的变化，并在工业机器人彻底故障之前的数星期，就可提出有效预警，从而降低损失。

3. 生产制造

缺陷检测是工业生产中的重要环节，传统制造主要采用人工肉眼检测产品表面的缺陷，不仅检测产品速度慢、效率低，而且在检测过程中容易出错，导致误检、漏检等问题。机器视觉是指用机器代替人眼来进行识别、测量和判断等，最早应用于工业制造领域，通过机器视觉的自动识别功能，使流水线高度重复性地分拣，分类和检测工作都可以不再依靠人来完成，大大提高了分拣和检测的效率和精度。例如，在汽车零部件厂，过去多是有经验的工人检查生产出的零件磨损种类与等级，而现在可以通过深度学习，把人工检测经验转化为算法，从而实现无人化检测。

工件分拣是通过使用机器视觉来对考察对象的尺寸、形状等信息进行分拣、分类和匹配。目前生产线上的工业机器人大多运动模式单一，机器人只能完成点到点的任务动作，对于较为复杂的任务，如堆叠物品识别和分拣等就显得捉襟见肘了。在大批量重复性工业生产过程中，用机器视觉检测方法可以大大提高生产效率和自动化程度。

例如，许多人工分拣作业速度慢且成本高，还需要适宜的温度环境（夏天的空调，冬天的暖气等），如果采用工业机器人的话，可以大幅降低成本，提高速度。但是，一般需要分拣的零件是没有整齐摆放的，机器人虽然可通过摄像头看到零件，但却不知道如何把零件成功地拣起来。这种情况下，可通过机器学习让工业机器人随机地进行一次分拣动作，然后告诉它这次动作是成功分拣到零件还是抓空了，经过多次训练后，机器人知道按照怎样的顺序分拣会有更高的成功率，从而改善工业机器人作业性能，提升制造流程的自动化和无人化。

另外，在制造过程中，产品质量检查必须由对产品熟悉的老员工进行。而通过将人工智能的图像识别代替作业人员的肉眼检查，不仅能减少作业人员的工作量，还能使产品质量更均衡。

4. 供应链管理

分析预警。人工智能比传统自动化有更大的优势，可通过人工智能实时监控分析供应链问题并预警。比如，特斯拉和强生这些依靠全球整合网络的公司，将其供应链管理托管给人工智能供应链管理平台——Elementum，以精简其供应链体系。Elementum 每天通过分析超过 1000 万次的事件及实时价值 25 万亿美元的产品，可以对早期潜在的问题提出警告并提出替代解决方案。再如，2014 年，中国一家系统内存卡工厂发生火灾，给当时全球内存卡供应带来了相当大的压力，使其压缩了大约 25%。大部分制造商在几天后才意识到这一点，但 Elementum 的客户在几分钟内就对这一事件有了清晰认识，确保了其客户的内存卡供应安全。

5. 规划营销

精准预测。在产品规划中，应用人工智能算法模型挖掘消费热点、用户行为、潜在需求等关键信息和数据，可准确预测市场趋势，提供高效、灵活、个性化的精准营销决策服务。同时，应用人工智能技术探索建立基于市场热点、供应链动态、技术趋势等行业数据的研发规划决策模型，可为企业提升产品规划效率提供支撑。在企业营销中，需要花时间和资源追踪潜在客户，人工智能的发展使销售活动发生了巨大变化。企业可利用机器学习模型分析潜在客户，预测哪些客户比较容易流失，以及哪些潜在客户更加容易转化，以提升营销效率。例如，LE（Lattice Engines）公司专注于利用人工智能使销售过程更加合理化，通过学习公司的购买模式，它可以根据购买热度对潜在客户进行排序。戴尔欧洲营销部门利用 LE 公司的人工智能平台①，将潜在销售对象减少了 50%，从而使销售效率、有效性和财政收入都翻了一番。

6．运行维护

精准预警。通过开发人工智能技术，掌握产品运行状态及用户行为，精准定位工作异常和故障隐患，可实现基于人工智能的故障修复、灾难恢复等运维服务。例如，在制造企业流水线上，有大量的工业机器人，经常会出现故障，当人检测到故障时，已经造成大量的不合格品，从而带来了不小的损失。如果能在故障发生前预警，有效做出预防，则可以减少损失。因此，可通过在工业机器人减速机和主轴上配备传感器，提前采集它们正常/不正常工作时的波形、电流等信息，以检知到人很难感知到的细微的变化，并在工业机器人彻底故障之前的数星期，就提出有效预警，从而降低损失。

自我诊断。埃森哲的报告显示，德国制造公司 Bosch 正在把人工智能技术布局在业务前沿，让人工智能机器能够自我诊断技术故障，自动订购替换部件，并预测维修需求，为此，Bosch 能够节省十亿美元的开支。

6.3.3　人工智能的应用案例

IBM 非常重视人工智能技术的研究，提出了认知计算理念，并应用

---

① Lattice.co 诞生于斯坦福大学的科研项目 Deep Dive。该公司利用机器学习技术分析数据库或网页，响应用户的查询请求。其创始人是斯坦福大学计算机科学教授 Chris Re 和密歇根大学计算机科学教授迈克尔·卡法莱拉（Michael Cafarella），后被苹果收购。

到各个行业。在 2016 年汉诺威工业展上，IBM 展出了认知计算与物联网结合的应用案例。首先通过物联网对生产过程、设备工况、工艺参数等信息进行实时采集，再对产品质量缺陷进行检测和统计；然后在离线状态下，利用机器学习技术挖掘产品缺陷与物联网历史数据之间的关系，形成控制规则；接下来在在线状态下，通过增强学习技术和实时反馈，控制生产过程，减少产品缺陷；最后集成专家经验，改进学习结果。

另外，语音识别技术在制造业也开始得到应用，例如，Honeywell 推出了语音拣货技术。

华中科技大学李德群院士开发的智能注塑机也采用了人工智能技术来计算最优化的工艺参数，从而大大提高了产品的合格率，显著降低能耗。

6.3.4　数据准确度影响工业人工智能的应用

将人工智能应用于工业领域远比应用于消费领域复杂得多，挑战也更加艰巨，首先面临的是工业数据的准确度问题。

要想机器学习正常工作，就需要大量的数据。这个问题在消费级市场并不难。因为消费级的数据很难被误读。比如，你买了一个比萨或者点了一下广告，那么你的数据就是比萨和广告的信息。可是，在工业领域则完全不同。以工业互联网为例，其所产生的 40% 的数据是有争议的，而且这些数据没有任何用处。举个例子，当使用联合收割机的时候，你必须计算联合收割机要钻多深，并且需要将湿度传感器插到地面进行测量。读数可能会受到各种条件的影响，比如极端温度、人为意外、硬件故障，甚至一只小虫无意间进入到设备中也会造成不小的影响。如何解决数据准确度问题，对于人工智能在工业领域的应用至关重要。

第7章 新空间：互联网+制造的未来展望

7.1 互联网+制造将迎来爆发式增长

1．互联网+制造相关产业将实现快速增长

工业机器人主要用于离散制造和流程制造。IDC预计，2020年全球工业机器人在制造业的市场规模将达到1110亿美元。各国机器人市场份额如图7-1所示。中国自从2013年起成为世界上最大的工业机器人消费市场，并保持至今。2015年市场份额超过四分之一，预计2018年达到三分之一①。

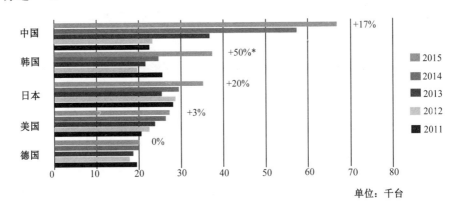

图 7-1　各国机器人市场份额

资料来源：国际机器人联合会 2016。

---

① 资料来源：中国信通院，《智能时代的机器人 3.0 新生态》。

2．涌现出一批专业化服务提供商

围绕互联网+制造建设实施过程中面临的数据集成、系统集成、数据分析和应用开发等需求，各类服务提供商迎来发展良机，并涌现出一批领先企业。例如，数据集成领域 Pivotal、Informatica、Cloudera 等，系统集成领域的 Dematic、Reis 和宝信软件等，数据分析领域的 IBM、Teradata 和昆仑数据等，以及应用开发领域的 NI、SoftBank 等。

3．新兴技术催生更多新产品

图像技术、虚拟现实技术和人工智能技术等新一代信息技术正在不断向工业领域进行渗透，并催生了众多新的工业产品。例如，VR/AR 技术开始在工业设计领域得到广泛应用，Autodesk 将最新的 AR 技术整合到自家原有的 CAD 设计软件中，使原来的平面三维设计转化为真正的立体空间三维设计，帮助工程人员更好、更快地进行产品设计；深度学习领域的最新成果也开始应用在工业机器人产品之中，日本发那科与人工智能创业公司 Preferred Networks 进行合作，采用深度神经网络帮助机器人实现对分拣工作的自主学习，提升机器人产品智能程度，降低使用难度。

4．以太网技术并行发展为未来制造网络奠定基础

目前，工业网络通过 OPC 协议等方式，初步解决了 PLC 以上连接的互联互通的有无问题，但整体性能依然无法满足智能制造时代的需求，领先企业依然在探索工业网络高性能解决方案，在保障工业领域高可靠、高安全、低时延要求的同时，降低网络实施成本，提升网络设备和技术的兼容性。未来，工业以太网、通用以太网、时间敏感网络三类以太网技术的并行发展为未来工业互联网时代的网络技术应用奠定基础。

5．云计算持续为互联网+制造打造新动能

云计算领域新技术层出不穷且呈现不断融合的趋势，云计算的开源技术生态成为互联网+制造发展的重要基础能力和重要支撑要素。同时，云计算技术不断进步，将持续助力工业互联网打通企业内外数据与资源，

推动了设计、生产、销售与服务等各个环节及相关价值链、生态系统的变革与重塑。

6. 制造业数据快速聚集催生新型生态加速形成

ICT 企业从数据集成和分析角度加速进入工业领域，逐渐在软件开发、硬件制造方面与工业企业开展跨界合作，替代传统企业内研发或既有集成商研发模式，形成面向特定优化场景的新型跨界合作模式。同时，工业大数据平台横向整合多个环节，纵向打通企业管理层与生产现场层的数据通道，成为企业深层决策优化的基础，并催生多样化的智能制造应用。开源开放的平台化模式被工业界广泛接受。

7.2 我国互联网+制造已取得初步进展

制造业是实体经济的主体，是技术创新的主战场。打造具有国际竞争力的制造业，是提升我国综合实力、保障国家安全、建设世界强国的必由之路。党中央、国务院高度重视制造业发展。党的十八大指出，要推动战略性新兴产业和先进制造业健康发展。十八届五中全会强调，要实施"中国制造 2025"，加快建设制造强国。各部门、各地方认真贯彻落实党中央、国务院决策部署，扎实有序推进供给侧结构性改革和制造业转型升级。

7.2.1 互联网+制造取得阶段性成果

1. 智能制造相关标准加快推进

2014 年 12 月 15 日，在工信部装备司的领导下，我国成立智能制造综合标准化工作组。2015 年 12 月 29 日，工业和信息化部、国家标准化管理委员会联合发布了《国家智能制造标准体系建设指南（2015 年版）》，完成了智能制造系统架构。作为智能制造相关标准的国家顶层设计，在基础共性标准、关键技术标准和行业标准三个方面制定框架架构，确定了智能装备、工业互联网、智能工厂等热点领域。2016 年 5 月，在第二次中德智能制造/工业 4.0 工作会上，中德双方提出架构互认研究阶段成果。

2017 年 3 月 23 日，国家标准委发布《关于下达〈智能制造对象标识要求〉等国家标准制定计划的通知》。我国第一批 7 项智能制造国家标准的研制正式立项，即《智能制造对象标识要求》《工业互联网总体网络架构》《智能制造 标识解析体系要求》《数字化车间通用技术要求》《数字化车间机床制造信息模型》《信息技术工业云服务能力总体要求》和《信息技术工业云服务模型》。

2．智能制造水平得到扎实提升

本着"共性先立、急用先行"的原则，工信部提出了智能制造标准体系总体框架，启动 81 个试验验证项目研究。以实现重大产品和成套装备的智能化为突破口，推广普及智能工厂为切入点，组织实施智能制造工程，开展智能制造试点示范。经工信部初步摸底，试点示范项目生产效率平均提升 30%以上、能源利用率平均提升 10%以上、运营成本平均降低 20%以上，制造业数字化、网络化、智能化水平不断提高。

3．制造业与互联网融合进一步深化

通过政策引导和各方努力，我国互联网已广泛融入研发设计各环节，关键产品和装备智能化步伐加快。2016 年我国企业数字化研发工具普及率达到 61.8%，数字化生产设备联网率达到 38.2%，关键工序数控化率达到 33.3%[①]。一批基于新应用、新模式的融合发展新业态加快涌现。

4．服务型制造得到有效推动

通过工信部部署实施的服务型制造专项行动，启动服务型制造示范遴选，引导制造业企业由生产型制造向"制造+服务""产品+服务"转变。

---

① 资料来源：工业和信息化部部长苗圩，《国务院关于推进供给侧结构性改革加快制造业转型升级工作情况的报告》。

以国家级工业设计中心创建为抓手，着力提升工业设计能力和水平，引导和支持供应链管理、信息技术服务、节能环保服务加快发展。

5．工业互联网生态体系初步呈现

（1）组建工业互联网产业联盟。目前，工业互联网产业联盟已经有几百个成员，类型涵盖工业企业、行业协会、信息技术、运营商/互联网、科研院所、投融资、外资企业、安全类企业等。2016年9月，工业互联网产业联盟发布《工业互联网体系架构（版本1.0）》，由科研院所、工业制造、IT、运营商、互联网等14家单位联合编制。审核通过8个测试床，涉及生产质量管理、工业网络互联与数据采集、城市智慧供水、云制造服务等。审核通过14个应用案例，涉及生产过程优化、个性化定制、网络协同制造、智能物流仓储、产品远程服务等应用场景。

（2）推动构建创新生态、产业生态与应用生态。一是基于技术成果转化的创新生态。上海市经信委和中国信息通信研究院合作，在上海率先形成工业互联网创新中心，面向关键技术产业化，形成地区级共性技术创新生态。二是基于平台化产品的产业生态。数码大方工业云平台、航天云网、COSMO平台、智能云科等多个平台产品涌现，促进产业资源共享和能力协同，形成大众创新、万众创业的产业生态。三是基于跨界合作的应用生态。跨界主体开展跨领域跨行业的系统创新，构建新型工业互联网应用生态，中国电信与潍柴、华为与长虹、阿里云与威派格等纷纷开展跨界合作，加快信息通信技术与制造技术的融合应用。

7.2.2　互联网+制造呈现不同的发展路径

1．大型制造企业互联网+制造发展路径

（1）打造以智能装备、网络互联与数据集成为核心智能工厂。以石化、钢铁为代表的原材料行业，自动化、数字化信息化建设起步较早，发展程度较高，互联网+制造实施主要以工厂内外各环节数据打通及应用为重点,实现生产管控一体化、供应链协同与能耗优化。在生产管控一体化方面,九江石化的智能工厂建设,在生产现场通过 4G 无线网络、防爆智能终端实现装置数据的采集传输,大幅提升生产管理与装置优化水平。在供应链协同方面,东岳化工通过对物流、能流、安全、资产的全流程监控与数据集成,建立数据采集和管控系统,实现从响应式制造到预测制造的智能供应链转变。在能耗优化方面,鲁西化工以"互联网+化肥"方式改造传统化肥生产,通过建立数据采集和监控系统,并与控制系统有机结合,实现重点污染物排放监控的全覆盖,合成氨综合能耗大幅下降。

(2)推进面向高价值产品的智能设计、协同制造和远程运维。航空、汽车、船舶、工程机械等高端装备行业,具有资金技术密集、产品附加值高的特点,企业生产过程普遍建立了良好的自动化、数字化基础,互联网+制造实施主要需求在于结合数字化、网络化技术,推进虚拟设计、协同制造和远程运维。在数字化设计方面,中国商飞建设三维 PDM 数据管理系统,应用数字化三维设计与工艺技术,实现产品数据流打通"设计—分析—工艺—制造"环节,大幅缩短研制周期。在网络协同制造方面,长安汽车搭建全球协同研发平台,推动基于同一模型与数据源的协同设计,实现了 24 小时不间断协同开发。在远程运维服务方面,三一重工依托工程机械服务平台为客户提供故障诊断、性能优化托管等智能服务,产品市场占有率整体提高 5%,服务营收占比提高 28%。

(3)探索用户需求导向的个性化定制。家电、服装、家具、汽车等消费品行业,具有显著的订单拉动式生产特点,企业积极拓展个性化定制模式。在服装行业,报喜鸟公司开发西服私享定制云平台与大数据平台,对用户个性化需求特征的挖掘和分析,实现"一人一版、一衣一款"的西装自主设计与定制生产。在家电行业,海尔集团打造"互联工厂",前端打造"众创汇"的用户交互平台,终端依托沈阳、郑州、佛山和青岛四个互联工厂,后端依托"海达源"模块商资源平台,实现冰箱、空调等产品的定制化生产。

（4）以局部自动化、数字化改造为突破点的生产智能管控。以信息通信、光学元器件、可穿戴设备等为代表的电子行业，在检测、装配、物流环节普遍存在较大的自动化、数字化短板，企业智能制造实施主要以局部环节改造为切入口，逐步提升生产的数据采集与利用能力，提高生产效率和产品质量。在质量检测方面，中兴无线基站产品智能工厂，通过工业机器人、自动化检测设备的综合集成，突破模块化电源检测的自动化瓶颈，单条检测线减少 12 个人工需求，检测作业效率提升 33%。在产线控制优化方面，华星光电子在自动化及传送设备基础上，对设备运行数据、原材料数据、生产过程数据进行综合集成，大幅提升生产效率。在智慧物流方面，歌尔声学依托基于射频识别技术（RFID）的智能物流管理系统和立体仓库，实现物料精准配送，大幅提升物流仓储效率。

2. 中小企业实现互联网+制造的模式与路径

受制于资金、技术和人才，中小企业需要低成本实施互联网+制造是现实选择。一方面，有基础、有条件的中小企业推进自身的数字化改造；另一方面，制造业龙头企业大力推动云制造平台和服务平台建设，带动中小企业推进互联网+制造的发展。

（1）中小企业通过多种方式推动数字化改造。有条件、有基础的中小企业，可逐步通过信息技术改造现有企业内的信息化网络与系统进行升级改造，实现个性化定制和服务化转型等模式。例如，山东威达机械充分利用原有旧设备，改造升级 PLC 系统、线轨等关键部分，并入新系统组成智能制造生产线，节省 50% 投资成本。一些资金有困难的小企业，也可逐步通过对单点设备升级改造等方式推动企业数字化改革。

（2）龙头制造企业构建云平台，带动中小企业的数字化转型。中小企业可依托工业互联网平台，采用设备租赁方式，实现智能产品的制造。例如，沈阳机床、神州数码和光大金控共建社会化协同的云制造服务平台——智能云科平台。通过接入分布在全国各地的各类数控机床，根据订单智能匹配产能，大规模订单由中小企业或者个人所在区域周边产能承接，单件或小批量订单也可以在合并汇聚后被接单，中小企业及个人用户还可实时查看装备忙闲状况和生产进度，掌握生产信息，制定生产目标。同时，也可依托工业信息服务平台，获取相关信息。例如，格微软件打造以产学研一体化为基础的新型工业化综合服务平台——中国工业淘堡网，为 2400余户创新型中小企业建立企业宝，为 3300 余户中小企业建设了商情中心，为 10000 余户中小微企业建立网络商城。

（3）中小企业通过云计算，低成本实现高效部署。云计算已经成为中小企业提升信息化能力的重要手段和工具。一方面，中小企业可通过云计算技术，利用公司内部简单且成本低廉的计算机外包数据托管和软件应用，降低或节约内部运作成本。例如，云主机、防火墙安全保护成本、软件开发人力资源成本、与现场软件和硬件维修及维护相关的成本，只需按照服务的使用频率支付外包云计算的服务费用。另一方面，与企业内部的服务器相比，云计算技术服务商可提供更高可靠性和可用性的备份服务，可确保中小企业的可用性与可靠性要求。因此，云计算越来越多地被中小企业采用，成为部署智能制造的重要基础与手段。

7.2.3　互联网+制造水平仍需进一步提升

我国制造业已经基本具备建设制造强国的基础资源和条件，但与先进国家相比还存在较大差距，总体特征是大而不强，以规模扩张为主的发展模式仍未根本扭转。

1. 创新能力整体偏弱，制造业创新体系不完善

我国制造业起步晚、高新技术水平和信息化水平较低，核心技术装备、关键共性/行业标准的自主化进程相对缓慢。我国高端芯片与通用芯片、高档数控系统、高档液压件和发动机等大量关键装备、核心技术和高端产品高度依赖进口，导致生产成本偏高。以智能制造核心技术装备为例，国内机床、机器人企业在高端市场处于劣势，80%的高端机床依赖进口，ABB 等国际工业机器人四大家族占我国机器人本体市场的 50%以上，减速器、伺服电机、敏感芯片、外围芯片等关键核心元器件均由国际企业主导垄断。

2．产品品质和技术水平不高，品牌价值没有充分体现

我国装备制造业国际话语权不强，装备制造企业进入世界品牌 500
强的屈指可数。缺乏一批类似 GE、西门子的跨界巨头企业和系统集成商，
尚未形成具有竞争力的智能制造生态体系。例如，我国沈阳机床厂研发
网联装备 i5 数控机床，以智能云科平台为载体构建行业用户与供应商生
态圈，目前虽有 600 多家制造商入驻，但影响力和竞争力仍然无法与覆
盖 140 多个国家的德玛吉等国际机床巨头相比。

3．产品结构失衡，还须持续调整

低端供给严重过剩、高端供给明显不足是当前我国制造业发展中的
一对主要矛盾，供需错配已经成为阻碍我国制造业发展的重要问题。大
多数的制造产品供给只能满足低质低价的需求，供给结构不适应需求的
新变化。我国制造业在全球产业链中处于中低端，产品附加值偏低。

4．信息化与工业化融合的广度与深度不够

根据 2016 年中国信息化百人会与中国两化融合服务联盟联合发布的
《2016 中国制造信息化指数》，对标工业 4.0，中国制造业总体水平正由工
业 2.0 向工业 3.0 过渡。智能制造水平呈现"东南沿海高、西部内陆低"
态势。制造业行业发展水平差异很大。石化、电力、电气等智能制造水
平较高；由于以文教工美、家具制造为代表的较为"轻型"制造行业更
贴近消费者的具体需求，勇于探索和实践，其智能制造水平相对较高；
而冶金、采掘类行业相对落后，信息化的基础环境薄弱。

7.3 努力打造互联网+制造新格局

1．部署工业物联网，实现工业大数据的自动化采集

目前自动化、数字化、网络化、智能化的设备技改路线已经取得阶
段性成果。国内制造企业的自动化和数字化水平已具备一定基础，但绝
大多数为单机使用，设备数据也没有加以采集和利用，因此仍然需要推

动网络化改造。网络化改造包括充分利用数字化设备的通信接口、在自动化设备上加装传感器和控制器，因地适宜地利用有线或无线网络接入技术，建设覆盖全工序、全流程的各类生产、检测、物流设备的工业互联网，充分采集制造过程中产生的大量数据和图像信息，从而为设备的集中监视、远程控制、协同制造创造条件。

2．打通信息纵向集成通道，构筑数字化制造基础

目前国内制造企业已普遍应用了财务管理软件，ERP（企业资源管理系统）和 OA（自动化办公系统）也得到一定程度推广。但产品和工艺设计、生产制造、设备管理、仓储物流管理、质量管理等方面的信息化应用尚未普及，也没有充分打通设备监控与操作层、生产运营管控层、企业经营决策层之间的信息流转通道，大量数据没有得到有效地收集和开发利用，信息传递不及时，现场管理主要依靠管理人员的经验，管理水平还远远未达到数字化、科学化和精细化的程度。因此，企业需要在设备联网改造的基础上，在监控操作层开发部署工业控制系统，在生产运营层开发部署信息化系统，在经营决策层部署 ERP、SCM（供应链管理）、CRM（客户关系管理）等系统，并通过数据接口、中间件、数据总线、ESB（企业服务总线）等实现从设备层一直到决策层的集成，消除信息孤岛，确保对企业大数据进行充分加工和利用，从而构建数字化工厂。

3．提升集成化、精益化、柔性化制造能力

实施设备网络化改造、提高数据自动采集率、部署工业软件、开展物理系统与信息系统的集成等，这些措施的最终目的并不仅仅是为了提高生产自动化水平、实现机器换人，而是以优化生产节奏、提高生产效率、降低库存、控制成本浪费、提升产品质量为核心，全面推行精益生产等先进管理理念，提升全工序的集成化、精益化、柔性化制造能力。

4．整合资源，推动价值网络的集成和协同

智能制造的核心在于借助 CPS 信息物理系统，充分运用自动化、信息化、互联网、物联网、人工智能等先进技术，整合企业内外部资源，把企业的设备、生产线、物料、员工、供应商及客户紧密联系在一起，把数据作为一种新型的生产要素进行全面管理和深化应用，全面推进业务流、资金流、物流中信息的数字化、网络化、集成化的发展，并不断提升从数据到信息再到知识全过程的自动化采集、处理、分析和利用的水平，从而优化企业资源配置，实现价值网络上的集成和协同，提高管理效率，提升企业竞争力，为客户提供差异化、端到端的生产和服务。

5. 加快推进网络与信息安全体系及治理

随着计算机和网络技术的发展，工业系统越来越多地采用通用协议和通用软硬件，并以各种方式与互联网等公共网络连接，病毒等威胁不断向工业领域扩散，制造系统面临着比以往更大的信息安全风险。当前，世界各国高度重视制造业的网络与信息安全保障工作，一方面通过发布新型安全架构，为技术创新和产业发展提供指引；另一方面通过发布安全实施指南和制度，为实施推进工业安全建设保驾护航。

互联网+制造的产业体系涉及工厂内的网络安全、出厂后的产品功能安全和业务应用中的信息安全，涉及面广、内容多、网络与场景复杂，因此需要产业各界加强前瞻性、系统性的规划部署；强化对智能制造、工业互联网平台的安全架构的研究，加快构建安全标准、评估规范和测试评价体系；加强重要产品的功能安全设计及故障试验验证；研发面向工业互联网平台的身份认证、数据加密、监控审计等安全技术，提高云平台的安全防护能力；构建互联网+制造产业相关环节和系统的安全防护体系，建立安全监测和应急响应机制，保障互联网+制造相关业关键环节的网络和信息安全。

6. 推动管理创新，稳步推进智能制造

智能制造是信息化与工业化的深度融合，它不仅是先进的 IT、OT 等技术的引进和创新，更是企业管理的创新和模式的创新。制造企业应结合行业特点和自身现状，统筹考虑软件与硬件、技术与管理、信息化与工业化等手段，稳步推进智能制造建设，逐步提升自身的综合竞争力。

技 术 篇

互联网＋制造的技术架构

第 8 章　德国工业 4.0 体系架构

8.1　工业 4.0 的系统集成

为了实施德国工业 4.0 的双驱战略,"德国工业 4.0 战略计划实施建议"提出垂直系统集成、水平系统集成和端到端的系统集成三个系统集成,这三个集成实际上指明了实现工业 4.0 的技术方向。

垂直系统集成主要指产品自动化生产和 IT 领域,将所有不同层面的自动化生产与企业管理的 IT 系统进行集成,如产品、执行器、传感器、控制器、通信系统、监控设备、制造执行系统、生产管理系统、企业计划等各种不同层面设备与协同,强调生产信息流的集成,包括订单、生产调度、程序代码、工作指令、模型算法、工艺和控制参数等数据的下行传递,以及生产现场的工况、设备状态、测量参数等数据的上行传递,采取功能的模块化和智能化系统,以构造可灵活配置的生产网络或生产系统。

水平系统集成主要指产品自动化生产和 IT 领域,将处于产品生命周期某一阶段(如产品设计阶段、产品生产阶段或产品服务阶段)的 IT 系统进行集成,这些 IT 系统既涉及公司内部材料、能源和信息水平的交换与传递(如入库原材料物流、产品生产、产品外出物流、市场营销等),也涉及不同公司间材料、能源和信息水平的交换与传递,强调企业根据其可持续发展的战略、创新的商业模式及合作模式,在企业部门之间、企业之间和个人与企业之间的协同合作,以形成新的价值网络。

端到端的系统集成是对产品全生命周期的价值链中的全部环节（包括产品设计、产品开发、生产工艺、产品生产、产品销售和维护服务）进行系统集成。垂直系统集成和水平系统集成是端到端的系统集成工程的基础，要求产品生命周期某一阶段的 IT 系统被水平集成，该产品阶段的企业的自动化生产与企业管理的 IT 系统被垂直集成。端到端的系统集成的复杂性需要有整体的系统工程思维，需要选择合适的 IT 系统（CPS）。

8.2 工业 4.0 的应用场景

德国工业 4.0 平台组织的成员提出七个工业 4.0 应用场景。这七个场景是对未来工业生产的愿景和展望，它们为德国政府、科研领域、企业向数字化转型的过程中进行协同合作提供帮助，为工业 4.0 标准化、系统开发和部署提出了要求。

（1）按订单的生产。它是跨行业的自动化生产，可以提高按订单生产的效率。

（2）个性化的服务。虚拟平台集成了机器和生产数据，提供个性化的生产和维护服务。

（3）用户支持的生产。用户通过数字辅助系统协助生产人员进行生产，帮助企业改进工作方法和工作流程。

（4）交付产品的适应性。生产设备的组网可被不断升级，以适应新的生产流程，满足特殊的需求。

（5）自适应工厂。生产能力和生产容量是完全自动化和高度模块化的，满足按订单的自适应调节和优化。

（6）自组织物流。具有自组织的物流解决方案，让整个供应链的系统更有灵活性和高效性。

（7）智能产品的开发及其智能生产。对于个性化的智能产品开发，可以有选择地和整体地利用智能生产设备和生产数据。

8.3 工业 4.0 参考架构模型

德国工业 4.0 平台组织的参考体系架构与标准工作组于 2015 年完成了如图 8-1 所示的工业 4.0 参考架构模型（RAMI 4.0，Reference Architectural Model Industrie 4.0）。RAMI 4.0 以一个三维模型展示了工业 4.0 涉及的所有关键要素，借此模型可识别现有标准在工业 4.0 中的作用及现有标准的缺口和不足。

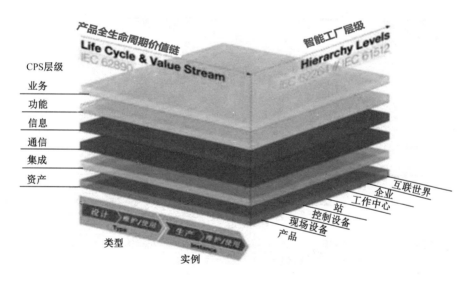

图 8-1　工业 4.0 参考架构模型

RAMI 4.0 模型的第一个维度（垂直轴）是信息物理系统 CPS 层级视角。它包括资产层、集成层、通信层、信息层、功能层和业务层，各层实现相对独立的功能，同时下层为上层提供接口，上层使用下层的服务。资产层即物理世界，资产可以是传感器、执行器、控制器、终端、零部件、产品、运输工具和软件等。集成层就是对这些物理实体进行集成。通信层实现物理实体之间和物理实体与 IT 系统的数据传输或交换。信息层就是对物理世界或人与企业数字化描述。功能层就是形式化定义必要的功能，它是关于资产的功能映射。业务层是映射相关的工作流程或业务流程，是呈现给企业管理人员、合作伙伴和用户的服务。

RAMI 4.0 模型的第二个维度（左侧水平轴）是产品全生命周期价值链的视角，它与工业 4.0 的端到端的系统集成工程是等同的。这一维度的参考标准是 IEC 62890《工业过程测量控制和自动化系统和产品生命周期管理》。

RAMI 4.0 模型的第三个维度（右侧水平轴）是智能工厂层级视角，它与工业 4.0 的智能工厂垂直系统集成是等同的。这一维度的参考标准与 IEC 62264《企业控制系统集成》（ISA S95）和 IEC 61512《批控制》（ISA S88）规定的层次一致。更进一步地讲，由于工业 4.0 不仅关注生产产品的工厂、车间和机器，还关注产品本身及工厂外部的跨企业协同关系，因此在底层增加了"产品"层，在工厂顶层增加了"互联世界"层。

工业 4.0 的三个维度的系统集成与 RAMI 4.0 模型的三个维度的对应关系如表 8-1 所示，其中工业 4.0 的跨企业跨部门的水平系统集成在 RAMI 4.0 模型中没有对应关系，而 RAMI 4.0 模型的信息物理系统 CPS 的功能视角在工业 4.0 的系统集成没有对应关系。

表 8-1　工业 4.0 的系统集成与 RAMI 4.0 模型的对应关系

工业 4.0 的系统集成	RAMI 4.0 模型的维度
无	信息物理系统 CPS 的功能视角
智能工厂垂直系统集成	智能工厂的多层级视角
产品全生命周期端到端系统集成	产品全生命周期价值链的视角
跨企业跨部门的水平系统集成	无

工业 4.0 现有的国际标准包括数字工厂、安全与保障、能效、系统集成、现场总线等几个技术领域，主要来自于 IEC（国际电工委员会）/TC65 标准，也包括来自 IEC/TC3、ISO/TC184、IEC /TC17B、ISO/IEC JTC1、IEC/TC44 等技术委员会的标准。国际电工委员会成立于 1906 年，是世界上成立最早的国际性电工标准化机构，负责有关电气工程和电子工程领域中的国际标准化工作，总部位于日内瓦。

8.4 德国工业 4.0 与美国工业互联网参考架构的互操作

2016 年 3 月，在德国的工业 4.0 平台和美国的工业互联网联盟（Industrial Internet Consortium，IIC）两个组织的指导委员会成员博世和 SAP 协调下，双方的代表在瑞士苏黎世会面，并就工业 4.0 参考架构模型（RAMI 4.0）和工业互联网参考架构（Industrial Internet Reference Architecture，IIRA）两种模型的互补性达成共识，以如图 8-2 所示的初步对应图来反映两种模型元素之间的对应关系，以确保未来的互操作性。

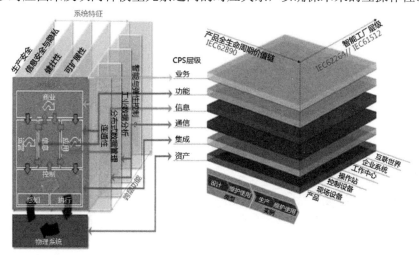

图 8-2　工业 4.0 参考架构与工业互联网参考架构的互操作

工业 4.0 参考架构与工业互联网参考架构的对应关系如表 8-2 所示。

表 8-2　工业 4.0 参考架构与工业互联网参考架构的对应关系

工业 4.0 参考架构	工业互联网参考架构
业务层	商业子域
功能层	运营子域和应用子域
信息层	信息子域
通信层	跨层功能：连接性/分布式数据管理
集成层	控制子域
资产层	物理系统

　　美国工业互联网参考架构的核心是功能域。功能域包含控制、信息、运营、应用和商业五个子域。功能域有两个主要的数据流，一个是信息消息流，它最后汇总到信息子域，并为其他子域提供信息服务，另外一个是决策控制流，它自上层的商业子域至底层的控制子域。

　　控制子域的功能包括对底层设备的实体抽象、数据感知与采集、设备管理与配置，根据上层的控制决策确定控制逻辑、执行控制功能。信息子域的功能包括数据汇聚与存储、数据转换与语义互操作、数据建模与分析。运营子域的功能包括配置管理、资产管理、监测和诊断、预测性分析和优化。应用子域的功能包括实现商业功能所需的逻辑、规则、API 接口和 UI 界面，以便提供工业互联网应用。商业子域的功能包括传统的企业管理系统、与外部世界的接口。

第9章　智能制造相关技术

9.1　产品全生命周期管理

9.1.1　产品全生命周期管理内涵

智能制造涵盖了产品全生命周期管理，也就是德国工业 4.0 端到端的系统集成工程，即将产品全生命周期的价值链中的每一个环节，产品设计、产品开发、生产工艺、产品生产、产品销售和维护服务集成在一起。产品全生命周期管理处于工业 4.0 参考架构模型的第二个维度（左侧水平轴）。

产品的全生命周期管理不仅限于单个工厂内部的部门，而是扩展到涉及的所有合作伙伴和用户，从产品设计到生产工艺设计，再到零部件供应商直至最终客户。产品的全生命周期的管理，要将客户的订单与需求、设计企业的设计、开发部门的产品开发、供应商的物料供货、采购部门的采购、生产部门的产品生产、物流公司的物料与产品的运输、维护服务部门的产品售后服等紧密关联在一起。产品的全生命周期的管理与工业 4.0 参考架构第一个维度（垂直轴）信息物理系统 CPS 的功能视角和第三个维度（右侧水平轴）是智能工厂的垂直集成是紧密关联的。

产品的全生命周期的管理为产品的改进提供巨大的潜能，它带给企业价值包括：①在产品设计阶段，用户的个性化定制（C2B/C2M）提高了用户对产品的忠诚度和产品的性价比；②产品生产阶段，由于用户需求和库存对产业链各主体是透明的，因此应缩短产品开发和生产周期，减少物料零件库存并最终实现产品零库存；③产品维护服务阶段，产品的智能化可减少产品的运维成本，完善产品的设计等。同时，产品的消费属性将向产品的服务属性转型，产品不再是消费品而是一种服务，产品生产者可获得额外的产品运维服务收入。

工业 4.0 参考架构的第二个维度的产品全生命周期管理分为样机开发（Type）和产品生产（Instance）两个大阶段。

9.1.2　样机开发

样机开发阶段包括产品设计、产品开发（至定型）及其各种测试和验证。产品生产阶段包括生产工艺、产品生产、产品销售和维护服务。生产的产品是原型样机的一个实例。

用户将产品个性化需求反馈到企业的用户关系管理系统（CRM）和企业资源计划系统（ERP）等，并提出用户的产品个性化需求，设计企业与生产企业的产品生命周期管理（Product Lifecgcle Management，PLM）系统连接，并按用户个性化需求进行产品设计，开发部门有选择地和整体地利用工厂的生产设备进行产品的开发。

产品生命周期管理是一种理念，即对产品从创建到使用再到最终报废等全生命周期的产品数据信息进行管理的理念。PLM 主要由计算机辅助软件 CAX 系统和产品数据管理 PDM 组成。

如图 9-1 所示是我国工业软件和工业云服务公司数码大方的产品数据管理系统——CAXA 协同管理 PDM 系统，其功能覆盖设计部门产品数据管理的各个方面，包括图文档管理、产品结构管理、CAD 集成、工作流、红线批注、电子签名、汇总报表、项目管理、BOM 管理、配置管理、变更管理、编码管理、ERP 集成等。

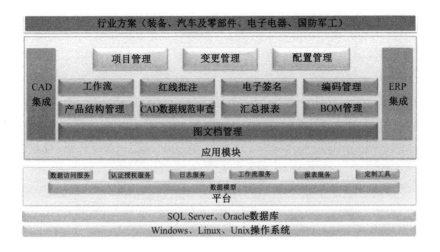

图 9-1   数码大方的 CAXA 协同管理 PDM 系统

9.1.3   生产工艺设计

生产工艺设计是处于产品全生命周期管理的产品设计/开发和产品生产之间的环节。机械工业仪器仪表综合技术经济研究所欧阳劲松在《德国工业 4.0 参考架构模型与我国智能制造技术体系的思考》一文中，从如图 9-2 所示数字工厂的角度，讨论了产品领域到生产的产品全生命周期价值链视角的和信息物理系统 CPS 的功能视角的二维视图。

数字工厂最初的思想是使用电子描述替代纸质文件，并在软件工具中使用它进行电子布线和安装，以便集成并减少工程成本。工业 4.0 将数字工厂的概念和功能进行了扩展。国际电工委员会（IEC）词汇库给出的定义是：数字工厂是数字模型、方法和工具的综合网络（包括仿真和 3D 虚拟现实可视化），通过连续的、没有中断的数据管理集成在一起。它是以产品全生命周期的相关数据为基础，在计算机虚拟环境中，对整个生产过程进行仿真、评估和优化，并进一步扩展到整个产品生命周期的新型生产组织方式。

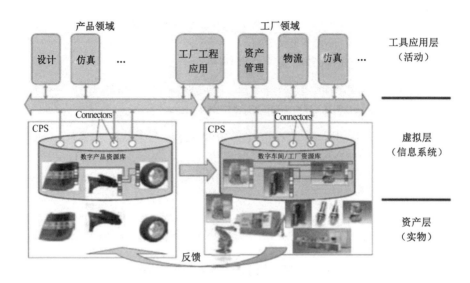

图 9-2　数字工厂概念的示意图

数字工厂的概念模型底层包含产品资产（如汽车车灯、发动机、轮胎等）和生产资产（如传感器、控制器和执行器等）的实物层。第二层是虚拟层，对实物层的物理实体进行语义化描述，转化为可被计算机解析的"镜像"数据，同时建立数字产品资源库和数字工厂资源库的联系。第三层是工具应用层，包括生产工艺设计、生产工艺仿真、生产工程应用、生产资产管理、产品资产管理、物流等各个环节。数字工厂概念的最大贡献是实现虚拟（设计与仿真）到现实（资产配置与生产）。通过连通产品资产与生产资产，通过语义描述将用户需求和产品设计输入产品资源库，再传递给生产要素资源库，制造信息也可以反馈给产品资源库，从而打通了产品设计与产品生产之间的"鸿沟"，统筹优化生产过程的各项资产，在改进质量的同时减少市场工艺设计时间，缩短了产品开发周期。

e-works 认为智能工厂与数字工厂相比具备了自我学习和自行维护能力[①]。在数字化工厂的基础上，智能工厂将利用物联网技术和监控技术

---

① e-works：《数字化工厂、智能工厂和智能制造》，http://articles.e-works.net.cn/amtoverview/Article123943.htm。

加强信息管理服务，提高生产过程可控性，减少生产线人工干预，以及合理计划排程。智能工厂已经具有了自主能力，可采集、分析、判断、规划，并可通过整体可视技术进行推理预测，利用仿真及多媒体技术将实境扩增展示设计与制造过程。系统中各组成部分可自行组成最佳系统结构，具备协调、重组及扩充特性。智能工厂实现了人与机器的相互协调合作，其本质是人机交互。

9.1.4　产品生产、产品销售和维护服务

每一个产品的生产工艺设计及其生产工程完成后，便进入产品生产环节。企业的制造执行系统 MES 从企业管理部门的企业资源计划 ERP 获取生产计划数据，从产品数据管理 PDM 获得产品生产的工艺文件、各种配方及操作参数，从采购部门的供应链管理 SCM 系统获得零部件供货计划，并将产品相关参数和生产工艺相关参数传送到生产部门的生产设备控制器（PLC），控制生产设备进行生产。

供应商与企业的供应链管理系统 SCM 连接。采购部按订单要求准备零部件的供货，实时查看库存并在任意时刻了解零部件供货情况。生产部门从企业的制造执行系统 MES 系统获得产品生产任务及其生产要求，并对生产设备进行配置，生产部门在生产过程中使用物流数据，根据未完成订单组织内部物流。用户知晓所订购产品的整个生产过程。

产品生产完成后，进入产品全生命周期的产品销售环节，企业销售部门从客户关系管理 CRM 获得用户工业产品交付时间和地点的信息，联系本企业的物流部门或外部的物流公司，使用运输工具（如一辆自动驾驶汽车）将产品运送到产品交付地。

产品交付给用户后，用户开始使用产品，便进入产品的维护服务环节。售后服务部门通过物联网将用户的产品接入到产品运维服务平台。产品运维服务平台采集产品的相关参数，通过大数据分析，对产品进行远程监控和故障预警，提供产品智能化服务。售后服务部门可对产品进

行预测性维护,将产品的监测数据反馈给本企业的产品数据管理 PDM 和计算机辅助软件 CAX 等 IT 系统,以完善产品的功能和性能设计。

9.2 智能工厂的垂直系统集成

9.2.1 智能工厂垂直系统体系架构

智能工厂的垂直系统集成是工业 4.0 参考架构 RAMI 4.0 模型的第三个维度(右侧水平轴),即智能工厂的多层级视角。智能工厂垂直系统体系架构如图 9-3 所示,它由现场设备层、现场控制层、系统监控层和企业管理层构成。

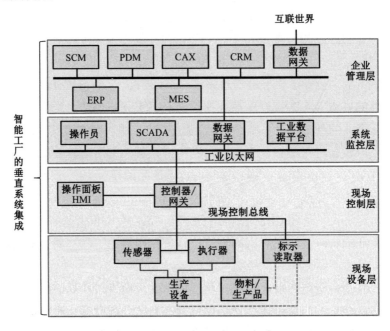

图 9-3 智能工厂垂直系统体系架构

现场设备层主要包括生产设备、原物料或零部件、传感器、执行器、标示读取器，现场控制层包括控制器或网关、人工操作面板。对于自动化的工业生产设备，为了实现现场自动控制的闭环系统，需要对生产设备的运行状态进行检测，这就需要传感器。传感器将生产设备的状态信号上传到控制器。控制器根据生产设备的运行状态，通过执行器控制生产设备的运作，生产设备对原物料或零部件进行加工生产，最后形成产品。标示读取器对物料、产品和现场设备的标识进行有效识别和动态跟踪，对企业的仓储、物流和生产现场物料管理进行分析优化，为用户个性化定制生产奠定基础。

9.2.2　现场传感技术

传感器是能够感受被测环境或被测物体，并将被测量按照一定规律转换成可用输出信号的器件或装置。许多基础科学研究的首要障碍就是对象信息的获取存在困难，而一些新机理和高灵敏度的检测传感器的出现，往往会导致该领域内的突破。在工业控制领域，传感器能够测量或感知特定物体的状态和变化，并转化为可传输、可处理、可存储的电子信号或其他形式的信息。传感器在工业控制系统中的位置如图9-4所示，传感器成为工业过程自动监测和自动控制的首要环节。

自动监测系统主要由被测对象(现场设备或现场环境)、传感器和处理器组成。传统的布式控制系统（Distributed Control System，DCS）往往采用模拟信号线将传感器感知的模拟信号传送到控制器的输入电路，由输入电路将模拟信号转换成数字信号，并交控制器的处理器进行处理；由于模拟信号线不能进行数据透传，到20世纪80年代末90年代初开始，出现现场控制总线（Field Control Bus），传感器可将感知信号转换成数据，由现场总线经通信模块传送到处理器。控制器的处理器对感知数据进行处理分析后，将处理结果通过工业以太网反馈到系统监控层，以对生产现场进行监测和调度，或对现场设备进行预测性维护或质量控制。传感器也可直接通过工业以太网或物联网，将传感器的感知数据传送到系统监控层，由监控系统对生产现场进行监测和调度。

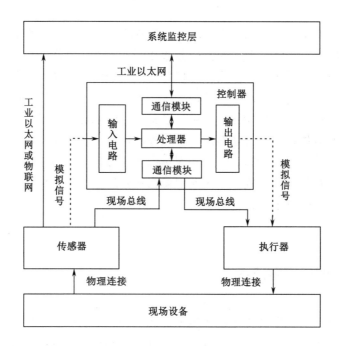

图 9-4　工业控制系统与传感器

自动控制系统主要由被控对象（现场设备）、传感器、控制器和执行器组成。传感器可将感知的模拟信号或数字信号传送到控制器的处理器，处理器根据感知的生产过程中的工作参数和工作状态，形成对现场设备的控制指令。控制指令传送到执行器有两种方式：一是通过控制器的输出电路将指令转换成模拟控制信号，并将模拟控制信号传送给执行器，控制执行机构的动作，实现对被控对象（现场设备）工艺变量或工作状态的改变；二是控制指令数据也可经通信模块由现场总线传送到执行器，由执行器的输入电路将控制指令转换成控制信号。

根据工作原理传感器可以分为物理传感器和化学传感器两大类。物理传感器根据被测物理量，又可分成机械量、声（声压、噪声）、磁（磁通量、磁场）、温度（温度、热量、比热）和光（亮度、色彩）。机械量是工业控制最为常见的传感量，包括位移/速度/加速度、长度/厚度、旋转角/转速、质量、力/压力/力矩、风速/流速/流量等。各类传感器的外观如图 9-5 所示。

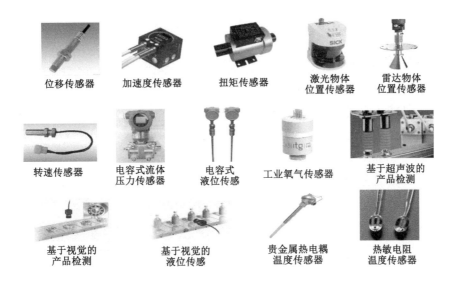

位移传感器　加速度传感器　扭矩传感器　激光物体位置传感器　雷达物体位置传感器

转速传感器　电容式流体压力传感器　电容式液位传感　工业氧气传感器　基于超声波的产品检测

基于视觉的产品检测　基于视觉的液位传感　贵金属热电耦温度传感器　热敏电阻温度传感器

图 9-5　各类传感器的外观

　　工业控制中最常用的传感器之一是位移传感器。位移是和物体的位置在运动过程中的移动有关的量，位移的测量方式所涉及的范围是相当广泛的。小位移通常用应变式、电感式、差动变压式、涡流式、霍尔传感器来检测，大的位移常用感应同步器、光栅、容栅、磁栅等传感技术来测量。其中光栅传感器因具有易实现数字化、精度高（目前分辨率最高的可达到纳米级）、抗干扰能力强、没有人为读数误差、安装方便、使用可靠等优点，在机床加工、检测仪表等行业中得到日益广泛的应用。

　　电感式位移传感器是一种属于金属感应的线性器件，接通电源后在开关的感应面将产生一个交变磁场，当金属物体接近此感应面时，金属中则产生涡流而吸取了振荡器的能量，使振荡器输出幅度线性衰减，然后根据衰减量的变化来完成无接触检测物体的目的。电感式位移传感器具有无滑动触点，工作时不受灰尘等因素的影响，并且低功耗，长寿命，可使用在各种恶劣条件下。位移传感器主要应用在自动化装备生产线对模拟量的智能控制。

9.2.3　现场控制技术

智能工厂现场层控制层的控制器有两种，即分布式控制系统（Distributed Control System，DCS）的控制器和可编程控制器（Program Logic Control，PLC）。

DCS 是分布式控制系统的英文缩写，在国内自控行业又称之为集散控制系统。DCS 的架构包括过程控制级、过程操作级和管理级。过程控制级是系统控制功能的主要实施部分，主要由控制器、I/O 单元和现场仪表组成。DCS 控制器相当于智能工厂垂直体系架构的现场控制层。过程操作级包括操作员站和工程师站，完成系统的操作和组态，相当于智能工厂垂直体系架构的系统监控层。管理级主要是指工厂管理信息系统（MIS 系统），它相当于智能工厂垂直体系架构的企业管理层。

可编程控制器是一种专为在工业环境下应用而设计的计算机控制系统。它采用可编程序的存储器，能够执行逻辑控制、顺序控制、定时、计数和算术运算等操作功能，并通过模拟、数字的输入和输出完成各种机械或生产过程的控制。

DCS 与 PLC 的功能与应用领域既有区别，也有联系。DCS 是一种"分散集中控制系统"，而 PLC 只是一种控制"装置"，两者是"系统"与"装置"的区别。系统可以实现任何装置的功能与协调，PLC 装置只实现本单元所具备的功能。

9.2.4　现场通信技术

20 世纪 80 年代末至 90 年代初，出现了采用全数字化的现场控制总线（Field Control Bus，FCS）。现场控制总线 FCS 采用全数字化、双向传输的通信方式。从底层的传感器和执行器，逐层向上直到高层均为数字通信。FCS 具有现场设备的在线故障诊断、报警、记录功能，可完成现场设备的远程参数设定、参数修改和控制等工作，增强系统的可维护性；FCS 的输入/输出单元被下放到现场，把控制站的功能化整为零，实现彻底的分散控制。

9.2.5　执行器与工业机器人

执行器是自动控制系统中接收控制信息并对被控对象（现场设备）施加控制作用的装置，执行器也是控制系统正向通路中直接改变操纵变量的部件。执行器按所用驱动能源分为气动、电动和液压执行器三种；按输出位移的形式，执行器有转角型和直线型两种；按动作规律，执行器可分为开关型、积分型和比例型三类；按输入控制信号，执行器分为可以输入空气压力信号、直流电流信号、电接点通断信号、脉冲信号等几类。执行器的外观如图 9-6 所示。

（a）电磁阀　　　　（b）步进电机　　　　（c）伺服电机　　　　（d）继电器开关

图 9-6　执行器的外观

工业机器人是集机械、电子、控制、计算机、传感器、人工智能等多学科先进技术于一体的现代制造业重要的自动化装备。随着科学技术的不断发展，工业机器人已成为柔性制造系统（FMS）、自动化工厂（FA）、计算机集成制造系统（CIMS）的自动化工具。

工业机器人的发展过程可以分为三个阶段：第一代机器人为目前工业中大量使用的示教再现机器人，通过示教存储信息，工作时读出这些信息，向执行机构发出指令，执行机构按指令再现示教的操作，广泛应用于焊接、上下料、喷漆和搬运等；第二代机器人是带感觉的机器人，机器人带有视觉、触觉等功能，可以完成检测、装配、环境探测等作业；

图 9-7　工业机器人

第三代机器人即智能机器人，它不仅具备感觉功能，而且能根据人的命令，按所处环境自行决策，规划出行动。

工业机器人依靠多关节机械手或多自由度的机器部件、自身动力和控制能力来实现各种功能。它可以接受人类指挥，也可以按照预先编制的程序运行，现代的工业机器人还可以根据人工智能技术制定的原则进行运动。如图 9-7 所示，大多数工业机器人有 3～6 个运动自由度，其中腕部有 1～3 个运动自由度。

伺服电机（Servo Motor）是指在伺服系统中控制机械元件运转的发动机，是工业机器人控制系统的关键执行器。用作执行的伺服电机的转子转速受输入信号控制，把所收到控制信号转换成电动机轴上的角位移或角速度输出。在自动控制系统中，伺服电机可以非常精准地控制被控对象的运动速度和位置。

基于 CAN 总线的伺服电机控制系统体系架构如图 9-8 所示。伺服电机 1、2 是移动机器人行为驱动电机，伺服电机 3、4 是移动机器人越障机构的驱动电机。CAN 总线上链接三类节点：主控计算机、运动控制与伺服驱动器、环境传感器。主控计算机通过无线 WiFi 与人机交互界面连接，接受操控人员的控制指令。环境传感器将煤矿井下的环境感知数据（如瓦斯、生命、温度、气压和氧气等信息），通过 CAN 总线传送给主控计算机。主控计算机根据操控人员控制指令和环境感知数据，向运动控制与伺服驱动器发出控制命令，运动控制与伺服驱动器向相应的伺服电机发出控制信号，控制相应伺服电机的运动速度和所处位置。

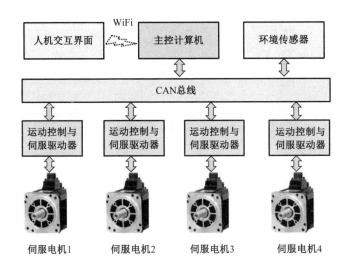

图 9-8　基于 CAN 总线的伺服电机控制系统体系架构

大部分的工业机器人对控制时延要求很低。采用德国 Beckhoff 公司提出的实时以太网 EtherCAT，设计机器人的控制系统。EtherCAT 总线，采用主从站结构建立控制系统，所有设备位于同一个总线上，无须交换机，也没有网关延时，工控时延在 10～350μs 之间。EtherCAT 总线在拓扑结构、时钟同步、数据传输速度和构建成本方面有很大优势。

基于 EtherCAT 实时以太网的机器人控制系统架构如图 9-9 所示。EtherCAT 实时以太网以线性串行的方式连接主站控制器和各从站控制器。主站控制器在操作系统上移植 EtherCAT 的协议栈，用来设计机器人控制协议，并构建机器人的控制系统。从站控制器的处理器管理通信模块的运行流程，并通过通信模块和 EtherCAT 总线与主站控制器进行通信，处理器一方面接受主站控制器的控制指令，另一方面从传感器采集数据，并在此基础上形成对相应伺服电机的控制决策，并控制电机的运动速度和所处位置。

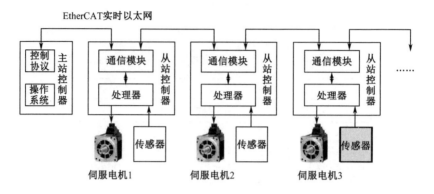

图 9-9　基于 EtherCAT 实时以太网的机器人控制系统架构

9.3　生产管理与企业管理系统

9.3.1　数据采集与监控系统

智能工厂的系统监控层位于现场控制层和企业管理层之间，其作用主要是：操作员在监控室通过监控或监视设备了解生产现场的工作情况，并根据情况对设备进行参数调整，还可以预测或寻找故障，使设备始终处于操作员的可控状态之中。

系统监控层的监控系统设备可分为分布式控制系统 DCS 的操作站、数据采集与监视控制系统（Supervisory Control and Data Acquisition，SCADA）和监控信息系统（Supervisory Information System，SIS）等。从计算机和网络的角度来说，DCS 操作站与 SCADA 是统一的；其区别主要在于应用的需求。DCS 操作站更侧重于过程控制领域，如化工、冶炼、制药等，主要是一些现场参数的监视和调节控制；SCADA 主要针对广域的需求，如油田及绵延数千公里的管线。SIS 是集过程实时监测、优化控制及生产过程管理为一体的厂级自动化信息系统。

数据采集与监视控制系统（SCADA）主要功能包括数据采集、设备控制、测量、参数调节及各类信号报警等各项功能。SCADA 系统的应用领域很广，如电力的监控系统、输油管线的监控系统，它的特点是控制点分散，一个系统可能覆盖方圆数千公里。

SCADA 对生产现场的工作状态数据的采集，可以通过工业以太网从控制器获得，或通过现场总线直接从现场传感器获得，或通过物联网从现场的传感器获得。SCADA 的下位机可以由 DCS 的下位机、可编程控制器（PLC）和远程测控终端（Remote Terminal Unit，RTU）等设备构成。远程测控终端作用是在远端控制控制现场设备，获得设备数据，并将数据传给 SCADA 系统的调度中心。远程测控终端是一种耐用的现场智能处理器，它支持 SCADA 控制中心与现场器件间的通信，通信方式常采用运营商提供的公众网络。

9.3.2 制造执行系统

制造执行系统（Manufacturing Execution System，MES）是一套面向制造企业车间执行层的生产信息化管理系统。制造执行系统 MES 是连接企业管理系统和企业生产现场的桥梁。制造执行系统 MES 可以为企业提供包括制造数据管理、计划排程管理、生产调度管理、库存管理、质量管理、人力资源管理、工作中心/设备管理、工具工装管理、采购管理、成本管理、项目看板管理、生产过程控制、底层数据集成分析、上层数据集成分解等管理模块，为企业打造一个扎实、可靠、全面、可行的制造协同管理平台。

MES 是美国先进制造研究机构 AMR（Advanced Manufacturing Research）在 20 世纪 90 年代初提出的，旨在加强物料需求计划（Material Requirement Planning，MRP）计划的执行功能，MES 系统把 MRP 计划通过执行系统同车间作业现场控制系统联系起来。这里的现场控制包括 PLC、数据采集器、条形码、各种计量及检测仪器、机械手等。MES 系统设置了必要的接口，与提供生产现场控制设施的厂商建立合作关系。

美国先进制造研究机构 AMR 将 MES 定义为"位于上层的计划管理系统与底层的工业控制之间的面向车间层的管理信息系统",它为操作人员/管理人员提供计划的执行、跟踪及所有资源(人、设备、物料、客户需求等)的当前状态。

MES 作为面向制造的系统必然要与企业其他生产管理系统有密切关系,MES 在其中起到了信息集线器(Information Hub)的作用,它相当于一个通信工具为其他应用系统提供生产现场的实时数据。MES 与其他分系统之间有功能重叠,如 MES,CRM,ERP 中都有人力资源管理,MES 和 PDM 两者都具有文档控制功能,MES 和 SCM 中也同样有调度管理,等等,但各自的侧重点是不同的。各系统重叠范围的大小与工厂的实际执行情况有关。各个系统的价值是唯一的。

9.3.3　企业管理系统

企业管理系统,是指能够体现企业管理的大部分职能(包括决策、计划、组织、领导、监控、分析等),能够提供实时、相关、准确、完整的数据,为管理者提供决策依据的一种软件。企业管理系统位于智能工厂垂直集成体系架构的企业管理层,它通过制造执行系统(MES)对生产现场进行管理,通过互联网或工业云平台与外部互联世界发生关系,进行跨企业的协同设计或协同生产,为用户提供个性化的定制生产,连接产品提供产品的智能化服务。企业管理软件包括企业资源计划 ERP、供应链管理 SCM、客户关系管理 CRM、产品生命周期管理 PLM、计算机辅助软件 CAX 和产品数据管理 PDM 等。

第 10 章　工业互联网相关技术

十年前，苹果发布了第一代 iPhone，谷歌组建了开放手机联盟共同研发改良 Android。两大帝国之争，开启了智能手机时代，或者说是移动互联网的黄金年代。苹果作为设备厂商，以自己的产品为依托，构建了引领时代的 iOS 生态。谷歌则联合了广大的利益相关方，建立了更加开放的 Android 生态。十年后，一批能够连接设备、承载数据、搭载应用的"工业互联网平台"诞生了。人们甚至将其称为工业互联网时代的"操作系统"。但是，工业互联网的体系构架、实现功能与相关技术是什么，这是需要研究探讨的问题。

10.1　工业互联网体系架构

工业互联网是机器、物品、控制系统、信息系统、人之间互联的网络，为智能制造提供信息感知、传输、分析、反馈、控制支撑，与网络连接、大数据、云计算等技术相结合，从而改变工业及社会的生产、经营和消费方式。

（1）工业互联网是机器、数据和人的融合。从构成要素角度看，机器、数据和人共同构成了工业互联网生态系统。工业生产中，各种机器、设备组和设施通过传感器、嵌入式控制器和应用系统与网络连接，构建"云—管—端"的新型复杂体系架构。随着生产的推进，数据在体系架构内源源不断地产生和流动，通过采集、传输、分析处理和反馈控制，实现向信息资产的转换和商业化应用。人们彼此间建立网络连接并频繁交互，基于数据分析和决策完成设计、操作、维护、日常管理等全流程自动化。

（2）工业互联网的核心是数据技术集成和价值变现。从核心技术角度看，贯彻工业互联网始终的是大数据，从原始的杂乱无章到最有价值的决策信息，经历了产生、收集、传输、分析、整合、管理、决策等阶段。这其中需要完成多系统集成及各类软硬件接入，包括各类机器及终端的感知识别，多种远近距离通信，结构化和非结构化各类数据的处理、分析挖掘，以及开发多场景多应用智能算法等。通过云平台、大数据平台、物联网平台、边缘计算及人工智能等技术的引入，驱动工业互联网架构的技术集成向更为扁平化、智能化、弹性化发展，保证数据的可获得、可分析、低成本，并成为企业重要资产。

（3）工业互联网是基于物联网的复杂制造生态系统。从产业应用角度看，工业互联网构建了一个庞大的网络制造生态系统，为企业提供了全面的信息感知、移动应用、资源云化和大数据分析决策，实现各类制造要素/环节、资源完成信息交互、数据集成，释放数据价值，有效驱动了企业在技术研发、生产制造、组织管理、生产经营、市场营销等方面开展 360 度创新，实现产业间的融合与产业生态的协同发展。这个生态系统以网络为基础，以数据为核心，以安全为保障，实现了以信息模型为基础的全生命周期自动化、智能服务的先进组织形态，为社会化大协作生产搭建了深度互联的信息网络，为其他行业智慧应用提供了可以支撑多类信息服务的基础平台，为经济社会提质增效发展提供重要的驱动力量。

工业互联网体系功能架构如图 10-1 所示。

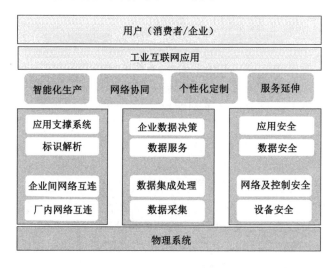

图 10-1　工业互联网体系功能架构

实现工业互联网需要考虑以下三方面的能力。

一是强大的物联网连接与整合能力。支持海量、多样、分布广阔的数据接入、集成与分发，在不同的环境下，稳定、高效地完成数据的网络传输。

二是丰富的工业大数据分析能力。对海量数据的分析，从多种数据源中获取洞察、支撑整个企业甚至价值链的相关业务决策，并支持最新的人工智能。

三是工业云计算能力。基于开放式技术构建的 IaaS、PaaS 和 SaaS 平台，提供多种技术、业务服务及托管功能来实现快速、组装式、规模化应用开发，从而简化应用程序的交付过程，使工业领域的开发者能够轻松地进行应用开发。

10.2 工业互联网网络连接

10.2.1 网络体系框架

无处不在的网络连接是工业互联网系统运行的关键基础技术之一，用来连接分布式工业传感器、控制器、设备、网关和其他子系统。

工业互联网数据体系和网络体系分别如图 10-2 和图 10-3 所示。

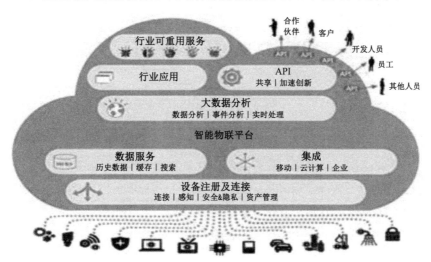

图 10-2 工业互联网数据体系

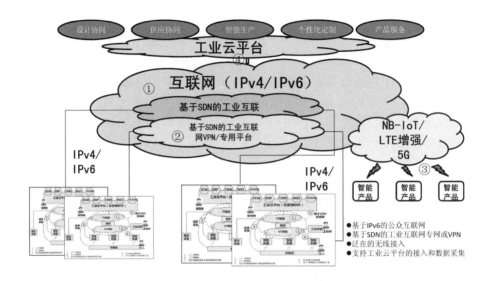

图 10-3　工业互联网网络体系

　　网络连接包含了互联体系和网络技术。互联体系由 IP 化的基础工业网络、地址和标识体现等组成；网络技术包括有线和无线连接技术及新兴的物联网技术。针对工业领域超大连接、大带宽、低时延、实时控制等需求，5G 切片、软件定义网络（SDN）、边缘计算等一系列新网络技术进入实验验证和商用部署阶段。

10.2.2　网联化

　　互联网在工厂内部连接于制品、智能机器、工业控制系统、人等主体，包含工厂 IT 网络和工厂 OT（工业生产与控制）网络；在工厂外部用于连接企业上下游、企业与智能产品、企业与用户等主体。

　　（1）IPv6 是工业互联网基础设施的重要组成部分。互联网在 1994 年进入商业化应用后得到了飞速的发展，这充分说明 TCP/IP 协议取得了巨大的成功。但是，现行采用的 IPv4 已经无法满足互联网发展的需要，IPv6（Internet Protocol Version 6）是用于替代现行版本 IP 协议（IPv4）的新一代 IP 协议。发展工业互联网除了软硬件设备的精进外，IPv6 通信协议也是一个不可或缺的重要基础建设。但是，目前面临的问题是 IPv6 和 IPv4 的兼容性并不好，难以互联互通，双方通信需要经过隧道。根本的解决方案还是让当前的 IPv4 设备都升级支持 IPv6。

（2）SDN 简化了网络设计和运营，提升制造效率。SDN 即软件定义网络（Software Defined Network），是一个新兴的网络架构，其控制平面和管理平面分离，并且控制平面是可直接编程的。SDN 控制器维护着一张全网视图，它智能调度整个网络。SDN 帮助制造企业和服务运营商极大简化了网络设计和运营的同时，可以大大提升资源使用效率，企业可以按需使用，既可以智能调度高带宽保障业务质量，也可以在非工作时间降低带宽使用。

（3）移动网络在工业界得到广泛应用。使用移动设备（如手机，掌上电脑或其他便携式工具）连接到网络，实现互联网访问的方式。移动网络技术包括从 2G、3G、4G 到即将投入使用的 5G 技术，还包括以 WiFi、LoRA、Sigfox 为代表的低功率无线接入网，不同的网络因其自身优劣势和定位不同，部署方式和应用场景也不同。

2G 技术主要承载语音和短信。3G 技术能够处理图像、音乐、视频流等多种媒体形式，提供包括网页浏览、电话会议、电子商务等多种信息服务。4G 技术可以低成本承载移动视频等大流量业务，在工业领域得到广泛应用。

一是移动监控。基于移动终端的移动监控系统，例如在平板电脑上运行一个监控软件 APP，其便携性极大地提高了工厂的监控能力；利用安装在智能手机的监控客户端程序，可实现实时的数据监控分析和报警、数据查看和趋势分析等功能。

二是移动巡检。通过使用移动终端设备，将巡检过程电子化，例如，什么人在什么时候什么地点做了什么工作都完整的记录到系统中，提高现场作业管理的透明度；同时，现场的问题可以在系统中进行记录，例如对现场进行拍照，从而使相关部门可以及时跟踪、追溯、解决这些问题，符合相关审核的要求。

三是移动检测。在设备检查等日常作业过程中，通过移动终端设备，采集在线监控的设备状态数据，如移动终端连接各类专业检测设备，可对振动、温度、转速、气蚀等进行测量，测量的数据通过蓝牙或有线接口自动传输到移动终端设备中，然后传送至中心服务器。通过无人机对电力输电线进行检测是个很好的例子，运营商在移动网上应用 NFV/SDN 网络技术，可以给检测用的无人机提供专有的 QoS 保障，确保无人机的实时控制和信息回传。

四是移动审批。使用移动终端设备（如智能手机），属于每个部门和特定人员的审批流程可以实时地下发到任务人所持有的终端设备上，按照系统已经定义好的工作流管理规则，自动实现工作流的控制和管理，极大地提高了审批流程的审批速度，提升生产管理的工作效率。

为适应工业互联网的特殊需求，移动网络技术不断发展，主要包括：一是 LTE-M，基于 LTE 演进的物联网技术；二是 EC-GSM，扩展覆盖 GSM 技术；三是 NB-IoT，也称为 Clean Slate 方案，是全新的空口技术，用来解决小数据超大连接等问题。以上技术的发展和演进目标是提升室内覆盖性能、支持大规模设备连接、减小设备复杂性、减小功耗和时延。

5G 是指第五代移动通信技术，具有大规模天线、超密集组网、非正交传输和高频段通信、低时延、高可靠等关键技术，具有数据传输快和时延低等特点。但并不是所有的 5G 应用都需要网络速度超级快，而且要支持各类终端，这就要求 5G 网络以更灵活的方式构建，运营商可以对速率、容量和覆盖率等网络性能指标进行灵活调整和组合，从而满足不同应用的个性化需求。

在 5G 系统中，网络将被进一步抽象为"网络切片"，这种连接服务是通过许多定制软件实现的功能定义。这些软件功能包括地理覆盖区域、持续时间、容量、速度、延迟、可靠性、安全性和可用性等。网络切片本质上就是将运营商的物理网络划分为多个虚拟网络，每一个虚拟网络根据不同的服务需求（如时延、带宽、安全性和可靠性等）来划分，灵活地应对不同的网络应用场景。统一的网络平台利用动态的、安全的网络切片支持不同功能和 QoS 的连接通信服务，这是 5G 网络的基本能力。不同网络切片满足不同场景用途对网络不同的绩效考核指标和功能需求，将会降低网络实现的技术复杂度，缩短实现应用的时间。同时，工业场景应用由于时延限制，所有必须的或专用的功能要安装在云边缘节点，而在云节点加载这样的垂直应用程序，需要定义充分开放的接口。

根据工业互联网技术的发展趋势，移动互联已经成为工业现场管理发展的方向，越来越多的自动化企业和第三方移动解决方案公司开始在工业领域内创建移动信息管理系统，移动终端在工业领域的应用已经从概念阶段发展到推广阶段。未来的生产管理系统将集成不止是自动化系统的数据，更多的系统将会使用移动终端接入生产管理系统中，成为整个生产管理的重要组成部分。

（4）物联网实现万物互联。物联网（Internet of Things，IoT）是指通过各种信息传感设备，实时采集任何需要监控、连接、互动的物体或过程等各种需要的信息，其目的是实现物与物、物与人及所有的物品与网络的连接，方便识别、管理和控制。传统的工业生产采用 M2M(Machine to Machine)的通信模式，实现设备与设备之间的通信，而工业物联网是采用 Things to Things 的通信方式。

工业物联网是将具有感知、监控能力的各类采集（或控制）传感器（或控制器），以及泛在技术、移动通信、智能分析等技术不断融入工业生产过程各个环节，实现人、设备和系统三者之间的智能化、交互式无缝连接。

工业物联网的关键技术有传感器技术、设备兼容技术、网络技术、信息处理技术、安全技术等。

工业物联网的应用场景主要有：

①制造业供应链管理。企业利用物联网技术，及时掌握原材料采购、库存、销售等信息，通过大数据分析还能预测原材料的价格趋势、供求关系等，有助于完善和优化供应链管理体系，提高供应链效率，降低成本。空中客车通过在供应链体系中应用传感网络技术，构建了全球制造业中规模最大、效率最高的供应链体系。

②生产过程工艺优化。工业物联网的泛在感知特性提高了生产线过程检测、实时参数采集、材料消耗监测的能力和水平，通过对数据的分析处理可以实现智能监控、智能控制、智能诊断、智能决策、智能维护，提高生产力，降低能源消耗。钢铁企业应用各种传感器和通信网络，在

生产过程中实现了对加工产品宽度、厚度、温度的实时监控，提高了产品质量，优化了生产流程。

③生产设备监控管理。利用传感技术对生产设备进行健康监控，可以及时跟踪生产过程中各个工业机器设备的使用情况，通过网络把数据汇聚到设备生产商的数据分析中心进行处理，能有效地进行机器故障诊断、预测，快速、精确地定位故障并分析其原因，提高维护效率，降低维护成本。

④环保监测及能源管理。工业物联网与环保设备的融合可以实现对工业生产过程中产生的各种污染源及污染治理环节关键指标的实时监控。在化工、轻工、火电厂等企业部署传感器网络，不仅可以实时监测企业排污数据，而且可以通过智能化的数据报警及时发现排污异常并停止相应的生产过程，防止突发性环境污染事故发生。电信运营商已开始推广基于物联网的污染治理实时监测解决方案。

10.3　工业大数据

工业大数据应用是基于工业数据，运用先进的大数据工具、方法，贯穿于工业的设计、工艺、生产、管理、服务等各个环节，使工业系统、工业产品具备描述、诊断、预测、决策、控制等智能化功能模式和结果。工业领域的数据累积到一定量级，超出了传统技术的处理能力，就需要借助大数据技术、方法来提升处理能力和效率，大数据技术为工业大数据提供了技术和管理的支撑。

工业大数据是借鉴大数据的分析流程及技术，实现工业数据采集、处理、存储、分析和可视化。工业大数据的数据分析分成两个层次，即初级分析和高级分析。初级分析是传统企业通过商业智能（Business Intelligence）软件将企业现有的数据转化为知识，帮助企业做出明智的业务经营决策。高级分析包括两个层次，一是预测性分析（Predictive Analytics），通过数据分析预测未来；二是假设性分析（What-if Analytics），通过假设经营问题分析来控制和调节预测结果。

10.3.1 主要特征

（1）呈现行业应用经验、IT 技术和数据科学融合态势。工业数据资源的丰富，工业数据之"大"不仅体现在数据量上，也体现在数据类型、产生速度、分析维度、先验知识基础等领域，这也使得工业大数据与互联网大数据相比，呈现行业应用经验、IT 技术和数据科学融合态势。

（2）工业大数据呈现新资源和新技术相融合的发展态势。IT 技术为工业大数据提供了灵活、快速、低成本的计算能力。海量、异构、低关联是工业大数据的重要特征，这给数据处理带来了较大挑战。以 Hadoop、MapReduce 为代表的分布式系统和并行计算技术不仅可以以较低成本存储工业大数据，同时也提供了灵活、快速的计算能力，同时以 Hadoop 为代表的开源软件也大幅降低了工业大数据的计算和存储成本，这些大数据既有先进技术与工业实际相结合，能够更好地满足工业数据对实时处理的应用需求。

（3）机理模型、专家经验与数据科学的深度融合，提高工业数据清洗、分析的效率和精度。在数据清洗环节，传统大数据抽取主要是将复杂的数据转化为单一或者便于处理的结构类型，当面临海量且价值分布不均的工业数据时，这个工作量更加复杂。为提高工业数据清洗的效率，可围绕应用需求，利用专家经验建立数据价值判定模型，删除伪数据和缺陷数据，缩小数据范围，降低数据预处理的范围。

在数据分析预测环节，传统大数据多是应用聚类、分类等通用算法，以及支持向量机、神经网络等进行概率性判定，但工业系统的实时性高、动态性强、对分析结果的精度要求高，很难接受概率性预测。因此，针对工业领域的数据，首先需要将领域知识和经验进行系统化管理、识别，形成针对某个应用场景的模型，并叠加对特定行业的深入理解，不断萃取专家知识和历史数据进行模型的优化。同时，还需要考虑数据在物理世界的关联和工作机理，特别是针对机器设备产生的数据，对其进行分析时务必要将数据和机器的工作机理、内在联系有机结合在一起，同时还要考虑相关联的其他机器，甚至工作的周边环境信息（如地理、天气等）。

10.3.2　工业大数据平台

工业大数据平台涵盖了 IT 网络架构和云计算基础架构等基础设施，专家库、知识库、业务需求库等资源，以及安全、隐私等管理功能。除此之外，还包含关联工业大数据实际应用的三方面角色，即数据提供方、数据服务消费方、数据服务合作方。

基于工业大数据平台（见图 10-4），数据提供方、服务消费方和数据服务合作方的角色与活动，都将融入到制造业发展当中，通过不同角色的不断自我调整与发展，最终形成一个完整的，不断创新、不断升级的工业大数据生态体系，成为互联网+制造的重要组成部分。

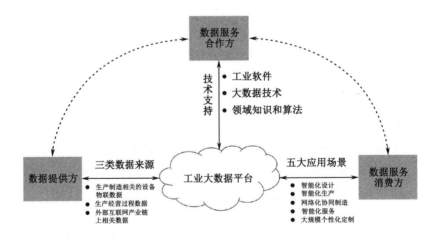

图 10-4　工业大数据平台各方关系

10.3.3　边缘计算与现场级大数据

　　边缘计算指在靠近物或数据源头的网络边缘侧，融合网络、计算、存储、应用核心能力的开放平台，就近提供边缘智能服务，满足行业数字化在业务实时、业务智能、数据聚合与互操作、安全与隐私保护等方面的关键需求。

　　在智能制造的作业现场，有海量的物联网设备，实时产生大量现场数据，从业务实时性要求和广域带宽成本的角度来考虑，这些数据并不是全部都传送至云端，而是优先在本地进行实时分析处理，只有优化或聚合后的非实时数据才会传送到云端；并且在多数情况下，物联设备也不会直接和云端建立连接，因为百万乃至千万级的连接数量对云计算平台的处理消耗太大。

　　根据思科全球云指数的预估，到 2019 年，物联网产生数据的 45%将会在网络边缘进行存储、处理、及分析，而全球数据中心总数据流量预计将达到 10.4 泽字节（Zettabyte 或 ZB）。据思科互联网业务解决方案集团预测，到 2020 年，连接到网络的无线设备数量将达到 500 亿。基于物联网平台的应用服务通常需要更短的响应时间，同时也会产生大量涉及个人隐私的数据。在此情况下，传统云计算模式将不能高效地支持基于物联网的应用服务程序，而万物互联背景下，工业互联网的边缘计算模型则可较好地解决这些问题。

　　在边缘计算模型中，网络边缘设备已经具有足够的计算能力来实现原始数据的就地实时处理，并且仅需要将处理的结果发送给云计算中心。以车联网为例，通过记录车辆所有部件每时每刻的运转状态，一辆车每秒可产生高达 1GB 甚至更大量的数据，仅仅依靠无线网络和云，显然无法满足实时传输与计算的要求，而利用边缘计算则能够在端进行实时数据的分析和处理。边缘计算模型不仅可以有效地降低数据传输过程中带宽资源的需求，同时能较好地保护隐私数据，降低原有云计算模型中因终端敏感数据从边缘端到云计算中心传输过程引起的隐私泄露的风险。因此，随着工业互联网的发展，边缘计算模型将为新兴智能制造场景中物联网应用提供更好的支撑平台，实现现场级大数据。大数据处理从以云计算为中心的集中式处理时代跨入以万物互联为核心的边缘计算时代。

边缘计算不同于分布式数据库。相比于边缘计算模型，分布式数据库提供了大数据环境下的数据存储，较少关注其所在设备端的异构计算和存储能力，主要用以实现数据的分布式存储和共享。分布式数据库技术所需的空间较大且数据的隐私性较低，对基于多数据库的分布式事务处理而言，数据的一致性技术是分布式数据库要面临的重要挑战。相比分布式数据而言，边缘计算模型中数据位于边缘设备端，具有较高的隐私性、可靠性和高可用性。工业互联网时代，"终端架构具有异构性并需支持多种应用服务"将成为边缘计算模型应对大数据处理的基本思路。

边缘计算和现有云计算技术分别适用不同的场景，实现工业互联网需要云计算与边缘计算的互相协同：云计算聚焦非实时、长周期数据的大数据分析，能够在周期性维护、业务决策支撑等领域发挥其特长；边缘计算则聚焦实时、短周期数据的分析，能更好地支撑本地业务的实时智能化处理。

根据《边缘计算产业联盟白皮书》，边缘计算有三个发展阶段：

一是连接。实现终端及设备的海量、异构与实时连接，网络自动部署与运维，并保证连接的安全、可靠与维护性。远程自动抄表就是其中的应用场景，这解决了电表数量巨大的问题。

二是智能。边缘侧引入数据分析与业务自动处理能力，智能化执行本地业务逻辑，这可以大幅提升效率且降低成本。电梯的预测性维护就是该应用之一。

三是自治。引入人工智能，边缘计算不但可以自主进行业务逻辑分析与计算，还可以动态实时完成自我优化、调整执行策略。

国外篇

推进互联网＋制造
是世界大势

第 11 章　美国先进制造战略

11.1　美国先进制造的背景

11.1.1　美国从"去工业化"到"再工业化"

自 18 世纪以来,美国长期保持制造业在世界的领导权力和竞争优势。随着贸易全球化与信息技术的飞速发展,美国制造业呈现"去工业化"的特征,将前端的生产制造外包出境,注重产业链后端的营销和服务,随之而来的是美国制造业的经济贡献持续下滑(见图 11-1)、劳动力大量减少。2008年金融危机给美国经济带来重创,美国制造业更是面临严峻挑战,为了保持美国在全球制造业的领先地位,奥巴马政府于 2009 年大力推行"再工业化"发展战略,同年 12 月公布《重振美国制造业框架》。美国"再工业化"的主旨在于鼓励制造企业重返美国,振兴国家的制造业体系。

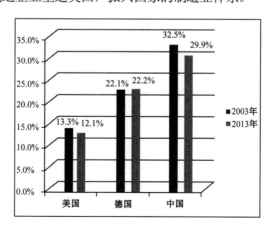

图 11-1　美国、德国、中国制造业占 GDP 的比重

"再工业化"并不是简单地复制美国传统制造业的模样，而是希望通过领先技术与工业的结合，重塑国家的制造业体系，形成新型竞争优势。2011 年，美国总统科技顾问委员会（PCAST）发布的报告提出，美国制造业领先优势不断丧失，这一趋势已从低端制造领域逐渐向电脑、显示器等高技术产品贸易领域延伸，极大地损害了美国本土的制造创新能力。与此同时，美国在信息技术、纳米技术等领域具有全球领先优势。因此，利用各领域先进技术推动再工业化，成为美国重塑制造业竞争优势的主要方向。

11.1.2　美国先进制造旨在激发制造业新活力

从 2011 年起，美国从政府层面和产业层面先后提出先进制造战略，加速推动美国"再工业化"进程。美国总统科技顾问委员会（PCAST）发布的《捕捉美国先进制造业的竞争优势》、《加速美国先进制造业》与美国总统行政办公室颁布的《美国国家制造创新网络战略计划》被称为"美国先进制造三部曲"（见图 11-2）。

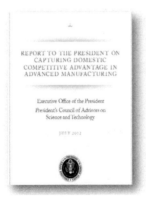

美国先进制造计划AMP1.0　　美国先进制造计划AMP2.0　　美国制造创新网络NNMI计划

图 11-2　美国先进制造三部曲

《捕捉美国先进制造业的竞争优势》（AMP1.0）发布于 2012 年 7 月，该报告指出，应从"支持创新""确保人才输送"和"完善商业环境"三大核心入手重塑美国制造业。先进制造业伙伴关系（AMP）指导委员会围绕三大核心提出，应该号召美国社会各界的力量，加大对制造业技术研发的投资，构建国家制造创新网络，建立培训体系培养制造业人才，颁布税收、监管、能源等政策完善制造业的商业环境。

在 AMP1.0 的研究成果基础上，2014 年 10 月美国发布《加速美国先进制造业》（AMP2.0），旨在围绕三大核心，落实重要的建议、制定具体的战略、采取具体的举措。同年，美国总统科技顾问委员会（PCAST）建议美国在推动"先进制造"的过程中，应该遵循一套整体的、系统的战略计划，并且高度重视"美国国家制造创新网络"的重要作用。

2016 年 2 月，由美国总统办公室牵头，联合美国科技委员会、先进制造国家项目办公室，发布《美国国家制造创新网络战略计划》，该计划包括两个重要内容，其一是构建美国制造创新研究所，其二是搭建整个制造创新网络。美国国家制造创新网络目的在于整合业界、学界、政府部门等社会主体，共同助力制造业的创新与发展，加强其产业优势，带动国家经济繁荣。

11.2　美国先进制造的战略核心

美国先进制造的战略核心在于成立制造创新研究所与搭建制造创新网络。制造创新研究所是美国制造创新的平台，汇聚来自社会各行各业的企业、学术研究机构、政府部门等相关利益方，通过公私合作的方式，共同投资和支持创新研究所的成立与发展，共同使用创新研究所的设施与服务。制造创新网络是连接美国全国范围创新平台的网络，网络中的创新中心可以相互分享有价值的经验、利用跨领域的知识，促进技术转化、加速制造劳动力发展，确保制造业的可持续发展。

11.2.1 美国制造创新研究所是制造创新网络的核心要素

2012 年奥巴马政府提议建立制造创新研究所，由美国国防部、能源部等部门牵头实施（见图 11-3）。奥巴马政府计划打造包含 45 个制造创新研究所（IMI），目前已设立有关 3D 打印、数字制造和设计、轻量金属、下一代电力电子制造、先进复合材料制造、集成光电子制造、灵活混合电子、智能制造、革命性纤维和纺织品等 9 个研究所。制造创新研究所的主要职能包括：先进制造及时的研发、应用、示范和推广，培养和培训专业技能人才，降低制造生产的成本和风险，鼓励社会成员广泛参与等。

图 11-3　美国制造创新研究所

2014 年年底，美国通过《振兴美国制造业和创新法案》，以法规形式确定了制造业创新中心关注的重点技术，规定了 2014—2024 财年政府对创新中心的资助资金要求。创新研究所采用公私合作的方式（见表 11-1）。在研究所 5～7 年的初始投资期间，非政府部门的投资必须等于或超过政府部门的投资；在初始投资期之后，研究所要能够自给自足。

表 11-1　美国制造创新研究所（部分）

制造创新研究所	成立时间	主要任务	组织机构	资金来源
国家增材制造创新研究所 America Makes	2012 年 8 月获批；2012 年 10 月启动	加快采用增材制造技术，提高国内制造竞争力	国家国防制造业与加工中心	联邦机构 5500 万美元；非联邦机构 5500 万美元
数字制造和设计创新研究所 DMDII	2014 年 2 月获批；2015 年 5 月启动	推进美国制造业数字化	UI 实验室	联邦机构 7000 万美元；非联邦机构 1.06 亿美元
未来轻量制造创新研究所 LIFT	2014 年 2 月获批；2015 年 1 月启动	加速发展新轻型金属产品的制造工艺流程，培训工人使用和维护设施的工艺	美国轻量材料制造创新研究所	联邦机构 7000 万美元；非联邦机构 7800 万美元
美国集成光子制造研究所 AIM Photonics	2015 年 7 月获批	促进光子集成电路制造技术发展，开发自适应集成光子电路，推进该技术在各领域的使用	纽约州立大学研究基金会	联邦机构 1.1 亿美元；非联邦机构 5.02 亿美元
美国柔性混合电子制造研究所 NextFlex	2015 年 8 月获批	催化美国柔性混合电子产业生态，提供新的制造技能，培训专业人才	柔性技术联盟	联邦机构 7500 万美元；非联邦机构 9600 万美元
下一代电力电子制造创新研究所 PowerAmerica	2014 年 12 月获批；2015 年 1 月启动	开发大规模生产宽紧带半导体先进制造工艺，提高使用半导体领域的效率，重塑美国能源经济	北卡罗来纳州立大学	联邦机构 7000 万美元，非联邦机构 7000 万美元
先进复合材料制造创新研究所 IACMI	2015 年 6 月获批；2015 年 6 月启动	降低先进复合材料整体生产成本，减少使用能力远，增强循环使用能力，开发更多复合材料产品等	田纳西大学	联邦机构 7000 万美元；非联邦机构 1.8 亿美元

11.2.2　美国制造创新网络是先进制造的推动力

从美国先进制造的整体战略来看，创新研发的推动主要依靠奥巴马政府着力打造的"国家制造业创新网络(NNMI)"。在网络职能方面，美国《国家制造创新网络计划 2015 年度报告》总结了四大职能，即构建网络、促进增值和跨网络合作、建立网络与外部利益相关者的有力沟通、维护加强与发展网络。

在网络构建过程中，能源部、国防部、商务部、教育部、农业部、美国国家航空航天局、美国联邦航空管理局、美国食品药品监督管理局、美国国家卫生基金会等联邦机构成为主要的组织指导机构。商务部在全国范围内建立制造创新研究所组成的创新网络，并逐步扩大网络的影响力，增强美国制造业的全球竞争力。

截至 2015 年年底，美国已有 9 家处于不同阶段的制造创新研究所，到 2016 年年底总资助研究所数量增至 15 家；一个世纪后，这些机构的数量将增加到 45 所，成为推动先进制造创新研发的中坚力量。

美国先进制造创新网络如图 11-4 所示。

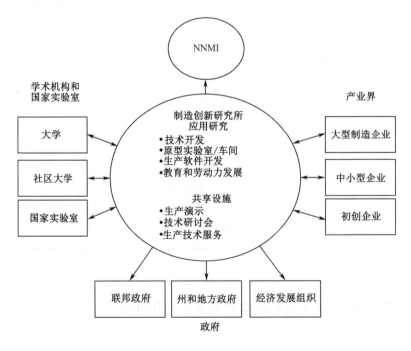

图 11-4　美国先进制造创新网络

11.2.3 美国工业互联网保障制造创新网络的搭建

为了促进信息通信技术与工业体系的融合，美国发布《美国 CPS 框架草案》和《美国工业互联网参考架构》，从技术和标准上对网络体系的构建提出指导建议。

"工业互联网"的概念最早由美国通用电气公司（GE）于 2012 年提出，随后联合思科、Intel、AT&T 等 IT 巨头公司组成"工业互联网联盟"（IIC）。美国"工业互联网"是指"利用 CPS 将人、数据和机器连接起来，由智能设备采集大数据，利用智能系统进行数据挖掘和可视化展现，形成智能决策，为生产管理提供实时判断参考，指导生产、优化工艺，实现制造业的数据流、硬件、软件的智能交互"。工业互联网联盟主要负责推动通用工业互联网标准的制定、利用互联网激活传统制造过程、促进实体空间与网络空间的整合。工业互联网架构如图 11-5 所示。

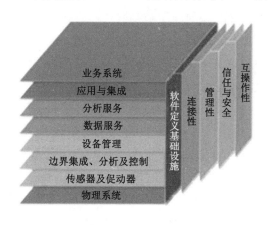

图 11-5　工业互联网架构

11.3　美国先进制造的关键特征

美国先进制造战略意在将其信息通信领域的突出优势，与材料、工艺、装备等工业领域的既有优势相结合，推动新一代制造技术与制造模式的创新与产业应用，由此带动美国制造业竞争力的全面提升，重塑其在全球制造领域的领先优势。

从 2011 年起，美国每年均围绕先进制造确定若干重点发展的关键技术领域。2011—2012 年，美国先后提出下一代机器人、关键材料、节能制造工艺、纳米制造、生物制造等 12 个技术方向，并开展多项研发与产业化工作。2013 年后，美国重点关注领域逐渐聚焦到三大领域，分别是先进传感、控制和平台（ASCPM），可视化、信息化、数字化制造技术（VIDM），以及先进材料制造（AMM）。

11.3.1　美国先进制造战略重点关注的关键技术

当前，在美国先进制造战略重点关注的三项关键技术中，ASCPM 主要是指用于获取、使用新的产品和制造过程数据的信息技术，研发重点是将感知、监测和控制系统与可拓展的 IT 平台深度整合；VIDM 主要指从数字化设计环节到生产计划、原材料采购以及定制化生产环节的信息化对接技术，重点解决如何提升供应链效率，缩短产品设计、制造和市场化周期等问题，研发方向是在传感、监测和控制系统中嵌入原材料信息和材料技术，从而有效提升生产力和材料使用效率；AMM 主要是新型材料研发和现有材料的性能改善技术，研发重点聚焦在先进的复合结合材料、生物制造及关键材料再利用技术三个方面。

为推动三项关键技术的研发，奥巴马政府分别成立了"先进制造技术测试床"（MTTs）、"卓越制造中心"（MCE）、"卓越材料制造中心"（MCEs）用于推进三项技术的研发、测试和试点。在创新研发网络方面，针对 ASCPM 建立了专门研究所，推进该项技术在高耗能、信息技术较成熟的制造业中率先应用；针对 VIDM 设立了"大数据创新制造研究部门"，推动制造过程中海量数据的分析和处理技术研发。

从技术发展来看，美国在先进制造方面一直扮演着全球引领者的角色。第三次科技革命以来，美国成为全球科技创新的中心，从计算机到互联网，从数控机床到机器人，从智能手机到云计算，对当今制造业乃至人类生活产生巨大影响的科技成果大多起源于美国。

11.3.2　美国先进制造技术发展特点

美国先进制造技术发展呈现以下四个特点：

（1）前沿科技触角继续向前延伸。美国不断开辟科技新领域，拓展先进技术新边界。2015年，IBM突破量子芯片的技术瓶颈，构建了量子芯片原型电路，为真正的量子计算机奠定了重要基础。Intel、IBM等已经在进行10纳米甚至7纳米工艺的处理器研究。美国国防部在2013—2017年科技发展"五年计划"中，提出要重点关注超材料、量子信息与控制、纳米科学与纳米工艺、人类行为计算机建模等六大颠覆性基础研究。

（2）关键领域技术水平保持群体性领先。在信息领域，美国在大数据、云计算、操作系统、处理器等ICT核心领域都掌握着全球最先进的技术。在航空发动机、精密轴承、先进传感器等核心部件，高档数控机床、机器人、微电子生产设备等高端制造装备，飞机、汽车、工程机械、军工等整机制造领域，美国都处于全球顶尖水平。

（3）先进技术交叉融合特征突出。信息、材料、生物、能源、控制等各类技术不断交叉，催生出新的前沿技术和产品。特斯拉电动汽车的突出特点，就是将先进的电池材料技术、传感技术、互联网技术融为一体。美国产业界大力推动的工业互联网，也是云计算、大数据、先进传感、移动通信、工控网络等各类技术的交叉融合。

（4）智能化、柔性化、绿色化新产品不断涌现。2013年，GE推出带有储能功能的智能风机，效率提升25%。2015年，苹果公司获得一项柔性电子设备专利，通过整合柔性的机壳、电池、电路板、显示屏等配件，能够生产出可弯曲、可折叠的电子产品。智能汽车技术不断成熟，

2015 年谷歌无人驾驶汽车就已安全行驶 160 万公里，通用汽车计划于 2017 年推出配有"汽车间通信"系统的轿车。

11.4　美国先进制造的推进措施

美国先进制造的推进措施主要有：

（1）政府部门与行业委员会共同推进。自 2009 年起，为了振兴美国制造业，美国总统行政办公室、总统科技顾问委员会、美国国家经济委员会、美国工业互联网联盟、美国国家标准技术研究院等政府机构发布了 17 个主要政策，包括 CPS、创新网络、人工智能技术、智能机器人等多个方面，宣示发展高端制造的战略意图和决心。美国总统科技顾问委员会（PCAST）几乎每年都向奥巴马提交先进制造预研、总结、规划等方面的重要分析报告，成为创新网络建设等战略部署的发起点。

在 PCAST 的推动下，美国于 2011 年成立了"先进制造伙伴关系引导委员会"（AMPSC），成员主要来自企业和学界，2012 年委员会成员扩增至 19 位，成为推动先进制造战略落地的重要组织。

（2）运用政策手段优化制造业环境。奥巴马政府综合运用创新、投资、财税、贸易等政策手段，优化制造业发展的技术、劳动、人才、市场等要素条件和环境。例如，出台税收减免法案、加强宽带网络和交通公共基础设施投资建设，实施出口倍增计划等。在 2016 财年的预算中，联邦政府研发机构的先进制造项目直接得到 24 亿美元的资助。奥巴马政府通过一系列改革税制，鼓励国内制造业投资，例如降低制造工人 25% 的税收、对企业海外收益征收最低税额、简化创新研发的信贷审批、增加制造企业信贷额度等。奥巴马政府通过建立政企合作的先进制造业投资基金，增加融资渠道，加强战略伙伴、政府和制造企业之间的信息交流；使用税收激励机制促进制造业投资，降低企业采用先进制造技术的相关风险。

（3）加速培育制造人才。通过成立社区职业学院、推动退伍军人职业资格认定、开展学徒计划三项举措，加快推进先进制造人才培训。在学徒计划方面，美国政府将投入 7 亿美元用于制造工人的技能培训，使之适应现代化制造业发展需求。

11.5 美国先进制造的成效

从产业发展来看，美国近年来在先进制造领域的全球领导力和竞争力优势日渐突出，成为拉动美国经济复苏的重要驱动力量。先进制造产业蓬勃发展。高端装备、新能源、新材料等产业快速增长。2014 年，北美机器人市场新增订单 2.8 万台，增长 28%。电动汽车销售达到 12 万辆，2011—2014 年复合增长率高达 200%。3D 打印技术正在走向成熟化、规模化。

（1）创新驱动特征更加突出。先进制造是美国研发强度最高的领域，生物制药、计算机软硬件、汽车、工业设备、电子电气、材料等都是研发投入排名靠前的部门。2013 年，全球 2500 家研发投入最多的工业企业中，美国占 804 家，研发投入总额为 1937 亿欧元。以半导体巨头英特尔为例，2013—2015 年，其研发经费分别达到惊人的 106 亿美元、115 亿美元和 121 亿美元，研发投入占销售额的比例已高达 24%。

（2）企业展现出强大领导力。全球前十大半导体公司中，美国占有 5 席。2014 年 11 月，苹果成为首家市值超过 7000 亿美元的公司。在各领域全球市值最大的 10 家上市公司中，美国在计算机软件领域占 8 家、医疗设备领域占 8 家、生物技术领域占 7 家、航空与国防领域占 5 家，展现出绝对的领先地位和统治力。

（3）制造业出现回流。美国着力营造低成本、有竞争力的制造业发展环境，制造业综合成本比较优势正在上升。特别是在美国政府的推动下，美国出现了明显的制造业回流趋势。根据咨询公司埃森哲（Accenture）的报告，受访的制造业经理人有约 61%表示，正在考虑将制造产能迁回美国，以便更好地匹配供应地和需求地。苹果公司把一部分 Mac 电脑的制造从中国转移回美国；工程机械企业卡特彼勒将伦敦一家工厂撤回印第安纳州，并把原先设立在日本的部分设施迁至美国；福特汽车公司已陆续从中国、日本和墨西哥撤回部分岗位；英特尔公司不断向美国本土的生产和研发投入重金，公司 75%的产品将在美国国内生产；星巴克开始把其陶瓷杯的制造从中国转回美国中西部。

综上，美国"先进制造"呈现了创新引领的制造升级：推动领先技术的研发与应用，利用信息物理系统将制造业与政府、经济发展组织、大学、研究所、创业企业等组织机构连接起来，构建国家制造创新网络，提升制造业的创新水平，激发制造业的新活力。为了保障创新体系的构建，美国在"人才输送"和"商业环境"方面给予大力支持，综合运用创新、投资、财税、贸易等政策手段，优化制造业发展的技术、劳动、人才、市场等要素条件和环境。

第 12 章　欧盟工业数字化

12.1　欧盟工业数字化的背景

12.1.1　欧盟工业竞争优势突出

欧盟在大量的工业领域占领先地位。欧盟委员会指出，欧盟成员国在制造、汽车和航空电子、安全与能源电子、机器人、电信设备、商业及专业软件、激光和传感技术等领域，拥有世界级的领先地位。事实上，欧洲作为最早进行工业革命的地区，除了德国和法国之类的制造领先国家，其他不少国家的工业化程度也比较高，例如，意大利在 3D 打印领域就处于全球领先水平。

欧盟建立诸多世界级的研发机构。在过去 200 多年的工业化进程中，欧盟各个国家建立了现代的研发体系，不少研发机构处于全球领先地位。例如，法国的数学研究所最近也与华为等公司建立了深入合作关系，帮助解决通信中的一些数学及编码等问题。

欧盟传统制造业中的中小企业极具竞争力。欧盟在传统的建筑、食品及饮料、纺织、出版印刷、工艺品等领域，也有不少中小企业是隐形冠军。因为这些中小企业的产品及解决方案，往往是大型企业规模化产品的最佳补充，也成为欧盟工业化版图中比较靓丽的景象。

12.1.2　欧洲工业面临的困境

经济挑战带来欧盟工业的政策性调整。欧盟成员国在 2000 年之后逐步面临经济上的挑战，主要体现为 GDP 增长乏力和制造业就业人口存在下降趋势，这使得欧盟的政治家们面临巨大的压力，亟须从政策上加以关注，因此，制造未来（ManuFuture）的概念就应运而生了。制造未来，这是面向整个欧盟国家的未来工业概念。

12.1.3 整合各成员国政策形成合力

1．早期阶段

实际上，欧盟在 2003 年就提出制造未来的概念，还是在德国正式提出工业 4.0 概念之前。欧盟还在 2010 年左右形成了未来工厂计划（Factories of the Future），其后在未来工厂计划基础上还形成了针对中小企业的 I4MS（ICT Innovation for Manufacturing SMEs），这些计划基本上代表了欧盟的区域制造业创新战略。这些计划虽然取得了一定效果，但是并没有完全达到欧盟预期的潜力。欧盟研究估算，产品和服务的数字化每年将为欧盟增加 1100 多亿欧元的收入。但是，欧盟的传统行业（如建筑、农业食品生产、纺织和钢铁等）和中小企业在数字化方面的进展明显滞后。

2．正式推出

随着全球开始对工业 4.0、先进制造及工业互联网等代表第四次工业革命的概念投以关注，欧盟也开始系统地梳理其成员国的新工业计划，包括德国的工业 4.0（Industrie 4.0）、法国的新工业法国（Nouvelle France Industrielle）及斯洛伐克的智能工业（Smart Industry）等，期望通过一个概念来把欧盟成员国的努力统一起来，这个概念就是"数字化欧洲工业"。欧盟在整合成员国和地区已经出台的工业数字化战略的基础上，逐步形成"数字化欧洲工业"战略。

3．后期推进

欧盟委员会认为，为了保证这个单一市场（欧盟）的共同利益，就应该加强单一数字市场（Digital Single Market，DSM）的推进，这也是最近多年来欧盟的一个努力目标。他们还因此推动了"地平线 2020"的研究和创新项目，为进一步提升欧盟经济体的竞争优势提供驱动力。"制造 2030 计划"是欧盟"地平线 2020"产生之后才推出的，其目的是在完成以研发为核心的"地平线 2020"之后，在工业领域深入应用这些研究成果，形成经济上的价值。

12.2　欧盟工业数字化的相关政策

欧盟工业数字化有三项核心政策。第一项是 2016 年 4 月由欧盟经济与社会委员会提出的"数字化欧洲工业"计划，第二项是 2014 年正式启动的"地平线 2020"，该计划本身是欧盟"里斯本战略"落幕的同时启动的新的十年经济发展规划——"欧洲 2020 战略"新的主要操作工具，即 2013 年结束的"第七框架计划"（FP7）的接力计划，但同时也被欧盟纳入其互联网+制造的战略大局中；第三项是 2016 年由世界数字协作平台的领军提供商 2degrees 发起的"制造 2030 计划"。

12.2.1　数字化欧洲工业(Digitalising European Industry，DEI)

欧盟制定"数字化欧洲工业"计划，是为了整合成员国的工业数字化战略，加快欧洲工业数字化进程。按照欧盟的总体设计，欧盟将在未来几年投入近 50 亿欧元，重点从以下几个方面推动欧洲工业数字化。

（1）组织欧盟有关国家和地区就工业数字化战略展开对话，协调各方工业数字化战略步伐，形成欧盟层面的发展计划；

（2）推动各方建立工业数字化公私伙伴关系，大力鼓励各方利用欧盟投资计划和欧洲的结构投资基金所提供的机遇；

（3）投资 5 亿欧元建设泛欧数字化创新中心网路，为企业提供数字创新咨询和中试服务；

（4）实施大型试点项目，重点集中在物联网、先进制造、智能城市、智能家庭、无人驾驶和移动医疗服务等方面；

（5）完善配套的法律法规，如推动支持数据自由流动的立法程序、完善对传感器和智能设备产生的数据所有权归属的规定等，欧盟委员会还将审查关于安全性和自控系统的责任规则等法律文件；

（6）研究制定欧盟技能行动议程，促进人们提升在数字时代工作所需的技能。

12.2.2　地平线 2020（Horizon 2020）

"地平线 2020"是欧盟实施创新政策的资金工具；计划周期 7 年（2014—2020 年），预算总额约为 770.28 亿欧元。"地平线 2020"被欧洲领导人和欧洲议会视为推动经济增长和创造就业机会的手段，是欧盟对未来的投资。智慧型增长、可持续增长、包容性增长及创造就业机会是欧盟发展蓝图的核心。

"地平线 2020"实际上是欧盟的第八个研发框架计划。为了促进欧洲的研究和发展，欧盟委员会于 1984 年开始实施研发框架计划（FP）。FP是欧盟最主要的科研资助计划，也是迄今为止世界上最大的公共财政科研资助计划，从第一框架计划至第七框架计划，历时 30 年。历届欧盟研发框架计划的资助额度如表 12-1 所示，表中记录了欧盟在研究与创新方面投资逐年增长的发展情况。

表 12-1　历届欧盟研发框架计划的资助额度

名　称	年　度	总 经 费	重　任
欧盟第一研发框架计划（FP1）	1984—1990	32.71 亿欧元	（1）建设欧盟统一的研究区域（ERA）； （2）保持科学技术的卓越； （3）提升工业企业的竞争力； （4）应对经济社会的挑战
欧盟第二研发框架计划（FP2）	1987—1995	53.57 亿欧元	
欧盟第三研发框架计划（FP3）	1991—1995	65.52 亿欧元	
欧盟第四研发框架计划（FP4）	1995—1998	131.21 亿欧元	
欧盟第五研发框架计划（FP5）	1999—2002	148.71 亿欧元	
欧盟第六研发框架计划（FP6）	2003—2006	192.56 亿欧元	
欧盟第七研发框架计划（FP7）	2007—2013	558.06 亿欧元	（1）～（4）同上； （5）经济增长； （6）扩大就业
"地平线 2020"	2014—2020	770 亿欧元	

"地平线 2020"的两大宗旨是：帮助科研人员实现科研设想，获得科研上新的发现、突破和创新；促进新技术从实验室到市场的转化。"地平线 2020"三大战略优先领域是：卓越科研；产业领导力；社会挑战。"地平线 2020"的目标是确保欧洲产生世界顶级的科学，消除科学创新的障碍，在创新技术转化为生产力的过程中，融合公众平台和私营企业协同工作。"地平线 2020"向所有人开放，具有结构简单、手续便利、时间快捷等特点。

12.2.3　制造 2030 计划（Manufacturing 2030）

"制造 2030 计划"是一款全球数字协作平台。该计划旨在通过跨工业领域的协作为零售商、品牌和它们的制造商削减成本、控制风险及减少负面环境影响；通过提升资源利用效率达到制造业升级智能化；通过鼓励产业链上的供应商协同工作来分担风险、共迎挑战。"制造 2030 计划"向各种规模的企业开放，通过在水资源和废弃物的利用及其他成本的节约上提供技术指导、支持，来帮助大公司和中小企业更好地参与到生产供应链中。具体来说，制造 2030 提供三个方面的支持，如下所述。

（1）供应商参与渠道（Supplier Engagement Channels）："制造 2030 计划"平台将为产业链上的供应商提供私人空间，以便于他们和其他供应商协同合作、降低成本、减轻风险、更持续地发展。

（2）协作枢纽（Collaboration Hubs）：主要是在"制造 2030 计划"平台上针对能源、水资源和废弃物提供公共空间，便于各企业的业务经理挑选第三方专家分享实践经验。

（3）具体工具（Tools）：分享型地协作平台，帮助经理人互相学习如何降低成本、风险和负面环境影响。除此之外，具体工具部分还可以通过汇集各公司报告的自身数据，为各公司提供更全面的、行业视角的指标参考系。

12.3 欧盟工业数字化的核心

2016 年 4 月 19 日，欧盟数字经济与社会委员会（Commission for Digital Economy & Society）委员 Günther H. Oettinger 发布了欧盟"数字化欧洲工业"（Digitalising European Industry，DEI）计划。该计划处于欧盟互联网+制造全局的核心地位，旨在强化三种技术对欧洲工业的影响，分别是物联网（Internet of Things，IoT）、大数据（Big Data）和人工智能（Artificial Intelligence，AI）。DEI 计划的目的可以概括为：一是协调整个欧洲的数字工业行动；二是联合投资提升欧洲的数字创新能力；三是提供适当的监管框架条件；四是为数字化转型提供具备必要技能的人力资源。

12.3.1　以两个工作组为主力

DEI 的实施得到了欧盟各成员国的高级代表、业界领袖和合作伙伴组成的圆桌会议的支持，并形成了两个工作组（WG）。两个工作组的侧重点分别如下。一是 WG1：推动欧洲数字化创新中心的行动；二是 WG2：提升欧洲数字技术和数字化工业平台的领导地位。两个工作组下各自设置更小议题的分组，如制造业小组、健康小组和智慧农业小组等。

在 2016 年 10 月 21 日和 12 月 8 日举行的两次会议上，WG2 的讨论主要围绕三个"垂直"领域：互联的智能工厂、智慧农业、数字化健康和护理，这些领域被看作数字化工业平台获取增加值的领域。WG2 的工作范围不仅包括同样可以提供增加值的智能交通、智慧能源和智慧金融等领域，还涉及两个"横向"主题：工业数据平台、物联网（IoT）。

2016 年 12 月 23 日，WG2 发布了第一份报告《数字创新枢纽》。2017 年 2 月 1 日，基于在 Essen 召开的利益相关者的会议成果，WG2 发布了进一步的讨论报告《数字工业平台》。2017 年 4 月，WG2 发布了该报告的最终版本。

12.3.2　创建"数字工业平台"

创建下一代数字平台并利用其形成数字生态系统，对越来越多的行业部门而言至关重要。根据前文所述的 WG2 的讨论报告，"数字工业平台"建立在欧盟各个国家现有的行动计划基础之上。

报告指出，尽管打造产业平台的举措在整个欧洲或世界其他地方已经存在，而且整体投资水平巨大（未来几年甚至更大），但是，对于这些可以帮助欧洲采取有效行动的基础项目的综合评估尚不完整，因此，欧盟鼓励会员国提供那些在其境内的、可以实现共同利益的项目信息，以便为下一步强强联合铺平道路。现有的 13 个国家行动计划如表 12-2 所示。

表 12-2　国家行动计划（13 国）

国　家	行动计划	提出时间	战略主旨
奥地利	《促进奥地利工业 4.0 发展规划》	2016 年 8 月	根据规划，奥地利未来将在施蒂利亚和克恩滕州建立电子产业集群
比利时	"创造不同——未来工业"	2016 年 2 月	未来工业是能够系统性承接工业 4.0 挑战的制造业。它们提供具有高附加值的、能够灵活应对多变市场需求的产品。正是这些特征，让比利时的未来工业能够继续在发展变化的世界工业中具有竞争力
捷克	《捷克工业 4.0 倡议》	2016 年 8 月 24 日	该倡议概括介绍了第四次工业革命的相关信息，指出捷克经济和产业的可能发展方向，并提出一些建议措施。该倡议指出，工业 4.0 在经济上的准备主要体现在互联网和数字环境的质量上
德国	工业 4.0 战略	2013 年	旨在提升制造业的智能化水平，建立具有适应性、资源效率及人因工程学的智慧工厂，在商业流程及价值流程中整合客户及商业伙伴。其技术基础是网络实体系统及物联网
丹麦	MADE（Manufacturing Academy of Denmark）	2016 年 12 月	丹麦将数字化其工业以提升全球竞争力。该计划将投入 1.96 亿丹麦克朗，涉及 49 家公司、5 所大学、3 所 GTS 研究院及丹麦工会

续表

国　家	行动计划	提出时间	战略主旨
西班牙	工业 4.0 执行项目	2015 年 10 月	现阶段政府将极力辅助企业对新高科技技术的采用，如感应器、3D 打印、虚拟制造、数据分析等。西班牙政府推动工业数位化政策，期望藉此提高工业产业份额至国民生产总额的 20%。西班牙工业 4.0 项目将由 Indra、Telefónica 及 Banco Santander 合作执行，搭配专业顾问帮助各企业诊定该执行计划和项目，政府并将于 2016 年投入 1 亿欧元的融资执行预算
法国	"新工业法国战略"	2013 年 9 月	为了全面复兴法国工业，法国政府提出了旨在通过创新驱动法国工业转型升级的新战略，并制定了 34 项具体产业发展计划
	"未来工业"计划	2015 年 4 月	由于"新工业法国战略"优先项目过多，导致出现核心产业发展动力不足、重点不明确等弊端。为了解决弊端而提出该计划，这标志着"新工业法国"战略迅速转入第二阶段
匈牙利	"国家工业创新"（IPAR4.0）	2016 年 5 月	旨在通过建立国家科技平台（National Technology Platform，NTP），开展研究，促进中小企业发展创新。这也是助力匈牙利跨入工业 4.0 的关键要素
意大利	"工业 4.0 计划"	2016 年 9 月 21 日	该计划投资规模将达 130 亿欧元。计划中提出，2017 年政府将通过研发支出抵免税收等一系列的优惠措施来促进私人投资；2018—2024 年将通过增加公共支出来激活创新投资，意大利旨在抓住这一机遇推动经济增长

续表

国　家	行动计划	提出时间	战略主旨
荷兰	"智慧工业"	2014年11月	目标在于提高工业竞争力，更好地利用信息和通信技术发展所带来的机遇。但荷兰并不仅仅旨在发展工业，还要通过工业创新促进经济增长和就业
葡萄牙	"工业4.0"	2016年7月	利用第四次工业革命的机遇提升国民工业竞争力。基于实践经验和跨学科研究，加速工业创新、商业模式创新，使葡萄牙经济和葡萄牙工人参与到改变世界的技术发展进程中
瑞典	"智慧工业"	2016年6月	提高企业创新能力和竞争力。主要有4个关注领域：工业数字化改革至领导地位；可持续生产；工业技能机器人；打造瑞典为产品服务试验台
卢森堡	"数字化的工业卢森堡"	2016年10月	通过打造动态网络，在决策产生、生产执行各个环节提供高质量的支持。在卢森堡内的公司之间及跨国公司之间创造协同效应，促进企业的持续发展

12.3.3　重点发展五大领域

　　欧盟计划中的下一代数字平台的五大领域，分别是"互联智能工厂""智慧农业""数字化健康与护理""工业数据平台""物联网"。

　　一是"互联智能工厂"：制造业的价值链正在变得更加一体化，更为复杂。行业驱动平台被视为欧洲掌握这些新价值链的战略要求。欧洲工业家圆桌会议呼吁加大努力，推动工业互联网的全球标准，并培育产业驱动平台。EFFRA也将可互操作的数字制造平台视为未来工厂愿景的核心。

　　二是"智慧农业"：智慧农业为欧洲提供了非常重要的机会。将数字技术应用于农业对于该行业克服当前面临的主要挑战具有重要意义。然而，与其他领域一样，在农业这个垂直领域，目前平台的开发分散于整个欧洲。要想最大限度地发挥潜力，需要协同而非许多个体的独立运作。因此，欧盟各成员国需要建立联系，以提出综合解决方案和适当的配套基础设施。目前，欧盟成员国层面的倡议缺乏共识。

三是"数字化健康与护理"：过去几十年，得益于治疗方案的改善和高质量的保健，人类寿命不断增加，健康状况大大改善，也为生产力和社会繁荣做出了贡献。不过，人口变化和医学的发展也为欧盟成员国向公民提供高质量保健和护理方面带来更大的挑战。2015 年，卫生保健和长期护理方面的公共支出占 GDP 的 8.7%，占欧盟政府总支出的 15%。未来几十年，预计老年人口和慢性病患病率又将大大增加公共卫生和护理预算。

四是"工业数据平台"：工业数据平台（IDP）是通过共享参考架构和共同治理规则，在安全的商业生态系统内促进不同公司和组织之间的数据交换和连接的虚拟环境。这样的平台有三种主要类型：特定行业（垂直）、跨部门（横向）、专用开放接口。

五是"物联网"：尽管欧洲各国在国家物联网战略方面投资了 30 亿欧元，但是由于"家庭"用户群体不足，国家建设处理平台的举措将无法在国际上参与竞争。在物联网领域创建的许多初创企业，也很容易在业务成熟时被收购。为应对竞争，迫切需要欧洲层面的协调，避免分裂和形成孤岛。除了解决平台之间的互操作性之外，还需要明确的方法来尊重隐私和提升安全性。

12.4 欧盟工业数字化的推进

12.4.1 强化欧盟成员国数字创新中心

从欧盟实际推动的数字化欧洲工业计划内容来看，主要是强化数字创新中心（Digital Innovation Hubs，DIH），即前文所述 WG1 主要负责的内容。通过遍布欧盟成员国的数字创新中心，可以提供数字时代的基础设施，提升各个行业的创新能力。

与美国强调互联网计算（分布式计算为核心）不同，欧盟在推动诸如云计算及大数据技术的时候，比较强调高性能计算（High Performance Computing，HPC）和量子计算（Quantum Computing），有可能是欧盟在这种集中式计算上投入的资金比较大，期望把这些技术利用起来。

当然，欧盟也把 5G、云计算、物联网、数据技术和网络安全五个方面的标准化工作作为重点来推进，这也许是因为国际不少标准化组织都设在欧洲。

12.4.2　采用 PPP 模式扩大投资

欧盟委员会还预计将在 2018—2020 年启动一系列大规模的联合行动，其中，公私合作（PPP）可以贡献很大的力量。通常，公私合作伙伴关系在欧洲研究、技术开发和创新方面发挥了很大作用。它们是发展支撑数字革命技术基础的重要手段，对于获得大规模实验和标准化所需的规模水平也具有重要意义。

"数字化欧洲工业"倡导基于 PPP 并扩大公私伙伴关系的项目组合，以进一步解决 DEI 行动计划的目标。这意味着不同公私合作伙伴之间需要更大程度的协调，也意味着他们的战略研究与创新议程（SRIAs）应该更好地对接。DEI 预计欧盟、成员国和行业将重点投资，拟采用的方法是维护和加强欧洲在"2020 地平线计划"对核心技术 PPP 的支持。同时，国家计划可以与这些公私合作伙伴关系中确定的优先事项保持一致。

12.4.3　四大基金计划保障科研资金

在欧盟投入的大量资金支持中，最突出的是作为科研资金保障的四大基金计划。这一系列计划，与国家级别和区域级别的计划相结合，涵盖了欧洲对于先进科学技术的广泛需求。欧盟将这些计划统一组织在"地平线 2020"中，将使其运作更连贯、合理、简单、集中和有效。四大基金计划具体如下。

1. 欧洲研究理事会（ERC）：130.95 亿欧元

欧洲研究理事会支持前沿学科和交叉学科的研究，以及新技术和新兴领域的开拓性探索。为欧盟地区内的前沿学科提供科研经费，通过竞争机制择优录取研究项目。资助范围包括所有的研究领域，以科学优异性为评判基准。

2. 未来和新兴技术（FET）：26.96 亿欧元

FET 计划着眼于探索未来为其根本特点，目的是把欧洲科研的优势转化为竞争优势。FET 计划鼓励高端科研和前沿工程等多学科之间的探索性合作，有助于欧洲尽早在具有可持续性、竞争力和增长优势的未来科技领域把握领导地位。FET 计划划分为"FET 开放计划""FET 前瞻计划""FET 旗舰计划"3 类行动计划，区别对待创新思维和长期挑战的需求，满足不同方法和尺度的研究。在"地平线 2020"的大框架下，FET 计划的预算为 26.96 亿欧元。

3. 玛丽·居里计划（MSCA）：61.62 亿欧元

MSCA 计划的目的是，在全球范围内在所有学科领域中对研究人员进行职业发展支持和培训，着重创新能力的培养。MSCA 提供资助的范围覆盖了研究人员职业生涯的各个阶段，鼓励研究人员跨国家、跨部门和跨学科的交换性。MSCA 将成为欧盟培养博士生的主要计划，"地平线 2020"计划期间将资助 2.5 万名博士。

MSCA 计划的一个重要内容是支持研究人员获得更广泛新技能的能力，同时为他们提供有吸引力的工作条件。除了鼓励国家之间的交换性，MSCA 还寻求突破存在于学术与企业之间的现实障碍和思想障碍，任何科研领域内的个人或组织均可申请 MSCA 资助。MSCA 计划中有多项举措推动博士和博士后参与到产业研究中。

4. 欧洲基础研究设施（包括 e-基础设施）：24.88 亿欧元

国家的科研基础设施变得越来越先进、复杂且昂贵，往往需要整合不同的设备、服务、数据源及广泛的跨国合作。

近年来，欧洲战略论坛关于基础研究设施（ESFRI）的路线实施后，欧洲的基础研究设施整合已经取得了显著的进步。开放的集成式国家级研究机构和 e-基础设施的发展支撑着整个欧盟地区的数据化研究。欧盟通过基础研究设施的网络为新一代的研究人员和工程师提供培训，推动了跨学科的合作，增强了人力资本的基础。

进一步发展基础研究设施，并在欧盟层面上更广泛地使用这些设施，将对欧盟地区的研究发展产生显著的贡献。虽然成员国处于基础研究设施开发和融资的中心地位，但欧盟在配套基础设施、新设施培育和开发、欧盟地区和国家中开辟广泛渠道、确保各国政策保持一致性和有效性方面仍然发挥着重要的作用。这样不仅可以避免重复建设、协调设施的合理利用，还可以集中资源优势，以国际水平来获取和运行基础研究设施。

欧盟在建设、使用和管理基础研究设施（包括 e-基础设施）的活动中所达到的规模和范围，将有效地促进欧洲研究与创新潜力的发展。

12.5　总结

欧洲社会正处在数字化转型的关键时期。一方面，欧洲拥有完整的产业结构，行业数字化转型拥有雄厚的工业基础优势，并且需求旺盛。另一方面，欧洲具备强大的技术创新能力，从基础研究到应用研究成果累累，是数字化转型成功的重要技术保障。然而，在工业数字化进程中，欧洲正式出台相关政策较晚，落后于其他竞争对手，因此欧盟需要凭借自身工业基础优势，在数字化转型的关键时期做好发力。

欧盟数字化工业战略为数字化转型搭建了完备有力的框架。欧盟推出"数字化欧洲工业""地平线 2020""制造 2030 计划"三大重点战略，旨在整合成员国制造资源，加快欧洲制造升级进程。"数字化欧洲工业"从"互联智能工厂""智慧农业""数字化健康与护理""工业数据平台"

"物联网"五个方面推动；"地平线 2020"为实施创新政策提供资金保障；"制造 2030 计划"整合成员国资源构建协作平台与创新网络。这些战略将引领欧盟工厂迈入以人工智能和自动化为代表的工业 4.0 时代。

中国制造业可以借鉴欧盟规模化战略，寻求弯道超车机会。欧盟数字化工业战略通过搭建国家性和区域性方案之间的纽带，如工业 4.0、智能工业、未来工业、高价值制造等，提供必要的协作，帮助整合更多边缘化的方案，毕竟多个独立的方案无法实现规模化的战略。对于中国制造业而言，建议企业之间通过建立联盟的方式共同探索工业发展的顶层设计、标准制定、路线图规划和示范模式，寻求共同推进与"中国制造 2025"战略高度关联的基础设施、核心架构、核心技术、标准规范、软件应用、服务创新、商业生态和模式创新的探索性研究与知识产权保护，使我国在新一轮的工业化国际竞争中获得更多的影响力和主动地位。

第 13 章　德国工业 4.0

13.1　工业 4.0 发展背景

13.1.1　德国制造业基础雄厚且面临全球挑战

作为世界上制造业最具竞争力的国家之一，德国装备制造业全球领先，尤其在嵌入式系统和自动化工程领域具有很高的技术水平。全球领先者中有很多德国的"隐形冠军"，他们提供制造领域专业的解决方案。几十年来，德国已经具备了管理复杂工业流程的能力，成功地应用信息通信技术（ICT），使不同的任务可以由不同地理位置的不同合作伙伴来执行。当今，信息通信技术大约支撑了 90% 的工业制造过程。

然而，全球机械设备领域的竞争日趋激烈，从 2009 年开始，美国开始实施制造业的回归政策，提高产品和技术在高端工业市场竞争力的局面。此外，以中国为首的新兴国家崛起，通过成本优势和技术升级从低中端开始向上占据全球市场，使得德国在国际市场上的地位受到挑战。因此，德国需要充分利用已有传统优势，大力推动互联网技术在工业领域的应用，以便在向未来制造业迈进的过程中先发制人，争夺新一轮工业革命的话语权。

13.1.2　工业 4.0 战略有利于巩固德国制造业地位

2010 年，德国政府颁布《德国 2020 高科技战略》，重点推出 11 项"未来项目"。2011 年，在德国科学—产业经济联盟的倡导下，开始研究 11

项"未来项目"中的未来制造业。2012 年，德国政府发布《德国 2020 高技术战略》行动计划，将 11 项"未来项目"缩减为 10 项，首次提出"工业 4.0"项目，并计划投资 2 亿欧元，旨在支持工业领域通信技术的研发创新。

2013 年 4 月，德国政府在汉诺威工业博览会上正式推出《保障德国制造业的未来：关于实施工业 4.0 战略的建议》，正式提出工业 4.0 的战略建议，并宣布由德国机械设备制造业联合会（VDMA）、德国信息产业、电信和新媒体协会（BITKOM）和德国电子电气制造商协会（ZVEI）等机构组成秘书处，共同建立工业 4.0 平台。工业 4.0 战略是以智能制造为主的第四次工业革命，对全球工业未来的发展趋势进行了探索性研究和清晰描述，为德国预测未来 10～20 年的工业生产方式提供了依据。工业 4.0 不仅有利于德国发挥自身作为世界领先的制造设备供应商及在嵌入式系统领域的长处，而且广泛地将物联网和服务应用于制造领域，能够巩固德国在全球制造业的龙头地位，确保德国制造业的未来。

围绕工业 4.0 的战略目标，2014 年，德国发布了《新高科技战略——创新德国》和《德国数字化议程（2014—2017）》；2015 年，发布了《德国智能服务世界——未来项目实施建议》《德国工业 4.0 实施战略报告》和《德国 ICT 战略：数字德国 2015》；2016 年，发布了《2016 联邦研究与创新报告》和《数字化战略 2025》，将数字化作为引领德国新经济发展的战略重点，并将其融入各行各业，打造数字化德国。

13.2 德国工业 4.0 的战略核心

13.2.1 三大集成是实现工业 4.0 的基本保障

工业 4.0 通过信息物理系统（CPS）将无处不在的传感器、嵌入式终端系统、智能控制系统、通信设施形成一个智能网络，实现了人与人、人与机器、机器与机器及服务与服务之间的互联，进而实现横向、纵向和端对端的高度集成，这三大集成也是工业 4.0 的核心。

一是横向集成。它是企业间通过价值链及信息网络所实现的一种资源整合，旨在实现各企业间的无缝合作，提供实时产品与服务，实现全社会价值网络。

二是纵向集成。它是基于未来智能工厂中网络化的制造体系，实现个性化需求定制生产，替代传统的固定式生产流程（如生产流水线）。

三是端对端集成。它是指贯穿整个价值链的工程化数字集成，是在所有终端数字化的前提下实现的基于价值链与不同公司之间的一种整合，这将最大限度地实现个性化定制。

13.2.2　智能工厂与智能服务是工业 4.0 的重要主题

1．智能工厂

工业 4.0 平台是未来智能基础设施的关键组成部分，重点解决智能化生产系统及过程和网络化分布生产设施的实现。智能工厂以端对端的工程制造为特征，涵盖制造流程及产品，是数字世界和现实世界的无缝融合。在智能工厂里，人、机器和资源如同在一个社交网络里一般自然地相互沟通协作，能够形成高度灵活、个性化、网络化的产业链，通过广泛的自动化控制，真正实现大规模定制化生产。

2．智能服务

智能服务与工业 4.0 中的智能工厂前景相连接。在智能工厂中，各个客户订单控制生产流程和相关的供应链，智能工厂生产智能、联网的物品、设备和机械。在智能服务世界中，这些产品会附带各种服务。智能服务的中心是解决用户需要，只要用户提出需求、请求，无论何时何地，智能服务商均可为其配置正确的产品和服务以满足他们的需求。

德国要成为数字市场领导者，需要推动智能服务，这需要建立新的基础设施与平台，具体包括以下四个方面。

一是技术基础设施。它在即将到来的工业变革与社会变革中扮演着至关重要的角色。在技术层面，新的合作形式与协作模式需要新的数字基础设施。智能空间为互联网嵌入式物品、设备、机器（智能产品）提供互联的智能环境，依赖于底层高性能技术基础设施。"智能产品"既可以是实体的，也可以是虚拟的。

二是网络化物理平台。为有效保证智能服务实时数据的分析与传递，需要升级全国宽带网络，以及提升特定域延时能力（5G 通信网络）。智能产品被嵌入至技术基础设施层，形成网络化物理平台。

三是软件平台。软件平台将在网络化物理平台上产生的数据进行整合处理，并采用复杂算法进行数据搜集、合并处理和分析，然后把高精度数据传送给智能服务提供商。此时，软件平台成为异质性物理系统和服务的整合层。虚拟化意味着服务平台不再依赖于物理对象或特定生产商的智能产品。

四是服务平台。通过综合服务工程，即新服务系统开发，在服务平台上将数据进行高度提炼并由此创建智能服务。服务平台作为业务集成层，服务提供商通过软件平台实现互联互通，从而营造数字生态系统。

13.2.3　RAMI 4.0 是工业 4.0 的重要参考架构

RAMI 4.0（Reference Architecture Model Industrie 4.0）参考架构模型分别从产品生命周期/价值链、层级和架构等级三个维度对工业 4.0 进行描述。

其中，产品生命周期/价值链维度从产品全生命周期视角出发，描述了以零部件、机器和工厂为典型代表的工业要素从虚拟原型到实物的全过程。层级维度是信息物理系统的核心功能，以各层级的功能进行体现。架构等级维度在 IEC 62264 企业系统层级架构的标准基础之上，补充了产品或工件的内容，并由个体工厂拓展至"连接世界"，从而体现工业 4.0

针对产品服务和企业协同的要求。

目前公布的 RAMI 4.0 已经覆盖了工业网络通信、信息数据、价值链、企业分层等领域。对现有标准的采用将有助于提升参考架构的通用性，从而能够更广泛地指导不同行业企业开展工业 4.0 实践。

13.3 工业 4.0 组织机构与实施保障

13.3.1 多个组织机构参与工业 4.0 的制定

参与制定德国工业 4.0 战略的组织机构主要有德国科学—产业经济研究联盟、德国国家科学与工程院、工业 4.0 平台等，围绕工业 4.0 发布了 12 个主要的推进政策，涵盖了 CPS、智能服务、数字化发展等多个维度。

1．德国科学—产业经济研究联盟

德国科学—产业经济研究联盟成立于 2006 年，曾参与过《德国高科技战略》《德国 2020 高科技战略》的起草和政策评价。该联盟由来自企业、大学、研究机构的 28 名成员组成，主席由弗劳恩霍夫应用研究促进学会原主席 Bullinger 教授和德国科技基金资助联盟主席 Arend Oetker 博士共同担任。

2．德国国家科学与工程院

德国国家科学与工程院成立于 2002 年，2008 年开始得到德国政府和地方政府的财政支持。德国国家科学与工程院是德国工程技术界的最高荣誉性、咨询性学术机构，由院士组成，SAP 公司创始人 Kagerman 教授担任会长，主要对国家重要工程科学与技术问题开展战略研究。

3. 工业 4.0 平台

德国发布工业 4.0 战略建议后，由德国机械及制造商协会（VDMA）、德国电气电子行业协会（ZWEI）和信息技术协会（BITKOM）于 2013 年 4 月成立了工业 4.0 平台组织（Plattform Industrie 4.0），如图 13-1 所示。核心工作是规范与标准、安全、研究与创新，主要目标是促进工业发展、提高工业生产标准、开发新的商业模式和运营模式并付诸实践，并推动联邦政府的高科技战略"未来项目：第四次工业革命"在跨部门协调的环境下实施。

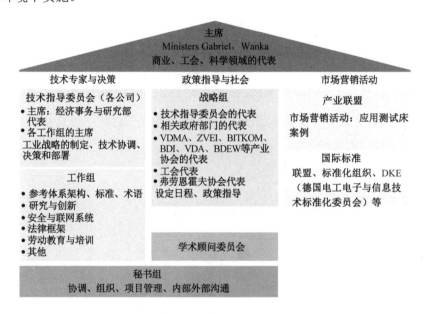

图 13-1　德国工业 4.0 平台组织结构

工业 4.0 平台的主席由德国经济事务部与研究部部长担任，主席团还包括商业、工会、科学领域的代表。工业 4.0 平台下设：技术指导委员会、工作组、战略组、产业联盟、国际标准、学术顾问委员会和秘书组。其中，技术指导委员会负责工业战略的制定、技术协调、决策和部署，主席由经济事务与研究部代表担任，成员包括各工作组的主席和各企业的代表；工作组是工业 4.0 平台的工作执行部门，目前共有 5 个工作组，它们是：参考体系架构与标准工作组、研究与创新工作组、安全与联网系统工作组、法律框架工作组、劳动教育与培训工作组；战略组负责政策指导、社会与战略建议，它由技术指导委员会的代表、相关政府部门的代表、产业协会的代表（VDMA、ZVEI、BITKOM、BDI、VDA、BDEW）、工会代表和弗劳恩霍夫协会代表构成；工业 4.0 平台组织还开展产业联盟相关活动（如测试床与应用案例）及国际标准化工作等；此外，还有学术顾问委员会和秘书组。

2015 年 3 月 16 日，德国联邦经济与能源部、德国联邦教育和研究部共同启动升级版工业 4.0 平台建设，接管由上述三大协会负责的工业 4.0 平台，并在主题和结构上对其重新改造。2015 年 4 月 14 日，在汉诺威工业博览会上，工业 4.0 平台正式启动。截至 2015 年 11 月，经过 6 个月的扩容，德国工业 4.0 平台已成为拥有 100 多家机构、250 多名人员组成的世界上最大、最多样性的工业网络，并已经与行业协会等建立了包括 7000 家企业在内的网络平台。

13.3.2　八项措施保障工业 4.0 的实现

《保障德国制造业的未来：关于实施工业 4.0 战略的建议》提出，要采取八项措施保障工业 4.0 得以实现。

一是标准化和参考架构。工业 4.0 将涉及一些不同公司的网络连接与集成，贯穿整个价值网络，因此需要开发一套单一的共同标准，实现各公司间的网络连接和集成。

二是建立模型以管理复杂系统。产品和制造系统日趋复杂，合理的计划和解释性模型是管理日趋多元化产品和制造系统的基础，因此，工程师们要配备为开发这些模型所需的方法和工具。

三是提供一套综合的工业宽带基础设施。安全、可靠、全面、高效的通信网络是实现工业 4.0 的重要保证。

四是建立安全和保障机制。既要确保生产设施和产品本身不能对人和环境产生威胁，又要防止滥用生产设施和产品。

五是协调、创新工作组织和设计。工作内容、流程及环境的变化，对管理工作提出了新要求，采用合适的工作组织和设计模型至关重要，因此要形成智能、合作和自我组织的相互协调机制。

六是重视培训和持续的职业发展。有必要通过建立终身学习和持续职业发展计划，帮助工人应对来自工作和技能的新要求。

七是完善监管框架。创新带来的企业数据、责任、个人数据及贸易限制等新问题，需要准则、示范合同、协议、审计等适当手段加以监管。

八是提高资源利用效率。需要考虑和权衡在原材料和能源上的大量消耗给环境和安全供应带来的诸多风险。

13.4　工业 4.0 的推进举措

13.4.1　布局关键技术

1．六大关键技术

德国将实现物联网或信息物理系统的技术视为工业 4.0 发展的关键基础，并对技术分类划级。德国将工业 4.0 应用发展的关键技术领域分为六大类，具体如下：①通信，它是在物联网的基础设施中将信息物理系统网络化的基础；②传感，被用于每个信息物理系统以获取重要的生产制造信息；③嵌入式系统，传感技术加硬件、智能数据处理与物流操控整合的发展基础；④电动执行，使信息物理系统对有形的物质世界能够产生影响和作用，对机械设备进行调整或让事物实现自主操控；⑤人机交互界面，大部分以前三类技术为基础，是支撑劳动者在复杂性日益提升的工场/车间中工作的新技术；⑥软件及系统，综合了多种技术，用于运行基于数据处理的自动化和自主生产，一方面能够实现工业 4.0 的首要目标，即信息物理系统的分散式操控，另一方面能实现"云"中的海量数据处理或软件模块化。

根据经济潜能和发展应用成熟度两个维度，各领域中的子技术被分为三大层级。按经济潜能划分：一级技术为基础技术，是企业参与市场竞争必备的、市场潜力已被充分挖掘的技术；二级技术为关键技术，是部分企业掌握的、且与企业市场竞争能力密切相关的技术；三级技术为先驱技术，是目前尚未成熟的、但掌握后将确立企业未来竞争优势的技术。同时，德国还将子技术按领域根据发展应用成熟度分为三大层级 9 个小级：1～3 级为基础发展阶段，4～6 级属于评估测试阶段的技术，7～9 级为已在执行应用阶段的成熟技术。每个技术领域中与工业 4.0 未来应用和发展密切相关的技术按照经济潜能进行了细分。

在此基础上，德国政府对这六类技术涉及的研究项目进行了资助，布局关键技术研发。在获得研究资助额度及比例[1]上，根据 2015 年 6 月德国经济部发布的由弗劳恩霍夫协会和两家企业[2]共同完成的一份关于工业 4.0 应用潜力的研究报告[3]。研究发现，软件系统技术领域项目得到的研究资助最多，在全部资助中占比近半；排名第二的领域是嵌入式系统；此外，标准及标准化相关的研究项目也获得了较大比例的资助，在全部资金支持中占 12%，排第三位。所有被评估项目所获的资金支持都来源于国家或联邦各州。图 13-2 呈现了不同领域所获的研究资助额度及在全部资金支持中的占比。

---

[1] 本部分数据源自 Erschließen der Potenziale der Anwendung von, Industrie 4.0 im Mittelstand，2015 年 6 月。

[2] 分别是 Agiplan 有限责任公司和 ZENIT 有限责任公司。

[3] 报告对 6 个国家级研究计划所涉项目获得的资助情况进行了评估，项目观察时间为 5～7 年，涉及的研究资金达 4.5 亿欧元。

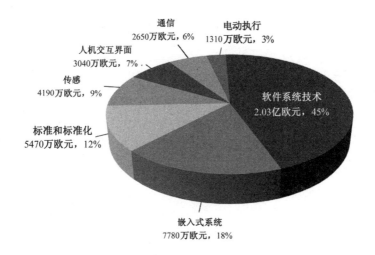

图 13-2　不同领域所获的研究资助额度及占比

资料来源：弗劳恩霍夫协会流研究院。

2．成果在企业价值链中的投入环节

德国经济部的研究报告显示,全部项目 2/3 的研究成果被用于企业的生产制造环节,且全部资助的近半资金被用于该环节相关技术的研发。企业价值链的其他环节按所获资助力度依次是物流仓储和企业内部物流、计划与操控、产品开发、设备及流程开发、工厂规划、供应链管理、维修和保养、产品设计等。另外,采购、配给、商业模型和策略领域所获资助和研发项目相对很少。目前,项目终止（停产）、任务开发和售后服务环节未获得任何用于项目研发的资助。

13.4.2　注重标准化建设

标准化是德国提出工业 4.0 概念后,制定的八个优先行动计划中的首个计划。工业 4.0 平台下设立一个工作小组,负责专门处理标准化及参考架构的问题。工业 4.0 战略实质上要求建立一个人、机器、资源互联互通的智能化网络生产体系。该体系内，海量数据信息的交换、识别、处理、维护等过程必须基于统一标准。

工业 4.0 时代下，企业是主导标准化实施的主体，单纯依靠政府自上而下地制定、协调标准化机制将严重阻碍社会网络智能化的形成。企业引领，政府调控时间、协调成本、解决利益冲突，从而成立"工业 4.0 社区"以达成共识。由于不同的企业要在机械和设备制造、自动化工程、软件业之间进行合作，因此保持关键技术术语的一致性、协调既定标准成为标准化的第一步。

2013 年 12 月，德国电气电子和信息技术协会在发表的工业 4.0 标准化路线图中，就工业 4.0 涉及的技术标准和规格最先达成一致，为各个参与方提供了全局性的规划基础。2016 年，德国工业界与标准化领域权威机构共同设立工业 4.0 标准化理事会，旨在制定"工业 4.0"数字化产品的相关标准，并推进其在本国和世界范围内的实施。

13.4.3 推动制造企业向智能化转型

以嵌入式系统和自动化工程为代表的德国制造业在全球居于领先地位，然而同美国相比，其互联网技术相对薄弱，因此，德国在推进工业 4.0 的进程中，充分利用制造业优势，通过 CPS 整合产品、设备及原材料，并结合互联网、物联网等相关技术，全面革新工业生产方式，使制造、工程、材料使用、产业链等从根本上得到改善和提升，从而实现高效、智能的工业生产。

目前，相当一部分德国企业已经实现"智能制造"，且效果显著，其中包括世界著名汽车制造商奥迪公司，该公司的"世界之窗"（Window to the World）系统能够将虚拟 3D 零部件投影到汽车上，进而实现数字世界和物理世界在汽车开发领域的精确对接。不仅如此，模具部门先进的 3D 打印设备使复杂金属零部件的生产成为可能；智能机床实现精确度高达 0.01 毫米的金属板材冲压；装配车间的机器人能够准确、迅速地向员工传送零部件。此外，定制化服务也因智能制造得以实现，凭借联网流水线，个性化产品可直接被大规模批量定制，从客户预定到交货只需 1 个月时间。

13.4.4　加强"双元制"人才培养

高技术技能型人才是德国制造业领先世界的决定因素之一。其中，"双元制"职业教育起到了至关重要的作用，它被视作"德国制造"的基石和经济腾飞的"秘密武器"。所谓"双元制"教育，是指受培训人员既是职业学校学生又是企业学徒。以企业培训为主导，企业实践培训和职业学校学习交替进行。据统计，德国有接近企业总数（培训企业率）22%的企业参与这一教育体系，在 500 人（含）以上的企业该比率接近 90%。由于规模、资金的局限性或工作内容的专业性，中小企业参与培训的比率仅为 14%，但是，跨企业培训中心的设立解决了中小企业培训条件不足的问题。在经济领域内，"双元制"职业教育充分利用自治组织的灵活性，将商会纳入职业教育的全过程中，包括培训标准的制定、培训过程的实施及职业能力的考核等。这种学校、企业、商会及政府部门的分工协作机制，不仅为企业培养了实干型技术技能人才，而且能对工业和职业变化做出精确调适。值得注意的是，德国这种重企业实践和校企合作的"双元制"培养理念也在向高等教育层面渗透。在德国，除研究导向型综合性大学以外，还存在着大量应用科学型大学，这些大学均以企业实践为导向，是高等教育中进行"双元制"实践的基地。

13.4.5　强化宣传推广

"工业 4.0"是德国的国家战略，同德国利益息息相关。因此，德国通过各种渠道推广和宣传工业 4.0 概念，以扩大其全球影响力。从 2013年起，汉诺威工博会成为观测德国工业 4.0 进展的重要窗口和主要推广平台。2013 年，不仅大会主题与工业 4.0 概念紧密结合，大会还通过报告、论坛及工业 4.0 之旅等形式，加强人们对工业 4.0 的感性认识。2016 年，75 个国家的 5000 余家参会企业在汉诺威工博会上展示了数字工厂、能源、工业供应商、研究与技术共 5 个方面的最新工业发展成果，同时分享了 100 多项工业 4.0 的应用实例。

此外，德国总理默克尔也在不同的场合对工业 4.0 战略进行宣传。她曾在汉诺威工业博览会开幕式上评价工业 4.0 对于德国而言具有里程碑意义，是德国经济的引擎。她还在政府播客（视频分享）中表示，德国能够成为工业 4.0 特定标准的推动者，并在欧洲甚至全球推行这些标准。在默克尔的多次访华中，工业 4.0 工作组众多成员也随访来华座谈，积极推进"中国制造 2025"同德国工业 4.0 对接。

13.5 德国工业 4.0 的启示

13.5.1 工业 4.0 是制造业的未来蓝图

德国工业 4.0 展现了一幅全新的工业蓝图。在一个"智能、网络化的世界"里，物联网和服务互联网技术促进形成全新的信息物理系统平台，渗透到各行各业的关键领域，不仅使得动态、适时优化和自我组织的价值链成为现实，也发展出全新的商业模式和合作模式，确保潜在的商业利润在整个价值链所有利益相关人之间公平地共享。与此同时，工业 4.0 也带来制造方式和产业组织的全新变化，并带动整个制造业的数字化进程。

13.5.2 实体空间向网络空间的优势延展

德国工业 4.0 的最大特点是将实体空间的优势延展到网络空间。德国凭借着制造业百年积淀的技术研发、工程师文化、工匠精神、管理改善和渐进式创新基础，依托德国连接电子工程、机械工程和信息技术的跨学科研究团队与能力，以及良好的教育体系、设备供应商与用户之间良好的伙伴关系、自动化方面的创新领导力和更灵活的生产方法、强有力的中小企业隐性冠军、在全球细分市场上的专业能力，将实体空间的优势拓展到网络空间。

13.5.3　对中国制造业的发展建议

目前，我国制造业面临着两翼竞争，在产品质量、技术含量、运营体系和品牌建设上与德国企业有较大差距。鉴于 CPS 在智能电网系统、智能交通系统、航空航天电子系统、智能医疗系统、智能家电系统、环境监测、智能建筑、工业控制、国防系统、武器系统等领域的战略意义和广泛应用价值，中国制造业需要发挥自身优势，推进工业互联网、产业互联网与专业互联网的发展，加速互联网与传统产业的融合。与此同时，建议政府与学术界、企业通过建立联盟的方式联合进行前瞻性与应用性并行的研究与开发，利用我国的创新和市场优势，力争成为国际标准的参与者与制定者。

第 14 章　日本工业 4.0

14.1　日本工业 4.0 出台的背景

14.1.1　制造业曾是带来日本繁荣的主导产业

20 世纪 60 年代以来，日本开始从"贸易立国"转向"技术立国"，从强调应用研究转向注重基础研究，政府从政策、计划、财政、金融等方面，对应用技术、基础研究，尤其是高新技术大力引导和支持。在技术研发方面，日本有三个指标名列世界第一：一是研发经费占 GDP 的比例世界第一；二是由企业主导的研发经费占总研发经费的比例世界第一；三是日本核心科技专利世界第一。日本的工业精神与德国有相似之处，都是强调"工匠精神"。日本人强调职人精神、工匠精神，强调一生悬命、世代传承，打造百年老店。日本职场人用得最多的一个词是"本份"，把手头正在做的事做透是应份的、必须的。日本人不仅仅把工作当作赚钱的工具，而是树立一种对工作执着、对所做的事情和生产的产品精益求精、精雕细琢的精神。在日本，稍有瑕疵的商品，绝对无法下线①。虽然日本的制造业占 GDP 的比例为 19%，但是对日本经济来说是最具竞争力和创造价值的产业。根据 2016 年德勤与美国竞争力委员会联合发布的《2016 年全球制造业竞争力指数》，2016 年日本在全球排名第 4 位，仅次于美国、中国和德国。但该报告同时预测，展望 2020 年，美国、德国和日本将是制造业创新最强劲的国家，高度技术密集型国家的出口将呈现上升趋势。

---

① 日本人是怎么振兴制造业的，视野栏目，www.Chinaecycling.com。

14.1.2　近年来制造业比例下降，竞争力降低

　　虽然制造业是日本的重要产业，然而，近年来随着市场全球化与生产制造海外转移，日本制造业的国际竞争力不比昔日。一方面，日本受到制造成本高、资源需要进口、人口老龄化的制约；另一方面，美国和德国在制造业先进技术与全球生态的领先地位，中国和韩国在制造业规模的快速发展，使日本面临严峻挑战。从贸易收支来看，日本制造、出口产品的能力与 20 世纪 70—80 年代相比下降很多；根据世界银行的报告，从国内生产总值来看，日本制造业占比从 2003 年的 19.5%下降到 2013 年的 18.5%，紧跟在 19.9%的服务业之后，产业附加值不断降低，制造业逐渐被服务业取代。近几年，随着索尼、松下、东芝、夏普等品牌在消费领域遭遇滑铁卢，很多人分析认为日本制造业走下神坛，但是在产业链的上游高端材料、高端部件领域，日本企业依然保持领先地位。

14.1.3　日本不甘落后于工业互联网时代

　　2014 年，日本机械工程学会制造系统分会和日本经济产业省在讨论德国工业 4.0 的发展趋势时，深切地意识到日本在这方面已经落后于德国。2016 年，在日德工业 4.0 大会上，日本政策研究院大学（GRIPS）藤原浩教授特别提到，虽然日本和德国有很多相似的地方，制造业占 GDP 的比例大约都在 19%，支柱型制造产业也比较一致，均为汽车、化工、机械电子和电子设备，但德国对工业 4.0 的探索与布局比日本早 10 年。因此，日本有必要迎头赶上，为此，日本特别在 2015 年成立了日本工业价值链促进会（Industrial Value Chain Initiative）来推动日本工业 4.0 的发展进程。2015 年 6 月 9 日，日本经济产业省发布的《2015 年日本制造白皮书》中描述到，倘若错过德国和美国引领的"智能制造"变革，"日本制造业恐将失去竞争力"。因此，日本制造业要积极发挥物联网等新一代

信息技术的带动作用，大力落实制造业转型战略。日本工业价值链促进会在 2016 年 12 月 8 日正式发布了《制造业价值链参考架构》，这成为指导日本工业 4.0 发展的重要指南。

日本工业价值链促进会的领导者意识到，在今天全球激烈竞争的环境下，日本企业各种零配件都靠自己生产的做法已经不合时宜，因此，企业间的协同配合变得更加重要，企业间必须通过共享信息实现相互对接与整合，才能应对数字化时代的挑战，特别是来自美国、德国和中国制造业的挑战。

日本工业价值链促进会依靠会员费支持，由日本法政大学设计工科的知名教授西冈靖之领导，促进会成员增长速度非常快，2015 年有 30 个企业加盟，2016 年中有 150 多家企业参加，其中不乏全球级的知名企业，如丰田、松下、佳能、马自达、三菱电机、东芝、富士和尼康，同时还包括在日本有业务的外国企业，如德国的博时等。德国蒂森克虏伯股份公司首席技术官莱因霍尔德·阿卡兹认为，虽然日本工业 4.0 起步较晚，但一切都在悄悄地系统性地展开和推进。促进会将持续发表商业方案报告、宽松标准手册、参考模型词典，以及《制造业互联白皮书》的日文版和英文版。

14.2　日本工业价值促进会与工业 4.0 的核心战略

通过制定相对宽松的标准连接各类型企业。日本工业价值链促进会的核心使命旨在促进制造业与信息技术的深度融合，推动所有企业参与协同与合作。该促进会旨在建立一个企业之间相互认识与熟悉的体系架构，其核心并非突出各个企业的竞争优势，而是重视发现企业之间协作的机会。在建立这个联盟的过程中，促进会并不急于求成，而是希望通过一个界定相对宽泛标准一步步地将各种类型的企业连接和整合起来。如果设定的标准过于严格和明确，就会让很多制造企业陷入窘境，既想加入，又不符合标准。因此，这个以企业现状为基础的架构可以将复杂多样的异质企业融入进来，大家联合起来进入下一个发展阶段（见图 14-1）。

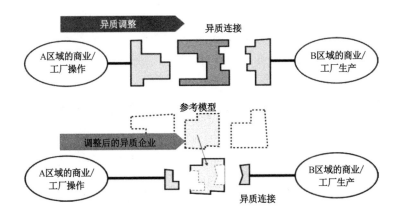

图 14-1　日本工业价值链促进会的宽松标准—参考模型

14.2.1　日本工业 4.0 的发展重点是硬件

日本工业价值链促进会是全球工业互联网联盟在日本的重要对接单位，由政府、企业家和大学教授共同组成。在 2016 年的会议上，西村雅彦教授特别谈到日本工业 4.0 与德国和美国的不同：在美国，最大的强项是软件，工业互联网联盟主要聚集在大数据和人工智能，提升制造和服务的效率；德国的工业 4.0 根植于生产过程，因此，它的主要目标是实现大规模定制；日本的工业价值链参考框架将基于日本的制造业优势和文化，重点聚集于改善工人生产场地的工作效率。因此，日本的工业互联网和物联网将区别于美国和德国，将重点放在硬件设施上。

14.2.2　日本工业价值链促进会的核心工作聚集服务中小企业

日本的很多中小型企业特别希望搭上工业互联网的班车，但自己又无力做到，因此，促进会搭建平台帮助中小企业扩大规模，同时开发新的市场。为了做到这一点，工业价值链促进会的核心目标是推动制造过程的连接，目的是通过数字化的方法连接企业和工厂，解决生产任务超载、资源闲置和任务不平衡的问题，通过自动化和人的能力共同解决这一问题，从而打造一个更智能的价值链。

14.2.3 日本工业价值链促进会的核心任务聚集 23 项任务

核心任务具体包括：信息流程的数字化和制造业诀窍的数字化；在设计阶段连接生产流程的信息；在机器人程序中使用信息物理系统（CPS）（见图 14-2）；根据人和物体实时数据敏捷规划生产过程；建设低成本的物联网定位系统；支持各种类型的敏捷制造；实现高质量数据的可追溯性；实现高质量数据的实时动态管理；用标准界面推动 CPS 在供应链和出厂物流中的应用；通过共享流程信息推动企业之间的协同；管理制造业流程和工厂之间的交付时间；在中小型企业的横向集成中分享技术信息；横向集成中小企业并使其流程信息可视化；为中小企业提供提示制造业流程信息的服务；为人机交互增长提供制造业创新；为交通工具提供可预测性系统的面板和信息；为检测设备异常提供低成本的预测性维护系统；智能维护机器数据；智能维护数字化知识；通过设备和工人工作的可视化提高劳动生产率；通过共享的信息确保设备之间的兼容性；管理一个工厂所有设备的现时运行状态；提高售后服务的价值。

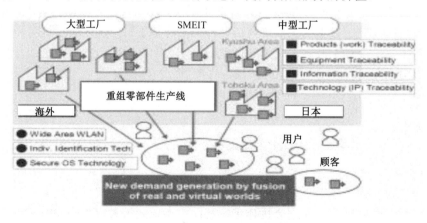

图 14-2　日本制造业的信息物理系统（CPS）

14.2.4　日本工业价值链促进会推动 8 个平台的建设

促进会根据工业互联网在日本的商业发展前景成立 8 个工作小组，由工作小组复制专业平台的建设，每个平台工作小组开发一个参考模型，该模型将用户视角作为平台设计的出发点，也根据用户反馈对平台的使用情况进行评估。8 个平台具体是：制造工程信息平台；质量管理信息平台；生产规划和控制平台；供应链管理平台；小企业信息平台；预测性维护平台；资产和设备管理平台；运维服务管理平台。

日本的工业 4.0 政策纲领主要包括参考架构、系统构建、生态系统建设三个部分，体现了日本制造业现场力强、重视人的作用及高品质的特点，力图在"现场力"方面制定标准填补国际空白，并通过国内外工厂生产线的互联互通，推进个性化定制、协同创新与应用、中小企业发展及系统集成技术的新展开。

14.2.5　《制造业价值链参考架构》的核心内容

《制造业价值链参考架构》包括智能单元、制造业通用功能、"自律现场"的互联互通三部分。

智能制造单元（Smart Manufacturing Unit，SMU）从资产、管理、活动视角对制造现场进行判断，如图 14-3 所示。

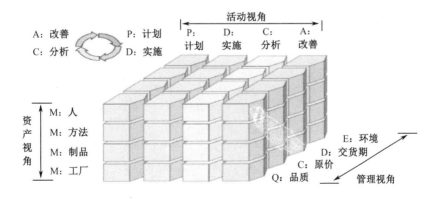

图 14-3　智能制造单元（SMU）构成

制造业通用功能（General Function Block，GFB）。由多个智能制造单元及关联层面、工程链、供需链组成，以此展现制造业全体的产业链与工程链（见图 14-4），GFB 只展现单个企业内部的制造业通用功能。

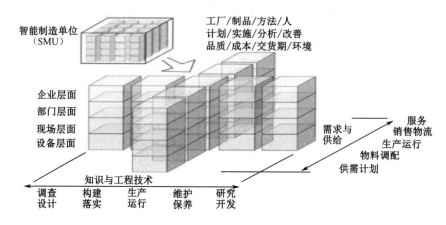

图 14-4　制造业通用功能（GFB）构成

图 14-5 展示了业务单元与通用功能之间的交互关系，可以看到每个智能制造单元对应不同的层面、知识与工程技术及供需关系，其目的是推进智能制造的同时促进自下而上的改善活动。

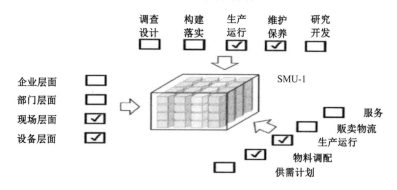

图 14-5　SMU 与 GFB 的融合模式

为促进不同部门、不同企业的互联互通，构建了"便携式加载单元"（Portable Loading Unit，PLU），包括价值、物品、情报、数据，为保障不同智能制造单元的安全性，促进智能制造单元间的合作，PLU 须通过"联合信赖中心"（Reliable Connection Center，RCC）进行，如图 14-6 所示。

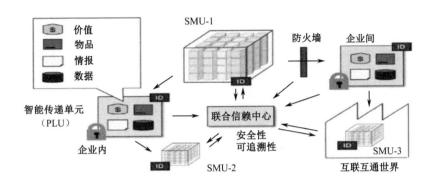

图 14-6　互联互通方式（PLU 移送）

《制造业价值链参考架构》的系统构建包括现实世界的业务指南、虚拟世界与现实世界的融合、互联互通系统建设。现实世界业务指南（见图 14-7）是对各智能制造单元内部的细化，将工作者、工作者之间、物品、情报及工作者的活动作为操作样本进行数据化。

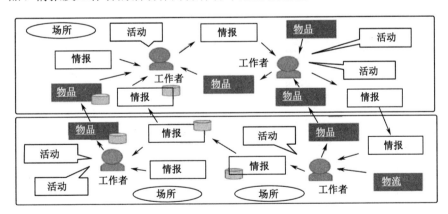

图 14-7　现实世界业务操作指南

虚拟世界与现实世界的融合是通过物联网与信息通信技术设备数据化现实世界的活动，在虚拟世界进行软件开发赋予其各种功能后变成高附加值的数据（见图 14-8）。

虚拟世界
功能
数据
数据
数据
功能
事物
物品
IoT
操作
操作
操作
情报
情报
现实世界
工作者
活动

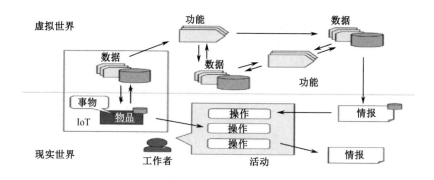

图 14-8　现实世界与虚拟世界的关系

为促进不同业务、不同系统间数据的相互利用，构建了如图 14-9 的总集成系统，用来协调智能制造单元间数据的移动（PLU 利用）与智能制造单元间的协作。

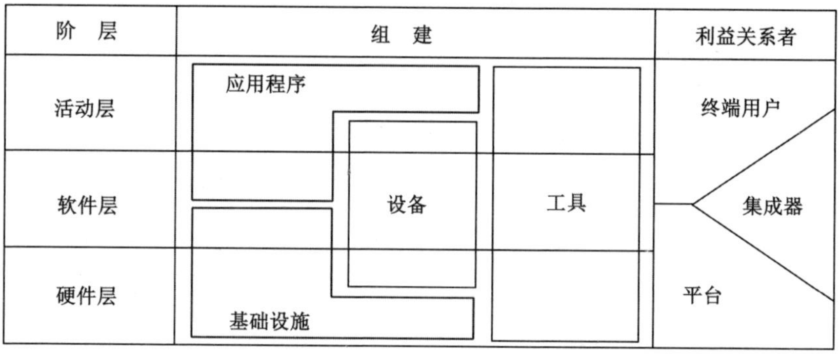

阶　层
组　建
利益关系者
活动层
软件层
硬件层
应用程序
设备
工具
基础设施
终端用户
集成器
平台

图 14-9　总集成系统

《制造业价值链参考架构》的生态系统建设主要是制定宽松标准、促进系统融合、构建生态系统框架。为促进各种组件及智能制造单元内外各种活动的融合发展，需要事前规定共同用语及共同用语所代表的意义，并采取符合共同用语的标准化方法。但为保持智能制造单元自律的进化，采取了比较宽松的标准，目的是适用不同的系统，同时根据每年的实际情况对标准进行修订与完善。

14.3 日本推进工业 4.0 的主要措施

日本政府应对工业 4.0 的战略方向趋于明晰,提出今后要更加突出未来制造系统的协调性,强调以机器人等智能硬件为基础,以物联网、云计算等为手段,对制造业的生产服务系统和运营模式进行改造。聚集重点如表 14-1 所示的重点领域。

表 14-1 日本工业 4.0 的重点领域

重点领域	主要内容
机器人革命	以机器人技术创新带动制造业、医疗、护理、农业、交通等领域的结构变革,继续保持日本机器人大国的领先地位;机器人与信息技术、大数据、互联网深度融合,建立世界机器人技术创新基地
物联网	开发适应"日本制造"的软件工具;建立通信和安全技术的标准化;构建跨行业的互联机制
大数据	开发开放性软件平台,提高数据收集的全面性和分析的准确性
新型制造系统	构建运用物联网和大数据、人工智能、机器人等多样化需求的新型制造系统,2020 年实现产业化

14.3.1 《新机器人战略》

日本是机器人大国,工业机器人每年的营业额和产量都是世界第一。随着全球机器人市场规模的不断扩大,国际机器人联合会(IFR)统计,2015 年全球工业机器人销量超过 24 万台,同比增长 8%。2006—2015 年,全球工业机器人销量年均增速约为 14%。根据中国电子信息产业发展研究院,以及赛迪研究院装备工业研究所 2016 年发布的《中国机器人产业发展白皮书》提供的信息,中国、韩国、日本、美国和德国五大市场的机器人销量占全球工业机器人总销量的 75%左右。

日本在机器人生产、应用、主要零部件供给和研究等各方面在全球优势明显。日本不仅是全球机器人领先制造商，在全球机器人制造商四大家族中独占两席。根据《日本经济新闻》2017 年 5 月 25 日报道，日本机器人工业协会发布的数据显示，2016 年日本工业机器人的国内产值同比增长 3.3%，达到 7033.87 亿日元。虽然受日元升值等影响仅停留在微增的程度，但在美国经济扩张、制造业回归和中国高涨的自动化投资趋势下，时隔 9 年突破了 7000 亿日元，2017 年的目标产值为 7500 亿日元。2016 年日本的机器人产量为 17.4606 万台，同比增长 13.5%，同样刷新了最高记录。日本机器人产值和产量均 3 年连续正增长，持续保持高水平。

日本也是全球密度最高的机器人使用国。日本的机器人密度在全球列居前两位。2013 年，韩国每万名工人工业机器人拥有量为 437 台，日本为 323 台。根据日本《情报通信白书 2015》显示（见图 14-10），2015 年日本机器人产业的市场规模为 1.6 兆日元，其中制造业用机器人占比为 62.7%，位居第一位；根据预测，2025 年的机器人产业市场规模为 5.3 兆日元，制造业用机器人占比为 30.1%，位居第二位；2035 年，机器人产业市场规模为 9.7 兆日元，制造业用机器人占比为 28.1%，位居第二位，而服务业用机器人占比达到了 51.1%。

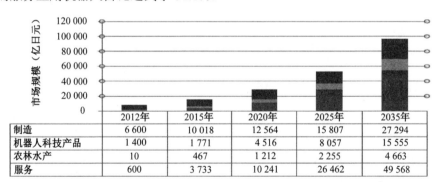

	2012年	2015年	2020年	2025年	2035年
制造	6 600	10 018	12 564	15 807	27 294
机器人科技产品	1 400	1 771	4 516	8 057	15 555
农林水产	10	467	1 212	2 255	4 663
服务	600	3 733	10 241	26 462	49 568

图 14-10　机器人产业未来市场规模预测

资料来源：总务省，平成 27 年（2015 年）情报通信白书。

日本工业 4.0 的特色之一是，通过机器人在工业化生产线上的大量使用解决劳动力断层问题。2014 年 9 月，日本经济产业省成立机器人革命促进委员会（Robot Revolution Initiative Council），下设物联网升级制造工作组等专门委员会和特别小组，依托政府部门开展工作。2015 年 1 月 23 日，日本发布《新机器人战略》，该战略旨在推动日本机器人的创新与应用。2015 年 5 月，日本在《新机器人战略》框架下成立产政学一体化的"机器人革命倡议协议会"（会员达 320 多家）推动战略实施。

《新机器人战略》重点在于通过熟练掌握大数据、网络技术及人工智能技术使机器人实现自律化、终端化、网络化，加速日本物联网的布局和发展。日本《新机器人战略》包括以下内容。

第一，改变日本对机器人的认识。机器人革命是指，随着传感器、人工智能等技术进步，以往并未定义成机器人的物体也将机器人化（例如，汽车、家电、手机、住宅也将成为机器人之一）。同时从制造业工厂到大众日常生活等各个领域，都要广泛应用机器人，通过机器人的普及应用解决社会问题，强化制造业的国际竞争力，产生新附加值，带动社会进步。

第二，实现任何人都可以熟练使用的"易用性"。根据各种领域的实际需求，灵活改变机器人。以往，机器人应用的主要领域是以汽车、电子制造产业等大企业为主，主要是嵌入到大规模生产线中的工业机器人。未来的机器人，将更多应用于三品产业（食品、化妆品、医药品），以及更广泛的制造领域、各种各样应用环境的服务领域、中小企业等。为此，未来机器人发展，不是那种大型的用于焊接与喷漆的生产线专用机器人，而是研发更小的、广泛应用的机器人，同时适用于中小企业的性价比较高的机器人。

第三，机器人供应商、系统集成商、用户之间关系重新定位。与以往不同，这三者完全可以形成共赢关系。三者能够发挥各自的创造力，形成凝聚力与竞争力，一方面兼顾成本结构，另一方面共同致力于提升竞争力所需的技术开发，让日本成为世界制造机器人的中心。

第四，开创世界领先技术的机器人。在全世界范围内，不断地获取数据、获得应用，形成数据驱动型的创新。机器人在这一过程中，在制造、服务领域带动产生新附加值的同时，还将成为在各种信息传达、娱乐和日常通信领域带来极大变革的关键设备。

14.3.2　支持智能工厂建设

日本经济产业省大力支持智能工厂建设，以委托项目的方式进行支持，2016 年支持项目总金额上限为 1 亿 5000 万日元（约 900 万元）。2016 年支持项目如下。①（株）日立制作所：连接生产现场机器与生产管理等业务关联应用系统数据文件标准的设定（上限 1 亿日元）；②村田机械信息系统株式会社：机器、设备等标准预测维护模型的构建（上限 3000 万日元）；③Mitsuiwa 株式会社：连接工厂现场机器、设备等生产线与业务关联应用系统、情报等必要的系统集成业务流程标准规范的设定（上限 2000 万日元）。

14.3.3　产业协会助力推进

日本工业价值链促进会（IVI）是由制造业企业、设备厂商、系统集成企业等发起的组织，旨在推进日本工业 4.0 的发展。2015 年 6 月，日本工业价值链促进会成立，提出由 53 个日本经济贸易产业省和日本机械工程师协会来打造的产业价值链计划。2016 年 6 月，协会变更为一般社团法人，具备法人资格后权利与业务更加清晰，目前会员包含企业 136 家、研究者 16 人、团体 10 个。IVI 经常性成员包括日立、松下公司、大福公司、IHI、KJIMA、东芝公司、丰田汽车、欧姆龙公司、日本电器、尼康等。

IVI 以积极的方式讨论以人为中心的制造业将如何随着物联网而发生变化，旨在根据企业之间的协作领域建立相互联系的系统架构。IVI 会定期举办活动：一是关于日本工业 4.0 的学术研讨会，包括春季与秋季研讨会，在总结取得效果与存在问题的基础上展望下一阶段内容；二是联合经济产业省支援中小企业数字化及互联互通工厂建设，2016 年对 4 个地区的 71 家中小企业进行了支援，2017 年支援对象正在募集当中。

14.3.4　为中小企业发展提供条件

日本拥有众多具备世界一流技术水平的中小企业，需要中小企业引入并利用新一代信息通信技术，如物联网等，改变现有的制造生产方式，加速创新，带动区域经济发展。日本经济产业省强调，日本必须接受制造业的数字革命，特别是帮助中小企业进入制造业的新时代。日本制定《中小企业技术创新制度》，通过灵活运用促进创新产业政策工具，激发中小企业挑战风险、创造新价值的热情，为中小企业创新营造良好的环境。

14.3.5　促进国际合作

2016 年 4 月，日本工业价值链促进会与德国签订《IoT/工业 4.0 合作框架》，在网络安全、国际标准化、规制改革、中小企业、人才培育及研究开发方面达成合作意向。2016 年 4 月 28 日，日本经济产业省和德国联邦经济与能源部共同发布在物联网/工业 4.0 领域的合作宣言。2017 年 1 月，根据调研显示，中日经济协会驻北京办事处正积极与工信部相关主管司局接洽，力图推进日本工业 4.0 在中国的发展。2017 年 3 月，日本机器人革命计划委员会与德国工业 4.0 标准化委员会签订《物联网/工业 4.0 国际标准共同战略》，目标是取得关于智能制造关键问题的共识。

14.4　面向 2030 年的日本智能产业发展战略

2016 年 6 月 28 日，日本产业技术综合研究所（National Institute of

Advanced Industrial Science and Technology）发布了《2030 年研究战略》，针对 2030 年产业和社会发展趋势，提出了日本产业与科技创新的未来发展方向，主要包括超智能产业、可持续发展能源、高性能材料设备、社会安全四个部分。

发展超智能产业。随着新一代信息通信技术的发展与普及，日本加速推动网络空间与物理空间的高度融合，实现制造智能化，将人类从单调的生产工作中解放。该领域主要战略性研究包括信息物理系统（CPS）、人工智能技术（AI）、数据流通保密技术、情报交换设备与高效率网络、新一代制造系统、制造现场创新测量技术。

随着日本人口的老龄化和人口自然增长率的下降，实现人工智能的产业化在 2030 年尤为紧迫。日本经济产业省 2017 年 2 月计划分三个阶段，利用 AI 来大幅度提高制造、物流等行业。

第一阶段（2020—2025 年），开发利用无人工厂和无人农场技术，普及利用 AI 技术实施农药喷洒、设备故障预测。

第二阶段（2025—2030 年），实现人员和货物运输配送的完全无人化，推进铁路和卡车等交通工具的无人化，连接小型无人机和物流设施，建设在最恰当时期配送的机制；机器人的协调工作，利用 AI 控制家和家电等。

第三阶段（2030 年之后），医疗护理、农业等各领域也将更多应用机器人，看护机器人将成为家庭成员之一，普及移动的自动化、无人化，"将人为原因的死亡事故降至零"，通过 AI 分析人类的潜意识，将人们"想要的东西"可视化。

增强社会安全性。为了规避风险、减少灾害和环境变化带来的损失，日本需要提升科技综合实力。该领域的主要战略性研究包括：评估环境地质自然灾害风险，创新测量技术，地质信息可视化，保障稳定供水供粮新系统。

14.5　日本的超智能"社会 5.0"战略

2016 年 1 月 22 日，日本内阁会议通过第五期（2016—2020 年）科学技术基本计划（以下简称计划）。此次计划的最大亮点是首次提出超智能社会"社会 5.0"这一概念。计划指出，当下世界各国都在制造业领域最大限度地灵活应用信息与通信技术，政府和产业界积极合作应对第四次工业革命所带来的变化，比如德国的"工业 4.0"、美国的"先进制造伙伴计划"、中国的"中国制造 2025"等。

该计划预判未来信息与通信技术还会有更长足的发展，从前独立发挥作用的"物"将利用网络空间被"系统化"，通过联合协调不同领域的独立系统来扩大自动化范围，改变人们的工作方法和生活方式。尤其在日本少子化、老龄化严重的情况下，为实现人人都能快乐生活，系统化及系统之间联合协调的举措不能只限于制造业领域，还须扩展至其他各个领域，将其与建设经济增长和健康长寿的社会，乃至社会变革联系在一起。

该计划将超智能社会定义为：能够细分掌握社会的种种需求，将必要的物品和服务在必要时以必要的程度提供给需要的人，让所有人都能享受优质服务，超越年龄、性别、地区、语言差异，快乐舒适生活的社会。

在超智能社会中，人们将与提升生活品质的机器人和 AI 共生，为用户复杂多样的细分需求提供定制服务，预测潜在需求，提供支撑人类活动的服务，消除由于地区和年龄等造成的服务差异，营造谁都能成为服务提供者的大环境。

此外，随着超智能社会推进工作的进展，未来不仅将能源、交通、制造、服务等原先各自独立的系统简单组织起来，还会将诸如人事、会计、法务的组织管理功能，提供劳动力及提供创意等人类工作价值组织起来，创造出更多的价值。

另外，超智能社会将是网络空间和现实世界高度融合的社会，如果受到网络攻击，可能会波及现实世界从而带来更为严重的破坏，甚至有可能危及国民生活和经济社会活动，使之蒙受重大的损失。因此，要求实现更高级别的安全质量管理，这些举措将会成为企业价值和国际竞争力的源泉。

实现超智能社会的必要举措包括：要实现超智能社会，需要将各种

"物"通过网络连接，在将它们高度系统化的同时，推进众多不同的系统联合协调。由此，通过收集和分析各种数据，在综合协调的系统之间促进跨领域利用，不断催生新价值和新服务。但是构筑联合协调所有系统的组织是不可能一蹴而就的。

为此，日本在国家层面应脚踏实地开发"科学技术创新综合战略2015"解决经济、社会课题的重要举措所制定的 11 个系统[①]，通过升级其中各个系统，阶段性地推进联合协调。

遵循以上思路，日本在产学官和相关府省的联合下，为早日实现智能社会，建设有效利用信息与通信技术的共享平台（以下称"超智能社会服务平台"），推行如下必要举措：

（1）推进接口和数据格式等的标准化，促进多个系统之间的数据利用，推进所有系统共通安全性技术的升级和社会实际应用，推进构筑能够恰当进行风险管理的功能。

（2）推进"准天顶卫星系统（Quasi-Zenith Satellite System，QZSS）数据整合和分析系统（Data Integration and Analysis System，DIAS）"和"公立认证基础"等日本共通基础系统的结构调整和相关技术开发，将其所提供的诸如三维地图、测位数据和气象数据之类的信息在系统之间广泛灵活地应用。

（3）强化信息通信基础技术的开发以应对系统的大型化和复杂化，强化社会测量功能，以明确对于经济社会的冲击和社会成本。

（4）积极应对个人信息保护、制造商及服务提供者的责任等课题，通过文理融合强化伦理、法制和社会举措以推进社会实际应用，讨论能够催生新服务和形成新业态的放松管制和制度改革等。

（5）培养有利于构筑超智能社会服务平台的研究开发人才和灵活应用超智能社会服务平台创造新价值和新服务的人才。

（6）考虑到这些举措也对日本重要课题之一——"健康长寿社会的

---

① 这11个系统分别为：能源价值链的最优化、地球环境信息平台的构筑、高效率且有效果的基础设施维护更新的实现、抵御自然灾害的强韧社会的实现、智能交通系统、新型制造业系统、综合型材料开发系统、地区统括关怀系统的推进、接待系统、智能食物链系统、智能生产系统。

形成"非常有利，综合科学技术创新会议将与健康医疗战略推进本部、先进信息通信网络社会推进战略本部及网络安全战略本部携手合力推进。此外，综合科学技术创新会议围绕构筑超智能社会服务平台，不断改善产学官和相关府省的联合体制，同时也在每年度制定的科学技术创新综合战略中进一步明确推进措施的重点、设定详细的目标。

在超智能社会阶段，提升日本国家竞争力的必要举措包括：在积蓄经验技术和知识基础上，进一步推进知识产权化和国际标准化；经常升级所构筑的平台，在催生新业态、精准满足多样需求的同时，确保平台和单个系统都拥有日本独有的特长，以确保优势地位。为此，日本从国家层面需要做的是：一要在产学官和相关府省的联合下，推进关于超智能社会服务平台技术和接口等的知识产权战略和国际标准化战略；二要进一步强化构筑超智能社会服务平台所需的基础技术和作为单个系统新价值创造核心的日本强项技术；三要促进打包出口已经达成课题目标并完成实证的系统，为日本创造全新的全球商务模式；四要培养能够活用超智能社会服务平台创造新价值新服务和构筑全新商业模型的人才，发掘拥有数据分析和编程等基本知识且能将大数据和人工智能等基础技术灵活用于发现和解决新课题的人才。

在超智能社会阶段，强化日本基础技术的必要举措包括如下方面：符合信息与通信技术从设计到废弃生命周期长的特征、支撑安全信息通信的"网络安全技术"；实现硬件和软件组件化和大型系统构筑应用等的"信息与通信技术系统构筑技术"；从包括非结构化数据在内的多种多样的大数据中挖掘知识价值的"大数据分析技术"；支撑信息与通信技术、大数据分析和智能交流的"人工智能技术"；在低耗电的状态下实现高速实时处理大数据的"设备技术"；实现大容量和高速流通大数据的"网络技术"；实现升级物联网所需的现场系统实时处理高速化和多样化的"边际计算（Edge Computing）"。此外还有支撑上述基础技术、横跨所有科学技术领域的数理科学，一方面要留意强化与各技术研究开发的合作，另一方面要强化人才培养。

日本将优势技术的组件与各系统要素进行组合，确保其优势地位，为此，计划罗列出在个别系统内作为新价值创造核心且在现实世界发挥作用的优势基础技术，例如"机器人技术"；从人和所有"物"收集信息的"传感技术"；在虚拟空间中信息处理和分析的结果在现实世界发挥作用的机械构造、驱动、控制的"执行器技术（Actuator Technology）"；为传感技术和执行器技术带来革新的"生物技术"；灵活应用增强现实、感性工学（Kansei Engineering）和脑科学等的"人体界面技术（Human Interface Technology）"；创新性结构材料和新机能材料等通过升级各种组件来使系统形成差异化的"材料和纳米技术"；创新性测量技术、信息和能源传输技术、加工技术等通过升级各种组件来使系统形成差异化的"光和量子技术"。此外，将多个基础技术有机结合会促进技术发展，因此要充分留意技术之间的联合和整合。例如，将人工智能和机器人联合，通过人工智能的识别技术来提升机器人的运动能力。

案例篇

互联网+制造的案例实践

第 15 章　行业："互联网+汽车+交通"跨界融合

汽车产业一直是全球技术进步与模式创新的前沿产业，全球高科技公司、互联网企业、IT 企业和电信运营商等纷纷加入，使技术创新异常活跃、市场竞争十分激烈，产业融合快速推动，形成了互联网、智能汽车与公安交通运输开放融合的新生态，并成为"互联网+"中最具代表性、最具融合性和最具创新性的行业，它不仅改变了汽车产品形态，也改变了人们用车方式及人与车的关系，开创了移动出行新时代。

15.1　融合动因与发展阶段

15.1.1　融合动因

"互联网+汽车+交通"不是一个专有名词，不拥有准确的定义、内涵和边界；也不是一个具体产业，拥有清晰的业务内容、技术体系、商业模式和产业链条。之所以能够将这三者结合在一起来探讨，关键是所在的"移动互联网"的出现和蓬勃发展，不断地解决人和物在移动过程中的高效互联问题，克服时空约束和限制，与交通运输的运营特点和价值目标是完全一致的，而作为当今交通运输领域最重要的载运工具——汽车，无疑将成为这一连接中的核心要素。当前，世界经济加速向以信息通信技术为重要内容的经济活动转变，围绕自动驾驶所形成的"互联网+

汽车+交通"正在成为全球创新热点和产业竞争焦点。

在移动互联网快速发展的推动下，互联网行业开始积极介入交通运输组织和汽车生产销售业务中，当前，行驶街头的网约车、互联网汽车及分享自行车就是其中的典型案例。汽车行业和交通运输业在加大研究应用以移动互联网为代表的各类智能信息技术，而智能网联汽车、无人驾驶汽车及智能交通已成为其中的关注热点。发生在这三个行业的新变化，在不断的渗透、冲突中不断调整各自的产业边界、不断凸显着各自的价值，使彼此间的发展呈现出跨界交叉融合的趋势，形成了"互联网+汽车+交通"跨界融合的新应用、新市场和新业态。

15.1.2 发展阶段

"互联网+汽车+交通"跨界融合对汽车市场的供给与需求，以及汽车和交通的产业组织产生重要影响。开放式发展模式和自动驾驶智能汽车的发展将会极大改变现有汽车产品的形态和生产方式。通过对"互联网+汽车+交通"研究可以看出，信息通信业、汽车与交通运输的融合可划分为三个阶段。

第一阶段：ICT 技术增加了汽车产品的功能并改善了企业内部的流程。从用户需求而言，"互联网+汽车+交通"发展已使用户需求从过去的单一关注车辆硬件条件向关注车内可提供的即时资讯、交通流量等多元信息的软性需求与硬件条件的结合转变，将使汽车用户的需求从信息提升到功能和交通安全；

第二阶段：ICT 技术与汽车产业、交通运输深度融合正在改变汽车产品的形态、销售模式和供应链的结构，导致新的分工变化。从业务产品供给而言，"互联网+汽车+交通"发展不仅带来了道路状况的实时信息系统、车辆防碰系统等应用，还将使孤立的汽车智能化产品向联网智能产品升级；通过车内与外界的无缝信息交流提高驾驶者与外界的安全互动是汽车技术发展的一个新方向，也为汽车产业、交通运输寻找新的价值增长点和创新点提供了很好的机会。

第三阶段：将改变整个汽车业和交通业的产业形态及管制规则。从产业组织形式而言，"互联网+汽车+交通"不仅使得汽车厂商通过与信息通信业、金融保险及新的交通服务业合作而将汽车产业链条拉长，而且还使得 4S 店与保险公司、车厂及车联网服务提供商形成新的协同关系，并通过提供在线诊断功能、整体在线升级和优化功用，实时监测车辆状况，创新汽车服务业客户关系管理维护的新模式。另外，也将使车厂通过网络获得车辆状态、周边状态和驾驶行为，获得人、车、路的相关知识，以提升控制与决策能力，将车辆安全技术从被动安全、主动安全提高到基于网络和信息的先进安全，并将和未来新一代的交通控制网融合。

当前，我国正处于从第二阶段向第三阶段发展的重要时期，也是两化深度融合的重要时机。

15.2　新应用

1．新业态之一：车载信息服务

车载信息服务旨在通过向驾乘人员提供丰富、舒适、便捷和聚合的车载信息服务和应用，促进车载信息服务的应用开发。通过车载信息服务平台对道路、交通、气象、停车场等交通信息和紧急事件信息的实时聚合能力，提供丰富的车载信息服务，包括导航和位置服务、信息娱乐服务、具有语音识别功能的通信服务、紧急救援等，创造了面向驾乘人员的车载信息服务发展模式。

以车载信息服务商为主导的产业链蕴含主体众多，既有电信运营商，也有车联网信息服务商，还有后来的参与者，如互联网企业、车厂等。互联网企业虽然起步比较晚，但是，由于产业链开放与竞争，面向用户提供服务，因此发展速度快，驱动力强劲。2014 年 3 月，苹果推出了基于 APPs 的 "CarPlay" 开放车载信息服务平台，并在 iOS7 系统更新中推出 CarPlay 服务，已有几十家车厂已或将搭载 CarPlay 服务；谷歌推出了支持驾驶人交互的开放式车载信息平台 "Android Auto"；汽车电子厂商、应用开发商、芯片企业也积极支持苹果、谷歌开放车载平台的兼容。2014年以来，主流车厂投放的新品绝大部分均支持联网及基于 APPs 的车载开放平台，许多车型已通过 LTE 网络联入服务云平台。

近年来，以安吉星车为代表的整车厂成为推动车载信息服务的重要力量，大幅提升了车载信息服务终端的装配率，推动了车载信息服务生态的快速壮大。

专栏 15-1　安吉星（OnStar）持续推动车载信息服务

通用集团的安吉星（OnStar）系统作为车载互联系统的重要代表，不管是在功能性还是实用性上均非常出色，给用户的用车生活带来了实实在在的便利。OnStar 现在已经发展到了第八代，全球用户超过 500 万，拥有三个 24 小时应答的救助中心，是一套受到广泛好评的系统，有 70%的用户在免费期过后选择续费继续使用。

安吉星的主要功能有 6 大类 16 项，如图 15-1 所示。

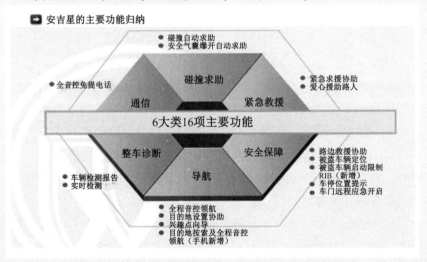

图 15-1　安吉星系统的主要功能

其中，在安全保障方面，安吉星的功能主要体现在车辆防盗、碰撞自动求助、紧急救援及车况信息层面。最新版本的安吉星系统带有电子围栏功能，属于安吉星安全保障系统的一个重要组成部分，在设置好电子围栏后，车辆如果发生异常状态或移动，安吉星系统会自动向用户手机发送消息通知。当然，这还不够，安吉星还会通过 GPS 锁定车辆的实时位置，同时向车辆发送减速及锁止发动机的指令。车辆已经被锁止，再加上有了车辆的实时位置，追回车辆易如反掌。最新版本的安吉星系统还增加了车辆保养提醒、搜索周边经销商、自动发送消息等新功能，更加人性化、智能化。

此外，适配多个手机系统及 Apple Watch 的安吉星 APP 体现了推动安吉星向移动端延伸。安吉星手机 APP 目前支持 IOS、安卓两大主流手机系统，除了车况检查、远程遥控、车辆导航这三大基本功能外，最新的版本还增加了不少更加人性化的新功能，得到了用户的积极响应，提升了汽车行驶的安全性、舒适性，如图 15-2 所示。

 碰撞自动求助
2000次/月

 紧急救援协助
10000次/月

 援助服务
7000次/月

 被盗车辆援助
500次/月

 远程车门解锁
61000次/月

 道路援助
28000次/月

 全程音控道路导航*
超过140万条线路/月

 OnStar车辆诊断-发送了超过350万封电子邮件

 车辆按需诊断
48000次/月

 OnStar免提通话-超过2800万分钟使用量/月

 一键通按钮
累计超过2.32亿次服务互动

图 15-2　安吉星系统平均每月用户功能使用情况统计

资料来源：21CN 汽车，通用安吉星系统安全功能详解，http://auto.21cn.com/gouche/daogou/a/2016/0307/15/30723633.shtml；安吉星官网：http://www.onstar.com.cn/portal/ZH/ index/index.html。

2．新业态之二：维修保养

根据中国电子商务研究中心的数据，每辆车平均每年保养 1～3 次，全国日均保养约 70 万辆车，汽车美容装饰维修厂家 30 余万家（不包括路边店)，2016 年车辆维保市场空间约 8000 亿元。由于不同车型维保所需配件材料不同，4S 店、连锁店、路边店价格质量差异较大且信息不透明，互联网引入后将改善维保市场的信息不对称问题，提升消费者的福利。

维修保养类的 O2O 应用可分为垂直搜索、垂直电商、上门维保和到店维保四类（见表 15-1）。

表 15-1　汽车维修保养类的 O2O 应用

商业模式类型	内　容
垂直搜索	根据车型号、行驶里程搜索 4S 店、连锁店、上门服务、自助服务等解决方案及价格
垂直电商	根据车型号，搜索维保所需要的配件材料，下单购买，如京东车管家等
上门维保	服务品牌，车主预约上门服务，平台提供上门服务或将车开至合作门店维保
到店维保	团购模式，平台聚集合作商家或实施门店加盟机制，车主线上可以优惠价格预约并到店维保

代表性企业有卡拉丁、百车宝、无忧养车网、弼马温等。其中，卡拉丁作为我国首家提出并形成规模化的上门汽车保养服务商，是汽车保养 O2O 理念的践行者。

专栏 15-2　卡拉丁为广大汽车用户提供便捷养护服务

北京卡拉丁汽车技术服务有限公司（以下简称卡拉丁）成立于 2012 年，作为上门汽车保养创领者，通过汽车养护技术研发与创新，并与移动互联网技术平台相结合，为广大汽车用户提供便捷养护服务。

用户可通过卡拉丁官网、微信、电话预约上门养车服务，用户可直接选择汽车的品牌、系列、型号，车辆信息经卡拉丁确认后提供上门服务。卡拉丁上门服务内容包括：更换机油、机滤、空滤及空调滤；提供全车安全检查，包括刹车液、刹车片、冷却液、轮胎、胎压、灯光、电瓶、玻璃水、随车工具等；汽车的大、小保养；如自购配件，可单独购买卡拉丁"上门服务"和"全车安全检测"。所有业务的收费方式均为"配件费+服务费"，其中配件若自备，卡拉丁只提供服务并收取服务费。

卡拉丁的技师团队都是汽修学校毕业，再经过卡拉丁严格、专业的培训，每位技师必须保养过 100 台车、接触过 30 种不同车型才能上岗。

上门汽车保养、上门汽车安全检测、上门更换车用防霾空调滤清器、上门更换车载蓄电池是卡拉丁现有四大标准化产品，未来还将拓展更多服务品类。卡拉丁自主研发的防霾空调滤清器，安装后防霾效果达 95%以上，让车内空气质量可达到国家一级标准。目前，卡拉丁的服务城市已覆盖包括北、上、广、深一线城市在内的 11 个城市，2017 年 4 月新落户古城西安，服务范围进一步延伸。如今，卡拉丁可提供约 2000 多种车型（覆盖 90%以上的常见车型）的保养服务，用户重复购买率超过 70%，是上门汽车保养服务领域当之无愧的领先者。

卡拉丁的服务保障如下。一是够贴心：上门一对一服务，提前 1 天预约，专业的售后售前服务保障团队，节省车主店里保养需花费的 90%的时间成本；二是够专业：聘请拥有多年 4S 店和维修实操经验的汽修技师，标准化服务流程，为车主提供专业可靠的保养服务；三是够安全：网上预约，价格透明，全程电子监控，过程可视，100%正品保证，200万元施工责任险。

资料来源：卡拉丁官网 http://www.kalading.com/；360 百科 https://baike.so.com/doc/7566121- 7840214.html。

3. 新业态之三：在线导航地图

如今，导航地图已逐渐成为人们出行的必备工具。持有装有导航地图软件的智能手机或车载导航仪，就可准确定位所在方位，通过输入出发地和目的地后精准导航，更可通过实时的道路拥堵情况监测自动规划最佳出行路径。导航地图的出现优化了人们的出行方式，给人们带来高效、便捷的出行体验，更为缓解道路拥堵起到辅助作用。

从全球角度看，西欧、北美、日本三个地区的导航地图正走向成熟期，排名前三的导航是 NAVTEQ、Tele Atlas 和 Zenrin，其中，NAVTEQ和 Tele Atlas 主要市场在欧美，Zenrin 主要市场在日本。反观国内，目前取得甲级测绘资质的有四维图新、高德、易图通、灵图等 9 家企业，其中四维图新和高德占据着中国的绝大部分市场，并形成了双寡头垄断竞争局面。四维图新是全球第三、国内最大的数字地图提供商，可提供交通拥堵、交通事件、交通预测、动态停车场、动态航班信息等智能出行信息服务。

专栏 15-3　四维图新：中国最大的数字地图服务运营商

北京四维图新科技股份有限公司（简称四维图新）是中国领先的数字地图内容、车联网和动态交通信息服务、基于位置的大数据垂直应用服务提供商，始终致力于为全球客户提供专业化、高品质的地理信息产品和服务。

在数字地图领域，四维图新数字地图已连续13年领航中国前装车载导航市场，获得宝马、大众等主流车厂的订单；并通过合作共赢的商务模式在消费电子、互联网和移动互联网市场多年占据50%以上的市场份额，汇聚了腾讯地图、百度地图等上千家网站地图和众多手机地图品牌，每天通过各种载体访问公司地图数据的用户超过1.5亿人。作为全球第三家、中国第一家通过TS16949（国际汽车工业质量管理体系）认证的地图厂商，率先在中国推出行人导航地图产品，并已在语音导航、高精度导航、室内导航、自动驾驶、三维导航等新领域实现了技术突破和产品成果化应用。

在动态交通信息服务领域，四维图新拥有中国覆盖最广、质量最高的服务体系，已建成北、上、广、深等30余个主要城市的服务网络，高品质服务已连续五年7×24小时可靠运营。凭借在技术和市场的领先优势，依托全国最大浮动车数据平台，集成海量动态交通数据，四维图新可提供交通拥堵、交通事件、交通预测等丰富的智能出行信息服务，成为中国动态导航时代的领跑者。

公司自成立以来一直坚持以市场和客户为导向的理念引领行业发展，步步领先推出适合市场需求的新产品和服务。四维图新2002年开发完成中国第一份商业化导航地图，成为第一家为汽车厂商提供导航地图产品的公司，2006年成为国内第一家为手机终端提供导航地图产品的公司，2007年首次为国内用户提供动态交通信息服务，2009年发布首款行人导航地图产品，2011年在国内首次推出Telemaitcs业务品牌趣驾，2012

年发布首款语音和 ADAS 导航地图数据，并以世界级领先的技术优势，成功开发 NDS 地图产品和编译工具，成为全球唯一一家能同时提供 NDS 标准格式编译技术、高品质 NDS 导航地图和基于 NDS 的增量更新技术的数据公司。

四维图新作为中国航天科技集团公司旗下企业，具备业内独一无二的多种地理信息资源的获取方式和能力；公司拥有丰富的地理遥感影像、地图综合数据和导航综合数据等地理信息资源；通过专注地理信息数据研发，建设地理信息数据云平台，实现海量地理信息数据的存储、多源数据的融合、数据的快速发布，形成以北京为中心、覆盖全国的高现势性、高精度、精细化中国导航电子地图数据库；四维图新已经形成了一系列极具市场竞争力的地理信息产品和服务，并得到市场的广泛应用（见图 15-3）。

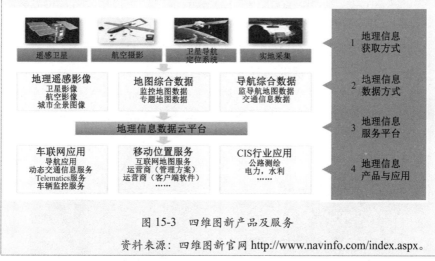

图 15-3　四维图新产品及服务

资料来源：四维图新官网 http://www.navinfo.com/index.aspx。

4. 新业态之四：网约车

提到打车软件想必读者绝不陌生，这种新生产物是一种智能手机应用，乘客可以便捷地通过手机发布打车信息，并立即和抢单司机直接沟通，大大提高了乘客的打车效率。如今各类手机打车应用软件正实现着对传统服务业和原有消费行为的颠覆，也在逐步改变着人们的出行习惯。

2010年，打车软件起源于美国Uber，凭借良好的用户体验，5年内Uber覆盖了56个国家、274多个地区。2012年，嘀嘀打车、快的打车相继成立，开启了打车软件市场的争夺战。2014年1月，为了吸引客户群两大打车软件正式打响补贴大战，打车软件在此营销手段下迅速扩张。经过几年的市场竞争、企业兼并和重组，滴滴出行已成为全球最大的移动出行平台，改变了人们的出行方式，推动我国网约车市场的创新发展。

5. 新业态之五：智能停车

停车场不仅是提供一个停车的地方，而是通过引进现代科技和现代管理理念，使停车场更为智能化与人性化。为做好智能停车，各国政府和企业都进行了相关的研究、开发和应用。

将ETC技术应用于智能停车场，实行停车场不停车收费，可以解决交付安全性和便捷性问题，并实现针对性的信息发布和车位引导，满足用户要求，同时提供全面的车量统计信息，为管理者的决策提供参考。目前，北京已经在首都机场停车楼、科技会展中心、建设大学、普仁医院、安贞西里小区等地设立了ETC停车场试点。此外，为优化客户充值体验，ETC缴费也融入互联网思维，支持移动支付及网络自助充值（见图15-4、图15-5）。

图15-4　ETC电子标签及速通卡　　　图15-5　速通卡支付停车费

随着私家车保有量日益增多，停车难是许多商场、写字楼等公共场所亟须解决的难题之一，满足用户停车需求也成为商场刺激消费、抓住顾客重点比拼的服务之一。万达电商飞凡 O2O 平台抓住了用户停车难、找车位难的需求痛点，推出智慧停车服务，因而备受业界及消费者关注。

专栏 15-4　万达飞凡智慧停车系统

万达飞凡智慧停车场（见图 15-6），消费者再也不用为停车而发愁——只要将万达飞凡 APP 和车牌绑定，从家里出发之前，就可以通过 APP 实时查看停车场的车位情况，并根据自己的行程安排，预约停车位，并选择适合的车型的停车位。车辆到达万达停车场闸机前，触发地感线圈，部署在闸机前的摄像头会识别车牌并拍照，闸机自动抬杆放行。和传统的车牌识别闸机系统不同，万达电商智能停车系统的背后，有一整套完整的云计算平台作为支撑，车辆的驶入时间、停车时长、离场时间等信息，都会被记录，并同步到万达飞凡 APP，入场后，根据停车场里电子引导屏上的指示，司机可以直达自己的停车位。而当用户要离开的时候，只要打开万达飞凡 APP，就可以反向找到自己的爱车。

除此之外，智能停车系统的支付方式也相当灵活，当用户选择将要离场时，系统会自动计算出停车费，用户可以用账户余额、抵扣积分或优惠券等多种方式完成线上支付。如图 15-6 所示是万达飞凡智慧停车场的全视频智慧停车场系统。

图 15-6　万达飞凡智慧停车系统

6．新业态之六：分时租赁

分时租赁是租车行业新兴的一种租车模式，指以小时或天计算提供汽车的随取即用租赁服务，消费者可以按个人用车需求和用车时间预订租车的小时数，其收费将按小时来计算。分时租赁由 Zipcar 公司于 1999 年在美国马萨诸塞州剑桥市诞生。进入 21 世纪后，分时租赁的理念和操作方法正在以强劲的势头重建汽车使用新行规，并向全球蔓延，2011 年进入中国大陆地区。

专栏 15-5　杭州"微公交"电动汽车分时租赁

杭州"微公交"是国内首创的纯电动汽车分时租赁服务，是由浙江吉利控股集团有限公司与康迪科技集团公司共同成立的电动汽车运营项目。截至 2015 年 3 月中旬，"微公交"在杭州已投放车辆 9851 辆，拥有两座和四座两种车型，续航里程为 60～80 公里。同时，已投入运营的可充换电智能立体车库租赁站点 5 座、已建成待投入运营 5 座、在建 13 座、已建成并运营平面站点 30 座、高档酒店站点 19 座。租车人可在市区任何一个网点还车。此外，在杭州文一路占地 20 余亩、能容纳 1500 辆纯电动汽车的调度中心，也已经建成并投入使用。

在杭州，只要拥有驾照的市民和游客都可以在"微公交"租赁站点租到电动汽车（见图 15-7）。市民可通过预约电话进行约车或直接到租赁站点办理租赁手续。租车时市民须先向工作人员出示本人持有的驾驶证并签订一份租车合同；之后工作人员会带租车人挑选车辆、检查车况并签署一份验车清单；最后租车人需要缴付 1000 元保证金就可以把车开走了。现在"微公交"的租赁费用是按照车型和时间计费，两座车 20 元 1 小时，四座车 25 元 1 小时。

另外，"微公交"还推出社区团租模式，满足部分长租客户群的需求，在补贴后，一辆四座的"微公交"电动汽车年租金仅为 6000 元，在很大程度上降低了用车成本。作为一种绿色出行方式，"微公交"对缓解交通堵塞和停车困难、改善城市大气环境都可以起到积极作用。2014 年 8 月，针对杭州"微公交"使用者进行的一项调查显示：有 19% 的人在"微公交"网络完善的情况下，会放弃购车计划；60% 的人在"微公交"网络完善的情况下会放弃第二辆购车计划。

对于微公交的发展，不少用户觉得增加租赁站点最有必要，也有人建议将"微公交"纳入杭州智慧交通体系，能使用市民卡租车、付费，方便日常使用。

图 15-7　杭州"微公交"电动汽车分时租赁站点

7. 新业态之七：汽车共享

人口快速增长、全球汽车保有量不断攀升，致使全球面临 CO_2 排放量逐年提升而引发气候异常，车辆增加造成都市拥堵、停车面积萎缩，汽车产业因此面临挑战。除了节能科技和电动汽车的发展之外，汽车共享（Car-sharing）概念应运而生。这个新兴商业模式，对于使用者而言有相当多的好处，便利性胜过一般交通工具、使用时间弹性比传统租车方式更好、不需要负担保险和维护等费用，并且具有 A 地租车、B 地还车等多项优势，多人共乘的方式整体性价比也更高。因此，汽车共享是一种创新的汽车消费模式，是出行方式的一场革命。

汽车共享是指用户自我服务、随时用车、车辆共享的商业模式。租车、用车、换车全程用户自主，不需要直接与汽车共享工作人员接触，用户可以全天随时订车并就近取车，根据自己的需要共用汽车，不必购买私家车或乘坐出租车。汽车共享戴姆勒集团之所以推行 Car2go 汽车共享概念，主要鉴于人口快速增长、高污染工业发展导致全球 CO_2 排放量逐年提升，为了降低污染并达到节能目的。在汽车共享的主要推行市场中，欧洲占半数，亚洲主要成长动力主要来自中国。其中，戴姆勒 Car2go 作为全球最大的汽车共享平台为 3000 多万民众提供服务。

专栏 15-6　戴姆勒 Car2go

相较于宝马的 DriveNow，戴姆勒集团的 Car2go 更广泛，自 2008 年 10 月于德国乌姆（Ulm）率先试营运起，获得政府与民众的广大回响，

因此戴姆勒便将营业版图逐渐扩大，30 个营运据点遍及 60 个城市区域，包含德国、美国、加拿大、荷兰、英国、法国、意大利、丹麦、瑞典、奥地利、中国等主要城市，共有超过 13000 辆的 Smart for Two 和电动 Smart for Two Electric Drive 已经投入服务（见图 15-8 和图 15-9）。

图 15-8　戴姆勒共享汽车

Car2go 是一个兼具智能和创造性的交通解决方案，为城市交通提供了一种简单、灵活与物超所值的汽车租赁形式。戴姆勒集团从 2008 年 10 月在德国乌尔姆（Ulm）开始第一阶段测试；在获得成功之际，立即向其他大城市迅速推广。

图 15-9　戴姆勒共享电动汽车

Car2go 的用车一律是 Smart for Two 或电动 Smart for Two Electric Drive，后者的速度可以达到 145km/h，以简单和经济的驾驶方式来解决都市用车问题，让使用者只需几分钟步行距离，只要简单登记注册驾照，就可以随时随地使用 Car2go 的服务。

Car2go 每个使用者的驾驶执照都有一个电子芯片，只须将驾驶执照放到挡风玻璃后面的阅读器前，读取驾照 PIN 号码经过确认后，汽车就可以被租用。当然也可以通过网络或电话服务预订。由于戴姆勒对于 Car2go 相当用心，每个城市几乎都有多达 200～300 辆 Smart for Two Electric Drive 在营运，并且以约 10 辆为单位分布在邻近的停车场，随时充电、蓄势待发，配有专门服务团队为汽车定期清洗和进行技术维护工作，保证每一辆车都能令人满意。使用 Car2go 一点都无须担心保养甚至保险，因为每辆车都保全险，这等于替人们省下一大笔养车费用。

Car2go 至今不只横跨欧美主要大城市，更在 2014 年 12 月 10 日完成了 100 万使用人次。6 年多的服务，所有汽车总行驶里程已达 136701662 英里，这相当于地球月球往返 568 次，3200 人次都曾受惠于 Car2go 的服务，平均使用时间为 19～25 分钟（见图 15-10）。

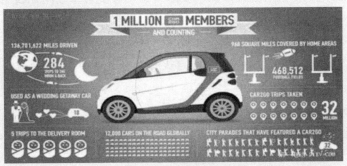

图 15-10　Gar2go 业绩

8. 新业态之八：智能道路

近年来，随着交通技术快速进步，新型道路建设力推动了智能交通快速发展。智能道路可通过交通资讯信息的收集和传递，实现对车流在时间和空间上的引导、分流，避免公路堵塞，提升交通安全，减少交通事故，改善道路交通运输环境，使车辆和司乘人员在道路上安全、快速、畅通、舒适地行驶。

随着汽车与信息通信的融合及汽车联网率的上升，依托车联网技术可大幅提升汽车驾驶安全、道路交通安全和燃油效能。一方面，通过"人车路"协同交互，可实现交叉路口通行辅助、车辆行驶盲区预警、行人及非机动车碰撞预警、协同式队列控制等技术的应用，降低各类碰撞事故风险。另一方面，通过道路危险远程预警与监控技术的应用，降低车辆侧翻、侧滑等行驶安全风险；同时，还可通过交通地理信息数据，结合精确定位信息，对车辆前方的行驶阻力等状态进行预测，帮助驾驶员和车辆控制系统优化动力系统的工作效率，促进节能减排。

为落实国家汽车战略规划，工信部早在 2016 年 1 月就部署了 5 大国家级智能汽车与智慧交通应用示范区，分别位于京冀、上海、重庆、武汉和杭州。历时 1 年多，位于北京亦庄的第一条开放试验智能道路的正式开通，为智能网联汽车提供 V2X（车与车、人、路、云）服务。

专栏 15-7　北京亦庄打造智能车道

长达 12 公里的开放试验道路位于北京亦庄的荣华中路至荣华南路。整条道路通过安装智能红绿灯、显示屏、信号发射器等硬件设施，从而完备了 V2X 通信环境。搭载 V2X 通信设备的汽车行驶在这条道路上时，可实现在盲区路口、紧急车辆接近、红绿灯倒计时、危险路段、周围汽车跟驰等 10 余种交通场景下的通信服务及预警提醒。在晚高峰时，本来由北向南行驶的最内侧车道将临时更换方向，这样晚高峰时由南向北的车流就多了一条可用车道（见图 15-11 和图 15-12）。

图 15-11　亦庄智能车道布局

图 15-12　智能红绿灯示意

在 12 公里的开放试验道路上，平均分布着 7 个主机，负责从中控系统接收各种采集到的最新路况信息，同时对覆盖范围内的联网车辆数据进行运算，最后把警告、提醒等推送到各个联网车辆。可以说，这 7 个

主机就是整条实验道路的"分布式大脑"。

所有位置和速度的判断都得益于北斗技术的厘米级高精度定位，这样可以排除恶劣天气等因素带来的视线负面影响。正因为如此，V2X 系统也被称为"拥有上帝视角的超距离眼睛"。在未来，V2X 系统完全可以跟其他系统相结合，如车载导航系统，这样将大大提高系统的使用率。

按照规划，2017 年年底，示范区内的封闭试验场也将建成并对外提供服务，届时不仅现有的 V2X 车辆可以入驻，自动驾驶、无人驾驶车辆也可以入驻，在安全的区域和完备的条件下进行测试。

9. 新业态之九：互联网汽车

互联网汽车是全新的汽车品类，是"互联网+汽车"的衍变，发展方向是无人驾驶汽车。互联网汽车以网联为基础、智能操作系统从底层融入整车、信息数据可进行云端交互。阿里、乐视等互联网企业根据自己的平台优势先后切入到互联网汽车的制造领域，与车厂共同开发互联网汽车。

专栏 15-8　阿里和上汽联合推出互联网汽车

七年前，阿里发布 YunOS 的时候，不屑与质疑声很多，当时苹果的 iOS 系统和谷歌的 Android 系统已经占据绝大部分市场，而且体验也在不断改进。之前，无论是谷歌的 Android Auto 还是苹果的 CarPlay，都不过是借助手机的联网和计算能力，投射在汽车屏幕上而已，而阿里的 YunOS Auto 却是真正深入到汽车底层，软硬件实现深度整合，让汽车真正跑在了互联网上。

YunOS 6 有几大优点，例如，高效的系统内核，新系统可以 5 秒开机，应用冷启动时间缩短 200%以上，以智能调度实现低功耗省内存，避免 Android 系统"越用越卡顿"的顽疾问题；基于云的应用框架。用 YunOS 提供的开发框架 CAF 编写的应用叫作云应用，云应用最大的特点是无须安装 APP，即点即用，传播方式也非常简单，云端一体，数据和服务可以在设备间无缝流转；先进的安全机制，通过隐身内核和快速轻量升级机制，实现独立高效的保障用户安全等。

所谓深入汽车底层是指，YunOS Auto在汽车制造的时候就已经与汽车融为一体，它对汽车的作用不只是听歌、打电话、导航那么简单，还有语音交互、在线地图，以及深入到操控环节，如控制车窗、车门，乃至成为数据引擎。YunOS Auto成功的最大标志是在与上汽共同推出"全球首款互联网SUV"荣威RX5和"全球首款互联网家轿"荣威i6之后，由于销量持续高速增长，使上汽的自主品牌汽车板块居然在2016年年底扭亏为盈（见图15-13）。

YunOS是为未来万物互联时代而生的全新物种，相对于现有操作系统而言，YunOS 6已经从操作系统底层完成基础构架变革，结合云计算、大数据与模型算法，完成跨终端、跨场景、跨应用的新模式"软硬整合"，并全面支持包括语音识别、图像智能、位置服务在内的机器智能。若YunOS 6离全面服务于万物互联还有一段距离的话，那么说其面向5G不算夸张。

图15-13　荣威汽车

10．新业态之十：汽车智能制造

"电动化、智能化和网联化"成为汽车行业最为重要的三个发展方向。"互联网+汽车+交通"的融合发展带来了整车企业和汽车零部件企业制造环节的变化，推动了汽车制造的转型升级。

首先，汽车设计和集成模式的改变。例如，特斯拉的Model S平台使第三方可以快速完成个性化汽车的设计和制造，通过网络持续升级改善性能，形成了新的智能网联汽车开发范式。作为产品提供的 OSVehicle Tabby EVO 电动汽车平台甚至可以实现汽车的 DIY。

汽车组件供应链形态的改变。例如，AutonomouStuff 公司基于互联网搭建汽车自动驾驶的电子设备供应链平台、第三方开发平台和集成平台，重新塑造了智能网联汽车电子系统制造的供应链。

汽车电子控制系统软件的在线升级。例如，Autonet 为汽车电子系统中各个 ECU 的固件和应用软件提供在线升级和版本管理功能，大幅降低了汽车召回的成本，改善了用户体验，并为汽车电子产品迭代式开发打下基础。

基于网络智能的车辆状态分析和诊断。Mobile Devices 开发的基于云的 OBD 联网插件实现了对任意车辆、任意 ECU 的识别、分析和诊断功能，不仅可以取代传统 4S 店使用的复杂设备实现在线的分析和诊断，它的触发功能除了通知驾驶人外，还可以直接触发关联的业务系统，如商业车队管理、道路救援、交通管理等。

15.3　新变化

透过国内外"互联网+汽车+交通"新业态的变化，我们看到有如下变化。

1．汽车服务化的业态带来了新的增长点

"互联网+汽车+交通"带来汽车服务化的商业形态，并成为大众创新与创业的热点。2014 年以来，汽车后市场投资急剧升温，后市场有 160 多个投资案例，其中 10%是较大量投资。其中，用车养车类有 51 个案例，二手车交易类有 17 个案例，服务对接类有 15 个案例。当前，在汽车后市场，资本的介入还处于初级阶段，整个汽车维修养护、汽车生活类投资项目平均投资金额为几千万的规模①。

---

① 来源：汽车后市场微信平台"AC 汽车"的 2015 年"汽车后市场+互联网"创新创业不完全统计结果。

从安全意义上来看，保险行业是"互联网+汽车+交通"最大受益者，它为保险行业提供更详细精准的车辆和驾驶员行为数据，使得保险公司的风险管理精准化，同时根据不同驾驶行为、风险等数据设计差异化的保险方案。精准定价及服务差异化将降低保险行业成本，改变保险行业价值链条；同时保险业通过确定风险，进行驾驶行为改进，形成安全价值实现的闭环，创造新的保险车联网商业模式。

2. 汽车全生命周期网络化

汽车全生命周期是指从汽车的需求分析、设计、制造、销售使用、维保直至报废的时间过程，也包括汽车零部件开发、生产和供应、分析、设计和开发工具、生产制造和维修装备，以及供应链管理、生产过程管理、流通过程管理等领域。在汽车全生命周期涉及的不同过程和领域中，参与的实体是多种多样的，他们的市场角色多种多样，市场诉求也各不相同。在汽车全生命周期中的政府监管包括了汽车行业监管、产品质量和安全的监管，以及交通运输和交通安全行业管理部门对汽车产品和汽车使用的监管。在传统汽车产业以汽车产品为中心的治理结构下，所有的市场参与者按照领域被组织成树状的产业组织结构，而整个生命周期也被汽车整车产品的完成分成了售前和售后两个环节。在这种体制下，政府的监管成为汽车产业、交通、公安、质量和环保等多政府机构协同的行为。

通过"互联网+汽车+交通"使用户成为汽车全生命周期的一个环节，真正成为既是汽车设计需求的提供者又是汽车产品的消费者；分离汽车不同类型的部件进入不同的供应链，特别是汽车对电子部分，使之成为可以建立在开放网络平台上的、可以由第三方依据市场差异化和场景化的需求迭代开发和持续投放的大量应用；通过车车、车路、车人联网提升交通安全和效能，减少排放；通过车联网和综合传感，一方面在云端对场景和对策进行深度学习，另一方面在云端匹配场景、进行分析、预测、制定对策和实现基于云的闭环智能控制，优化汽车性能；而基于网络的综合传感和基于车群的博弈控制，可以使自动驾驶汽车的技术研发适应交通市场发展的需要，形成汽车性能有效提升、安全水平大幅提高、公共出行显著改善、交通运输效率提高、污染排放大幅度减少的汽车全生命周期可持续发展的新业态。

3．新出行方式、新服务模式、新交通管理方式

伴随着移动互联网、物联网、大数据、云计算、智能汽车、无人驾驶汽车等互联网与汽车领域的快速发展，交通运输业已悄然发生变化。"互联网+汽车+交通"的融合发展为缓解交通拥堵、提高交通运行效率等方面提供了良好的发展契机。在全国性大范围道路拥堵问题尚未得到有效解决的背景下，汽车分时租赁、汽车共享服务、网约车、自行车共享等兴起改变了我国大众的出行方式和拥有汽车的方式，进而缓解城市交通拥堵。此外，ETC、公交 IC 卡等综合电子支付方式也将显著提升高速公路和城市客运等领域的运行效率。万达飞凡智慧停车系统、奥迪全自动泊车技术等的推广使用，将有助于停车环节的整体效率的提升。

15.4　新生态

通过"互联网+汽车+交通"的持续发展，形成了跨界融合的四大生态环境。

1．车载信息服务生态环境

车载信息服务人产业生态蕴含主体众多，由于业态开放竞争，面向用户提供服务，发展速度快，驱动力较为强劲。产业生态面向后装市场，以获得车载终端销售收入或信息服务费用为目的，向驾乘人员提供丰富、舒适、便捷和聚合的车载信息服务和应用，促进车载信息服务的应用开发。它的生态环境与移动互联网的生态环境类似，是市场驱动的闭环正反馈的协同创新生态环境。

从2007年开始的移动互联网开放服务模式和生态环境正在深度影响着车载信息服务，其特点是以 Apple 或 Google 主导构建从平台能力、终

端开发、应用开发和消费用户的闭环正反馈的协同创新生态环境。通过对道路、交通、气象、停车场等交通信息和紧急事件信息的实时聚合能力，提供丰富的车载信息服务，包括基于北斗的导航和位置服务、基于互联网的信息娱乐服务、基于语音识别的通信服务、紧急救援等安保服务等。创造面向驾乘人员的车载信息服务发展模式。

2014 年 1 月，以 AT&T 为主导，联合高通、Jasper、爱立信、埃森哲、思科、IBM、特斯拉、奥迪、通用和日产等企业共同成立了车联网创新中心（Drive Studio），形成汽车制造厂商、汽车电子厂商、网络设备提供商、IT 解决方案提供商、终端设备开发商、信息处理和内容供应商、应用开发商联合的车联网协同创新生态环境，形成了共同投资、研发、生产和运营的可持续发展的产业格局。

2009 年，搭载了 G-BOOK 系统的 RX350 正式登陆中国市场，标志着由汽车厂商主导的车载信息服务在中国市场正式商用。近年来，汽车厂商把车载信息服务定位从高端车型配置向普通车型延伸，提升了车载前装系统渗透率，实现了功能、品质标准及服务统一。同时，技术不断进步，丰富了实时导航、安防救援、动态交通等车载信息服务应用，提升了车载信息车平台的信息聚集与分发能力，带动了第三方应用的快速崛起。同时，后市场服务也快速发展，维修、洗车、移动出行等业态纷纷创新商业模式，形成了国内外车厂、互联网公司、电信运营商、车载信息服务提供商、中兴、华为等共同参与，合力推动的车载信息服务产业生态环境。

2. 面向行业的综合大数据信息服务生态环境

面向行业的综合大数据信息新服务旨在通过价值多元化的车联网大数据服务平台，提升面向互联网、汽车与交通运输的大数据信息服务能力，构建大数据信息服务发展模式。面向行业的综合大数据信息服务的生态环境是市场驱动的以综合大数据云平台为基础的价值多元化的车联网数据服务生态环境。

综合大数据及云平台是对车辆、驾驶员和道路交通状况等车联网相关数据信息进行存储、管理、处理、分析和决策的 PaaS 云平台。汽车在行进过程中会产生与汽车运行状况和用量相关的数据信息，包括发动机状况、胎压状况、汽车位置等数据；司机在驾驶汽车时会产生与驾驶操作相关的数据信息，包括加速习惯、刹车习惯、驾驶时段和驾驶路段等数据；道路交通会产生与道路和交通运行状况等相关的数据信息，包括交通事故、交通流量和大众出行方式等数据。

综合大数据及云平台为汽车制造、汽车服务、交通管理、商业运输和金融保险等相关行业开发和提供车联网大数据信息服务奠定基础。通过在大数据平台上建立车辆运行状态数据分析、驾驶行为分析和交通状态分析等开放服务能力和分析工具，大幅提升公安交通指挥、道路运输监管、汽车性能监测和诊断及商业运输车辆调度管理的能力，以强化交通运输安全监管，降低交通管理和商业运输成本，提升汽车维修企业的服务水平。建立基于驾驶行为的信用和风险评估体系，为保险业的创新发展提供支撑，并为基于场景的安全管理提供保障。

车联网大数据及云平台推动商业模式创新。综合大数据平台运营商与拥有互联网、汽车、交通运输数据的政府部门及企业开展合作，通过创新商业模式，构建开放共享的实现综合数据运营和交易的综合大数据服务平台，形成面向汽车制造、汽车服务、交通管理、商业运输和金融保险等相关行业开发和提供车联网大数据信息服务生态环境。

3. 汽车、互联网与交通协同创新的自动驾驶生态环境

以提升安全与效能的自动驾驶发展模式是政府牵头主导的企业参与的汽车、互联网与交通协同创新自动驾驶生态环境，需要构建多方参与的开放、闭环、智能和实时的自动化控制系统，以应对满足宏观和微观观测、分析和控制，以及基于统计的控制和精确控制。

自动驾驶是从驾驶员的角度来关注汽车驾驶的安全性、技术的先进性和用户的体验，而智能交通是从政府管理者的角度关注交通安全、交通效率、汽车能源效率和环境污染等公共问题，它们之间有很大的交集也有各自的特点。

协同通信、大数据及云平台和动态地图等技术，是自动驾驶和智能交通共同所需的技术。智能交通通过协同通信技术来加强驾驶员对周边环境的感知能力，以减少或消除碰撞事故的发生；通过获取周边环境的实时交通数据，实现对驾驶员警告及对车辆和道路基础设施进行控制，

以提高交通效率和汽车能源利用率，减少对环境的污染。

自动驾驶系统需要满足车与车、车与路、车与人、车与平台的互通性兼容性要求，它们之间的通信和信息交换协议和网络标准非常重要，因此，需要形成政府主导企业参与的车联网协同创新生态环境。美国采取政府和市场"双驱动"的方式；欧洲通过政府主导的标准和立法来驱动；日本则采取政府统一规划和协调的驱动方式，明确划分协同环境中政府主导的协同性技术和企业推动的竞争性技术间的分工与职责。

4. 汽车智能制造的开放协同生态环境

依托智能化、网联化和电动化技术提升汽车智能制造水平的新业务发展模式是市场驱动的结合车联网、企业 IT 管理系统和汽车智能制造的开放协同生态环境。"互联网+汽车+交通"发展，已使汽车智能制造延伸到用户对汽车的驾驶使用过程中，汽车智能制造已经具有工业智能制造和用户车联网应用的双重特性。

构建汽车智能制造的开放协同生态环境旨在加快智能汽车产品的设计和开发周期，实现从设计、开发、制造到使用的汽车产品全生命周期创新发展，提升我国汽车智能制造的水平。通过对用户在不同环境和使用习惯下的产品状态数据进行分析，对车载电子设备的固件和应用软件在线更新，对产业链上相关企业之间的协同采购、协同销售和协同服务，对先进制造和人工智能等技术的集成融合，推动装备设备和生产的智能化进程，以满足大规模定制化的制造方式。

汽车智能制造生态环境将基于大数据的客户关系管理（CRM）、基于云的供应链管理系统（SCM）、企业资源需求计划系统（ERP）、产品生命周期管理系统（PLM）、制造执行系统（MES）、汽车传感和控制设备的开放能力、汽车电子控制单元 ECU 软件的远程升级能力集成在一起，通过市场驱动或企业主导的方式构造汽车用户、汽车零部件企业、汽车整车厂、云平台运营商、汽车电子软硬件厂商、汽车应用开发商共同参与的汽车智能制造开放协同的生态环境，以加快智能汽车产品的设计和开发周期，支持第三方汽车应用的开发与创新，实现从设计、开发、制造到使用的汽车产品全生命周期创新发展，提升我国汽车智能制造的水平。

15.5 新组织

1. 融合渗透导致的传统产业升级和边界的模糊化

以互联网为核心的新一代信息技术与汽车制造技术、交通运输技术融合,创新了新融合应用、新发展模式、新产业生态,并改变了相关行业原有的发展方式和传统产业组织,导致产业和企业边界模糊化。但我们发现,在这个过程中也促进了产业组织结构的合理化,产生新型产业组织形态,从而优化产业组织结构。

"互联网+汽车+交通"首先改变了汽车用户需求点,使得用户需求从过去的单一关注车辆硬件条件转变为车辆内可提供的多元信息的需求,同时将以车辆为中心的发展模式变为以驾驶者为中心,关注整体的旅程,获取驾驶者生命周期价值;其次从业务产品供给而言,"互联网+汽车+交通"将带来完善的车载系统并以此提升汽车信息化水平及相关服务质量;再次从产业组织形式而言,汽车厂商将和产业链其他主体合作并拉长整体链条,提升汽车产品价值,带动汽车产业整体升级并推进两化融合进程,促进经济结构转型升级。因此,"互联网+汽车+交通"功能的实现和相关应用极大地提升了汽车品牌价值定位,为汽车产业寻找新的价值增长点和创新点提供了良好机遇,也推动汽车自动驾驶汽车,这将彻底改变汽车产品与产业组织形态,为扭转我国汽车产业创新中的不利局面带来重大机遇。

2. 互联网带来的企业组织的扁平化

不同于传统电信网络的基于分层级的组网方式,互联网的组网是各向同性的基于 IP 路由器的组网方式,而移动互联网的基于云平台的星型连接组网方式,进一步打破了传统的层级式组网,体现了移动互联网的扁平化组网特征。移动互联网的扁平化将导致"互联网+汽车+交通"相关企业组织结构的扁平化。而组织扁平化要求企业的管理幅度增大,简化烦琐的管理层次,取消一些中层管理者的岗位,使企业组织管理的链条最短。将企业资源和权力下放于基层，基层的员工与顾客直接接触，使他们拥有部分决策权能够避免顾客反馈信息向上级传达过程中的失真与滞后，大大改善服务质量，快速地响应市场的变化。

3．形成汽车产品全生命周期的服务

移动互联网的扁平化将导致"互联网+汽车+交通"产业结构的扁平化，导致产业链结构从传统的线性走向基于云平台的星型连接的多边协同和多元价值的创新产业生态环境，缩短传统的上下游产业链的价值传递的路径，减少组织生产所需的上下游供货周期，实现汽车、互联网和交通运输等传统行业产品和业务从设计、开发、制造到使用的全生命周期创新速度及其更新迭代速度，提升我国汽车智能制造的水平、交通运输行业的服务水平和交通管理部门的管理水平。

15.6 新未来

1．自动驾驶

根据美国机动车工程师协会（SAE）对自动驾驶的分层定义，自动驾驶共有 6 个级别：L0 级别为无自动驾驶，但可提供碰撞、车道偏离等警告功能，驾驶员接受警告并控制汽车的制动器、转向器、油门踏板及起动机等；L1 级别为辅助驾驶，主要特征是单个的辅助驾驶功能是独立的，例如，自适应巡航辅助驾驶功能和车道保持辅助驾驶功能各自独立且没有相互结合，这个阶段的汽车，辅助驾驶系统会智能地判断司机是否对紧急危险状况做出响应，如果没有则替司机采取行动，如紧急自动刹车，之后很快将控制权转交给驾驶员；L2 级别为部分自动驾驶，主要特征是两个以上的辅助驾驶功能组合在一起，如自适应巡航辅助驾驶功能与车道保持辅助驾驶功能组合在一起，但它仍旧需要驾驶员时刻监控前方的变化，需要根据车辆周边的环境随时接管对车辆的操作；L3 级别为有条件自动驾驶，主要特征是在某个特定交通环境下的自动驾驶，如高速公路，不需要驾驶员监控前方的变化，但驾驶员需要按照系统要求接管对车辆的操作；L4 级别为高度自动驾驶，驾驶员可按照自己的意愿接管对车辆的操作，如启动或停车的时候（L3 级别与 L4 级别的主要区别在于驾驶员是短暂地解脱还是长时间地解脱对车辆的控制，L3 级别驾驶员可以喝水看书和上网浏览，而 L4 级别驾驶员可以睡觉）；L5 级别为全自动驾驶，可实现完全的无人驾驶，实现端到端的货物或人员运输。

2．立体交通

在"互联网+汽车+交通"融合发展的推动下，交通运输将朝着立体交通模式发展。从物理世界来看，互联网的深度渗透，将实现民航、铁路、水路、道路和管道多种运输方式的无缝衔接，个体的某一次出行将可拥有多种服务方式的选择权（如公交、地铁、专车、拼车、自驾车同时可选），交通服务体系的可靠性、便捷性和安全性将得到大幅提升；而从虚拟世界来看，现实中的交通运输体系可完全被映射到数字虚拟环境中，出行（或货物运输）供需双方的时空分布及载运工具的分布与服务能力等参数将实时展现在虚拟环境中，运输服务需求的预判、满足和抑制将实现实时的双向互动。目前私家车仍主要是一种交通工具，社会属性主要体现在不同价格的私家车对于家庭财富和社会地位的表征，随着分时租赁、汽车共享及智能无人驾驶的出现，汽车将更多地表现为基本生理需求及社交需求。

3．出行方式

从城市出行需求上看，未来通勤等刚性出行需求占比将不断降低，商务、旅游、社交、休闲等弹性出行需求占比将不断提升，而大宗货物运输需求占比也将不断降低，小件快件运输需求占比将显著提升；从载运工具的所有权属性看，私人拥有的占比将不断降低，分享、共享等社会化拥有的占比将不断提升；从载运工具的控制方式来看，有人驾驶的比例将会逐渐下降，无人驾驶的占比将会不断提升；从载运工具的动力方式来看，化石能源驱动的占比将不断降低，电力或燃料电池等新能源驱动的占比将不断提升。这些变化将促使未来城市规划在土地使用、运输方式配比、服务半径等方面做出大幅度的调整，而借助历史数据积累和大数据分析技术的支撑，未来城市规划方法和时效性也将会发生根本性的变化。

第 16 章　企业：互联网+制造的
创新实践

16.1　GE：打造全球数字工业公司

16.1.1　企业简介

2012 年时任美国总统奥巴马宣布实施"再工业化"战略，美国通用电气公司（简称 GE）率先提出了"工业互联网"概念，并在航空、石油天然气、运输、医疗与能源等领域迅速推出 9 个工业互联网项目。《华尔街日报》的评论指出，GE 主导的"工业互联网"革命已成为美国"制造业回归"的一项重要内容。

GE 的历史可以追溯到托马斯·爱迪生于 1878 年创立的爱迪生电灯公司。1892 年，爱迪生电灯公司和汤姆森—休斯顿电气公司合并，成立了通用电气公司，开启了辉煌的发展历程。这家传奇性的百年企业，在其发展历程中经历了多次跨越时代的变革和转型。20 世纪 80 年代，杰克·韦尔奇接掌 GE 之后，把它打造成一个产业和金融高度融合的多元化公司，其商业银行在全球 50 多个国家和地区拥有分支机构，金融业务拓展到了全世界。2015 年 4 月，GE 出人意外地对外宣布，将着手处置高达 3650 亿美元资产的金融业务。这一重大决定表明 GE 将聚焦工业主业，工业互联网战略将是 GE 重大的战略布局。

互联网技术带来的新的产业革命正在重塑制造业。在互联网时代，通过重塑的新产品和业务模式带来产业持续的增长，是传统制造企业必须突破的瓶颈。为了找到新的增长路径，GE 提出"工业互联网"战略。

2012 年年底，GE 发布《工业互联网：突破机器和智慧的边界》白皮书。在 GE 看来，所谓工业互联网就是将传统的工业设备赋予智能化功能，通过传感器和智能嵌入式设备，将设备的数据进行智能化和大数据处理，以产生新的业务洞察，进而塑造完全新型的商业模式。2015 年 10 月，GE 将内部所有数字职能部门整合到"通用电气数字集团"，确立了"2020 年跻身全球十大软件公司"的发展目标。

16.1.2　GE 工业互联网的战略核心

工业互联网是一个开放、全球化的网络，能够将人、大数据和传感器有机结合起来，突破智慧和机器界限，实现工业生产的网络化、智能化和服务化。GE"工业互联网"方案更加注重软件、网络、大数据、生态系统等对于工业领域服务方式的颠覆。为了成功实现数字化转型，GE 以大数据和搭建生态系统为核心，成立工业互联网联盟，成立智慧工厂，推出数据分析平台 Predix，进而推出工业网络控制系统，实现了快速增长与发展。

战略一：以大数据为核心，整合工业数据。云计算和大数据正大幅驱动向工业互联网的商业转型。装有传感器的智能设备带来了海量的数据，利用好这些数据，可以更好地管理机器、优化生产流程与操作、减少能源消耗，带来生产率的革命。GE 对大数据的重视和利用主要体现在智慧工厂与工业网络控制系统（IICS）。

战略二：以工业生态系统为核心，整合产业资源。工业互联网的另一个重要特性就是开放，它能够打破企业间的隔阂，使上、下游企业乃至同一产业上的众多企业可以在同一个平台上实现更好的技术突破与业务协同。GE 将应用程序与不断增长的合作伙伴生态系统相结合，致力于构建 Prefix 平台与工业互联网联盟（IIC），不断提出高效的解决方案。

16.1.3　具体举措

1．大数据战略

大数据是 GE 在工业互联网上的发力点。通过大量的传感器，收集各项生产数据，并对收集的数据进行保存、处理和分析，进而操控智能设备，更好地管理机器、优化生产流程与操作、减少能源消耗。利用好大数据，可以让机器本身变得更加智能化。

2011 年，GE 在美国加州的硅谷投资 10 亿美元，创立了 GE 全球软件和分析中心，开发用于工业互联网的软件技术。2013 年 6 月，通过整合智能机器、传感器和高级分析功能，GE 推出了工业领域的大数据与分析平台，来管理大型工业机器所产生的工业大数据。2013 年 4 月，GE 向 Pivotal 公司注资 1.05 亿美元，用以联合开发部署工业互联网的解决方案。Pivotal 公司在云和大数据方面有着丰富经验，利用 Pivotal 公司的 Cloud Foundry、内存和基于 Hadoop 的技术提升了 GE 的企业级能力。2013 年 6 月，GE 的合作战线扩展到亚马逊网络服务，利用其全球基础设施、广泛的服务和大数据专长，提供面向工业应用和基础设施的云解决方案。2014 年 10 月 10 日，为了实现更优化的无线连接，GE 将合作联盟进一步扩大到软银、威瑞森和沃达丰。2015 年，GE 与日本小松集团合作，为各矿山客户提供大数据分析服务，减少矿用车辆的燃油消耗，提升采矿作业的效率。

2．智慧工厂

在 GE "智慧工厂"中，通过采用传感器技术、互联设备、预判分析技术及 Predix 系统，充分收集和利用生产过程中产生的各项数据，有效降低了成本，缩短了产品开发周期，显著提升了生产效率与产品品质。

GE 智慧工厂有四个支柱。

一是智能的设备终端。企业可以考虑如何利用 GE 开放式的创新平台构建智慧工厂，实现开放式创新、虚拟制造、整合实际成本、生产能力顾问等。比如，GE 在底层构建了超过 10000 个传感器用于搭建物联网平台。每分钟都有百万个数据被采集，且采集方式非常方便快捷，实现了设备和流程中微秒级的分辨率，最后对实时数据进行处理和分析，对产品和过程质量进行六西格玛分析，实现对整个工厂的管控。

二是灵活的工艺设计。工艺是企业永远不能忽略的一个环节。2014年 GE 在奥尔巴尼市建造了一个先进的钠盐电池制造厂，安装了 1 万多个传感器，用来测量温度、湿度、气压及机床操作数据等。工人能够通过 Pad 遥控监测生产过程，通过手指的敲击来调整生产条件、预防故障。工厂的设计人员、生产工程师、供应商将能通过"众包"平台进行协作，无须接触原材料及机器设备等，即可虚拟完成制造工艺的测试。当制造工艺测试完成后，工人可以将工艺程序下载到车间的智能机床上。生产正式开始后，生产工程师可以实时调整工艺过程。

三是柔性的工厂优化，包括传感器驱动的自动化、预测性维护、流程优化、成本反馈、实时瓶颈检测等。比如，2015 年 GE 在印度建造的一个柔性工厂，在同一工厂实现了生产多种产品和零部件，利用相同的人和设备实现按照订单要求迅速调整生产。该工厂中，机器设备、计算机可以通过工业互联网进行实时通信、共享信息、做出决策并优化生产，以有效预防机器停工、确保产品质量。该工厂的生产线还与供应商、服务商及其他各种分布式网络连接起来，进而保持最优的生产能力。图 16-1 所示为 GE 的柔性工厂。

图 16-1　GE 的柔性工厂

四是高效的供应链优化，包括分布式生产、可配置供应网络、实时优化、采购分析等。比如，中国有很多风力发电厂使用了 GE 的风力发电机，通过对供应链的优化，利用卫星实时跟踪人烟稀少和遥远地区的关键零部件运输，实现了从供应商到工厂客户的全流程物流优化，对用户的选址规划和建设工作进行关键支持，实时的物料管理和利润认可以保证了实时保管和利润确认。

3. IICS 工业网络控制系统

GE 认为传统的控制系统已不足以发挥工业网络的潜力，于 2017 年推出工业网络控制系统（IICS），利用边缘运算设备来进行现场的分析和洞察。

IICS 是由控制器、I/O 模块、安全云连接、高级分析软件和应用程序连接而成的组合，用于收集和分析数据，在此基础上将特定决策命令发送到各个机器控制器。传统的控制系统通常不足以发挥工业互联网的全部潜力，因为它们通常是简单的闭环操作，而 IICS 连接的控制是分布式的，对本地数据流可以同时处理和分析，数据分析不仅发生在云中，而且发生在设备端。借助 IICS，GE 能够使用数据进行更明智的运营决策。

GE 认为，大数据不仅与资料量有关，更需要有效地使用资源。就像 GE 德国奥格斯堡（Augsburg）工厂负责人鲁道夫·克鲁门克所说的，IICS 是通往工业网络的必经之路。

16.1.4 工业互联网生态系统

1. Predix 平台

工业互联网一直强调机器、设备的互联，并以智能的方式利用数据。2013 年，GE 推出工业大数据分析平台 Predix。该平台是连接机器、数据和人的重要平台，可将各类数据按照统一的标准进行规范化梳理，支持云计算和大数据技术随时调取和分析。2015 年，Predix 对全球制造业企业开放，工程师们可以在 Predix 平台上按照企业需求编写程序和应用，更是为工业互联网建立工业生态系统打下了一个良好的基础。如图 16-2 所示为 GE 的工业互联网架构。

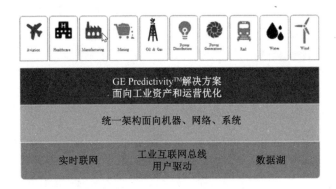

图 16-2　GE 工业互联网架构——Predix 云平台

Predix 超越了传统企业的 IT 解决方案，它是通过为 GE 和非 GE 设备增加工业运营技术的本地云架构。比如，Predix 允许客户利用 Predix 平台的所有组件预测潜在问题、执行预防性维护、减少非计划停机时间。Predix 机器组件可以监控从传感器收集的数据，使用基于物理特性的分析方法，根据资产模型检测潜在的错误状态，平稳地关闭资产。除了这些设备端应用，Predix 机器还可以将传感器数据传至 Predix 云，云端可以存储并分析所有机器的运营数据，数据科学家可以发现新的模式，并创建基于物理特性且经过改善的新分析模型。

GE 充分利用 Predix 平台构建工业互联网生态系统。2015 年，GE 对外开放了 Predix 平台，允许任何开发者通过 Predix.io 门户网站体验 Predix。GE 还与 PTC 公司合作，针对制造业推出了 GE 品牌方案，双方携手推出制造解决方案，共同构建 Predix 生态系统。2016 年，GE 宣布以 9.15 亿美元收购世界领先的云服务解决方案供应商 ServiceMax，使 Predix 功能进一步强化。时至今日，GE 数字化业务在全球范围内快速推进，Predix 几乎成了工业互联网、工业云服务解决方案的代名词，甚至有望成为未来工业互联网操作系统的标准。

2016 年，GE 与东方航空公司开发出适合飞行员使用的 APP——MyFlight，短短半年时间内，GE 已经将其升级为可以服务于航空公司各职能人员的 2.0 版本。采用 GE 的 Predix 云平台将每年东航飞行产生的多达 10TB 的数据进行有效提取和精准分析，比如，通过对每个飞行员个人数据的分析，可以很好地掌握飞行员的整体技术水平，规避并修正可能发生不当操作的情况，从而规避不安全事件的发生。

2016 年，GE 与天津市政府及相关合作伙伴共同打造的于家堡智慧城市项目。搭载 GE 的 Predix 云平台的路灯，通过配置摄像头与传感器采集数据，并学会了"思考"。它能管理城市车位，检测违章停车，并通过移动终端实现信息发布、逐项导航与停车费支付；通过感应人流调整信号灯时长；此外，还可以昼夜不停地监测周遭环境，提高城市安全等级。

2016 年，GE 与华为建立战略合作伙伴关系，利用华为成熟的信息通信技术（ICT），加速了工业互联网创新应用的开发，华为采用了 Predix 作为物联网开发的首选平台。双方还围绕华为卓越的产品线及互联网和 IT 基础架构方面的丰富经验，共同为客户开发端到端应用。

2．工业互联网联盟（IIC）

2014 年 3 月，GE 联合 AT&T、Cisco、IBM 和 Intel，5 家行业巨头成立了工业互联网联盟（IIC），重新定义制造业的未来。该联盟旨在打破行业、区域技术壁垒，加速现实物理世界和虚拟数字世界的全面融合。工业互联网联盟是一个开放性的会员组织，致力于为更好地访问大数据提供服务支持。联盟将有助于联盟内各机构更加便利地连接和优化资产、操作及数据，获得更大的商业价值，以期在行业内部、不同行业之间构建规模更大、层次更高的工业互联网生态系统。

近年来，工业互联网联盟（IIC）的全球影响力持续扩大，已经成为最具影响力的国际化工业互联网组织之一，其成员机构已经超过 260 家，吸纳了全球各国家数百家企业、研究机构和非营利性组织，包括 GE、IBM、Intel、Oracle、SAP、博世、华为、海尔等一大批具有国际影响力和地区影响力的企业，得到了美、德、欧盟等的关注与支持，与 ISO、IEC、3GPP

等国际标准化组织建立合作，目前已建立了 23 个测试床，参与测试床建设会员覆盖全球 41 家企业。该联盟在推动技术创新合作的同时，非常重视标准化、商业模式和大中小企业联合，未来随着其成员的进一步增加、成果的不断发布、联合的不断加强，其国际影响力将进一步增强。

3．文化变革

创新的关键是文化价值的驱使，求变的文化是 GE 文化中相当重要的一部分。2014 年 GE 推出的新价值观叫 GE 信念，其中有一句话是"闯未知，展佳绩"。在 GE 创新体系中，求变的文化起到了非常积极的作用，它的体现方式主要有两种，一是通过潜移默化的影响，二是像"群策群力"（Work-out）和"精益创新"（Fast work）等模式在实践中的应用。

"群策群力"（Work-out）管理模式起源于杰克·韦尔奇的时代，是指发现问题后，大家会集思广益，并把不同职能部门的人锁在一间房间里，就问题展开深入讨论，当天不找出解决方案就不能离开。这种模式是鼓励员工去发现工作当中的一些问题，然后调动大家的积极性。Work-out 不仅是发现问题，还有如何解决问题，有些问题比较具体，有些是比较大的问题，甚至涉及一些流程或者体制的改变。

"精益创新"（Fast work）是指快速立项、快速测试，以及快速获得市场、客户反馈，这也是 GE 在全球各个试点的模式。Fast work 有点类似"风投"，比如项目组认为这是一个很好的想法，就报预算、立项，审核通过之后，下一个问题就是看在未来 3 个月能够拿出什么样的结果。3 个月之后再看是否达到了预期的结果，但不保证还会有继续投资。这种 Fast work 更适应于全新的市场，因为有很多未知需要不断去尝试，如果一下子给一或两年的资金，对项目和企业本身来讲风险是很大的，GE 内部一直在不断尝试 Fast work 模式。

4．成效

GE 永远追求走在时代最前端，成为美国新工业革命引领者。据测算，工业互联网帮助航空业提升 1% 的燃油效率，能节省 300 亿美元燃油开支；帮助提升 1% 的石油勘探资本利用率，能节省 900 亿美元；帮助铁路行业提升 1%的运营效率，能节省 270 亿美元；帮助医疗行业提升 1%的效率，能节省 630 亿美元。预计到 2020 年，全球得益于工业互联网，将带动 GDP 增量达到 15 万亿美元，相当于目前美国 GDP 总量的 90%。到 2025 年，80%～100%的制造业将使用物联网应用程序，产生 9000 亿～2.3 万亿美元的潜在经济影响。多家美国媒体甚至称美国版工业 4.0 实际就是通用电气的"工业互联网革命"。

数字互联甚嚣尘上，让本来已经处在转型期的中国工业更加躁动不安，GE 的转型让我们进一步思考什么是真正的工业互联网，是否可以先实现人与机器、机器与机器的互联之后，再让工业与社会互联？第四次智能化浪潮的到来，让人与机器融合、让机器与机器对话，能否扎实稳妥地把"物联"做好，将会有决定性的意义。

16.2　三一重工：制造服务化

16.2.1　企业简介

制造业当前已经迈入工业 4.0 时代，以美国和德国为首的发达国家积极开发自己的工业互联网平台。我国制造业还没有完成"中国质造"的进阶，实体经济减速下行。根据德勤调查研究，中国在六大制造业重点国家中，仅成本占据优势。在这种局面下，我国将信息化及智能制造作为"十三五"时期提升国民经济素质的一个主要抓手，并出台"中国制造 2025"行动计划。三一重工股份有限公司（以下简称"三一重工"），作为中国装备制造领域的领军企业，引领中国传统制造业在发展中开始积极探索。

三一重工由三一集团于 1994 年创建。三一集团是新时期中国传统制造业发展的样本，是国内民营企业奋斗转型的缩影。三一重工是以"工程"为主题的装备制造业，主要产品包括混凝土机械、挖掘机械、起重机械、桩工机械、筑路机械，其主导产品的业务和产业基地遍布全球。从 20 世纪 90 年代梁稳根带领"梁家军"从 300 万起步，到今天的"全球第五大工程机械制造商""国内最早实践工业物联网的企业"，三一重工坚持自主创新而迅速崛起。十多年来，三一重工一步步发展成中国工程机械行业的领军企业。2003 年，三一重工在 A 股上市；2011 年，三一重工以 215.84 亿美元的市值荣登英国《金融时报》全球市值 500 强；2012 年，三一重工收购"世界混凝土第一品牌"德国普茨迈斯特，一举改变全球行业竞争格局。

2012 年，三一重工为了紧紧跟随国际智能制造的大趋势，开始全面投产"18 号厂房"，搭建"根云"工业互联网平台，对机器设备产生的海量数据进行分析利用，为产品全生命周期和生产经营各环节提供决策参考，推动制造业的服务化转型。正如三一重工总裁向文波所说："智能制造是大势所趋，未来在产品生产过程中，我们将尝试提出产品的初始方案，然后将客户意见纳入产品设计阶段，从而在设计之初不断改进完善，形成个性化产品。"

16.2.2　互联网+制造转型的战略布局

近些年，产业融合是重要的行业趋势，不仅互联网行业开始寻求与其他行业的融合，传统企业也在进行与互联网互相渗透的转型。三一重工也不例外，正试图塑造一个"跨界者"的形象，开始在电商、银行、保险、风投、手机等领域频繁亮相。如果把三一重工的产业链铺开，每个环节都在发生着商业模式的变革。而这些布局，可以让三一重工建立以生态系统为中心的视角，借助客户和生态洞察，审视竞争格局。

在互联网+制造的转型之路上，三一重工采用"两横一纵"三条线的业务流程变革。

以优化企业的运行秩序第一条横线是企业之间基于业务流程的端到端横向集成，包括对制造商、供应商、零售商、客户等整条供应链上不同企业之间的协同和管理。目前三一重工可以在一个平台上管理集团国内、国际的业务单元、营销、后市场服务，通过营销、服务和客户平台的对接，建立市场洞察体系。同时，三一重工还建设了"侦察兵"机制。一方面，通过高管督导市场，另一方面，在国际市场选拔侦察兵，并建立完善的评估、考核机制，对侦察兵给予充分授权。

第二条横线以产品为核心，对企业内部核心业务进行横向集成。这包括产品从设计到最终生产交付的所有阶段。三一重工搭建了全球协同研发平台，同时在智能制造方面，从数字化工厂规划，到智能车间，形成全流程集成。"18 号厂房"被工信部评为数字化制造的样板工厂。三一重工建立了机械行业最大的协同研发平台，使得三一重工的全球研发人员共享知识，并通过视频、语音、数字化样机进行 24 小时的同步研发。同时，三一重工的十几个产业园，都在一套服务器上进行工作，极大提高了产品的管理水平，研发的成功率也大大提高。

第三条纵线基于用户需求。从用户下订单、底层生产设备调用，到最后产出智能产品和智能服务的整个过程，对企业资源计划系统（ERP）、生产信息化管理系统（MES）和智能设备的终端进行纵向集成。值得一提的是，三一重工的企业控制中心平台（ECC 平台），通过远程诊断、一线服务、二线服务、物流管理、远程监控、故障解决，把相关的人串联起来形成完整的闭环。三一重工通过 ECC 管理了 20 万台智能产品并提供智能服务。

可以看出，三一重工当前是以智能制造和工业大数据为核心，具体体现在流程的业务变革，基于数据的智能互联，基于用户的模式创新。业务流程的变革指的是形成用户和市场导向的流程化组织，智能制造不纯粹是技术层或解决方案层的实践，基于数据的智能互联是指，将企业的数据、经营、物料、产品、人进行数字化连接；基于用户的模式创新是指，所有智能制造、物联网的创新都是以客户价值的提升为目的的。

围绕着"两横一纵"的战略布局，三一重工搭建了"根云"工业互联网平台，投资建设了智能工厂，带领国内传统制造业开始了制造业服务化的转型。

16.2.3 "根云"工业互联网平台

"根云"工业互联网平台（RootCloud）是首个由中国本地化工业互联网企业打造的中国本土、自主、安全的工业互联网平台，主要是为本土制造业企业提供端到端的物联网解决方案。基于对中国制造业的深刻理解，"根云"平台重点解决中小企业在物联网信息化建设中，遇到的资金不足、技术匮乏等痛点，且接入更方便，能够给客户带来最直接的经济效益。在建立"根云"平台的过程中，三一重工主要经历了三个阶段。

1. 阶段一：探索工程机械物联网

早在 2005 年，转型阵痛中的三一重工就意识到，物联网将在工程机械行业发挥越来越重要的作用，于是着手对工程机械物联网核心部件及相关技术展开研究。

2007 年，三一重工与中国移动长沙分公司就"三一工程机械设备智能服务系统"项目开展合作，探索建立基于物联网技术的"机器对机器（M2M）远程数据采集与监控平台"。借助安装在设备上的采集提供、机器对机器（M2M）终端及反向控制系统，通过中国移动网络，将设备状态参数传送至企业监控中心。最初只是在小范围的工程设备和车辆上试行商用。

2008 年，三一重工成立了中国最早的物联网平台，基于自身朴素的管理需求，力求通过平台把设备连接起来采集更全面的工业大数据，进而转化成智能化解决方案，提高公司产品的研发质量，提升服务水平。2009 年，"机器对机器（M2M）远程数据采集与监控平台"实现了规模化的商用，三一重工建成国内首家工程机械物联网企业控制中心。

2. 阶段二: 成立工业互联网公司

为了打造一个能与 GE 和西门子等跨国企业同台竞争的行业级工业物联网平台, 三一重工在 2016 年投入巨资成立了树根互联技术有限公司(以下简称"树根互联"), 填补国内在工业互联网平台化建设上的缺失。与三一重工此前在智能制造领域的方式不同, "树根互联"项目中, 三一重工相当于该公司的天使投资人, 且仅作为投资方参与。"树根互联"持续融资, 让股权结构更加开放, 致力构建开放、共享、合作、共赢的工业互联网生态, 聚合上、下游产业合作伙伴和解决方案供应商能力, 构建服务全社会的工业互联网生态。

刚开始探索这个领域时, 三一重工主要采用"终端+云端"架构, 进行智能器件和专用传感器的自主研发, 实现泵车、挖机、路面机械的信息状态采集, 使客户能够即插即用, 便利地使用工业互联网大数据的增值服务。随着 8 年的持续研发应用和超过 10 亿元的资金投入, "树根互联"工业互联网平台不仅在"终端+云端"基础上极大拓展了数字化、信息化的应用管理范畴, 在智能研发、智能产品、智能制造、智能服务上强势布局, 获得不可复制的核心竞争力, 而且, "树根互联"还融入了大数据、移动互联、云计算、人工智能及最近火热的 VR/AR 技术, 将机器、数据、流程、人等因素融合创新, 形成工业领域各行业端到端解决方案。

3. 阶段三: 正式推出工业互联网平台

2017 年 2 月, "树根互联"工业互联网平台正式发布, 持续投资超过 10 亿元。其中, 腾讯云主要提供底层云计算基础架构能力, 如 IaaS、PaaS 层的大数据存储和运算能力, 快速提升机器运行效率, 并将物联网技术与工业生产力相结合, 具有很强的广泛适用性。借助该平台, 三一重工不仅能高效完成设备分析、预测和运营支持, 还实现了从设计、制造到提供租赁和维护服务, 再到大数据分析服务等一系列商业模式上的创新。图 16-3 所示为"树根互联"工业互联网产品。

图 16-3 "树根互联"工业互联网产品

在腾讯云的支持下,"根云"平台已经在全球范围内接入了 30 万台设备,实时采集近 1 万个运行参数。利用云计算和大数据,"根云"平台将生产设备和仓储系统等独立单元相互连接,远程管理庞大设备群的运行状况,不仅实现了故障维修 2 小时内到现场、24 小时内完成,还大大减轻了备件的库存压力。三一重工 CIO 兼树根互联 CEO 贺东东认为,要使中国制造业从 2.0、3.0 进入 4.0,就必须利用最新的云技术,一旦物体变为数字化镜像之后,就可以广泛采用网络内容服务商(ICP)技术与互联网进行对接。但他同时也认为,对于中国 30 多万中小型制造企业,尤其是其中 97.4%的中小型制造企业来说,信息化、物联网、大数据等技术门槛太高,云计算是消除门槛的最佳方式。

16.2.4 打造全球领先的智能工厂

在全球科技革命的大背景下,工程机械行业作为多品种、中批量、按订单生产的离散型技能密集型产业,要想向高端制造发展,必须依靠信息化建立先进的制造和管理系统。三一重工作为重工领域的标杆,其"18 号厂房"成为应用基础的示范,是目前亚洲最大、最先进的智能化制造车间。"18 号厂房"从 2008 年开始筹建,2012 年全面投产,总面积约十万平方米。从 2012 年开始，三一重工联合其他单位，共同建成车间智能监控网络和刀具管理系统，公共制造资源定位与物料跟踪管理系统，计划、物流、质量管控系统，生产控制中心中央控制系统等智能系统。图 16-4 所示为三一重工的智能化工厂。

图 16-4　三一重工的智能化工厂

1．智能加工中心与生产线

2012 年，三一重工在上海临港产业园建成全球最大、最先进的挖掘机生产基地，大规模推广使用了有"智能化机械手"之称的焊接机器人，大幅提升了产品的稳定性，使得三一挖掘机的使用寿命大约翻了两倍，售后问题下降了 3/4。由于规范了管理，又进一步提升了整个生产体系的效率，不但如此，机器人的使用减少了工人数量，管理模式的重心从原来的管人转移到了管理设备上，相对而言，管理设备要容易很多。此外，引入分布式数控系统，可以动态分配数控加工任务给任一加工设备，提高设备利用率，降低生产成本。

2．智能化立体仓库和物流运输系统

三一智能化立体仓库总投资 6000 多万元，分南北两个库，由地下自动输送设备连成一个整体，总占地面积 9000 平方米，仓库容量大概是 16000 个货位。通过这套系统，三一重工打造了批量下架、波次分拣、单台单工位配送模式，实现了从顶层设计至底层配送执行的全业务贯通，大大提高了配送效率及准确率，准时配送率超过 95%。智能化立体仓库的核心是无人搬运智能小车（AGV），当有班组需要物料时，装配线上的物料员就会报单给立体仓库，配送系统会根据班组提供的信息，迅速找到放置该物料的容器，然后开启堆高机，将容器自动输送到立体库出库端液压台上。此时，AGV 操作员发出取货指令，AGV 小车自动行驶至液压台取货。取完货后，由于 AGV 小车采用激光引导，小车上安装有可旋转的激光扫描器，在运行路径沿途的墙壁或支柱上安装有高反光性反射板的激光定位标志，AGV 依靠激光扫描器发射激光束，然后接收由四周定位标志反射回的激光束，由车载计算机计算出车辆当前的位置以及运动的方向，通过和内置的数字地图进行对比来校正方位，从而将物料运送至指定工位。公共资源定位系统是三一重工智能工厂的一个重要支撑。公共资源定位系统能实现包括对设备定位和状态检测、人员定位及故障实时处理与报警等功能。通过公共资源定位监控中心，三一重工的生产管理人员能及时地了解生产车间的人员位置、设备位置和状态、加工生产情况，并及时地指导生产和进行故障处理。

3．智能化生产执行过程控制

在生产计划方面，高级计划系统考虑了企业资源所提供的可行物料需求规划与生产排程计划，让规划者快速结合生产限制条件与相关信息（如订单、途程、存货、物料清单、产能限制等），以做出平衡企业利益与客户权益的最佳规划与决策，满足顾客需求以及面对竞争激烈的市场。在执行调度过程中，引入制造企业生产过程执行系统（MES）终端机，生产线工人不仅可以及时报完工、方便快捷地查询物料设计图纸和库存情况，更重要的是 MES 终端机可以正确地引导工人每个工位该如何进行

安装、安装时需要哪些零部件，同时给予安全提示。在物流管理方面，三一自动化立体仓储配送系统实现了该公司泵车、拖泵、车载泵装配线及部装线所需物料的暂存、拣选、配盘功能，并与 AGV 配套实现工位物料自动配送至各个工位。在质量检测方面，三一重工通过生产管理系统，实现涵盖供应商送货、零件制造、整机装配、售后服务等全生命周期的质检电子化，并实现了统计过程控制分析、质量追溯等功能。

16.2.5　引领新时代的制造业服务化

制造业服务化是现代制造业的发展趋势。在工程机械制造领域，三一重工的服务首屈一指，例如其一诺千金的"211"承诺：2 小时内到达客户现场、1 天内为客户解决一般故障、常用配件 1 天内准确到达。三一人在追求产品不断创新的同时，还在追求服务走向智能化。

2014 年，三一重工启动大数据平台建设，借以实现低成本海量设备数据的接入与分析。贺东东表示，"随着智能产品不断采集用户的数据和状态，上传到云端，这时就产生了新的服务需求，我们称之为智能服务平台。"例如，三一重工自主研发的大数据储存与分析平台，即"企业控制中心（ECC）客户服务平台"，包括所有设备底层控制的硬件和软件，能实现双向的交互及对设备的远程控制，可将 20 多万台客户设备实时运行的数据通过传感器传到后台进行分析和优化。

三一重工依托"云端+终端"大数据平台将地面的服务人员位置、车辆开工信息、配件库存信息集中管理，建立了一套"天地人合一，一二三线协同"的服务体系。用户可通过网页或手机 APP，随时随地掌握机器各方面的状态。

在自主开发的卫星远程监控系统的支持下，三一重工能够跟踪每台产品的使用数据，一旦出现故障，服务人员根据车辆历史开工情况判断故障，通过 GPS 迅速实现精准定位，并找到离它最近的服务车及所需零配件的最近仓库，第一时间为客户提供维护服务。

依托 ECC 客户服务平台，三一重工将同样的服务体系拓展到了国际市场，在与国外对手的比拼中形成独特的竞争力。2016 年，三一重工为全球 100 多个国家、300 多个城市提供服务，建立 733 个服务网点，在海外市场实现营收 92.86 亿元，领跑行业。

当前，三一重工已经形成 5000 多个维度、每天 2 亿条、超过 40TB 的大数据资源，基于这些数据，开展的大数据应用主要在以下几个方面。一是预测宏观环境。例如，三一重工与清华大学合作，推出了"挖掘机指数"，能够显示设备的施工时长和开工率等数据，并根据开工率数据预测下个月固定资产投资增量，在一定程度上可以反映中国宏观经济走势，提供决策支持。二是分析产品结构。建立基于数据分析的研发模式，发现哪种型号的产品更受欢迎，对基于市场定位的产品研发有较强的参考价值。三是预测设备故障。在设备出现故障征兆时提前维护，目前在出现故障的设备里有 50%可以事先预测，减少了客户损失。四是预测配件需求。通过设备运行状况研究其配件消耗之间的关联，建立预测模型，大大降低了企业生产成本。

从纯粹的机械生产制造商转变为智能化解决方案提供商，三一重工成功的关键在于其一直保持着对行业发展趋势的高度警觉以及推动创新发展的坚毅果敢。工信部公布的 2015 年智能制造试点示范项目名单中，全国共有 46 个项目入围，三一重工成为工程机械行业入选企业。三一重工对智能制造积极配合和大力推进，从传统的粗放型工业生产模式积极探索"互联网+工业"的新型生产模式，用信息技术对制造业进行升级，建立先进的制造和管理系统，做大做强了中国制造业。

16.3　硬蛋：从智能硬件助力互联网+制造

16.3.1　背景：从智能硬件切入物联网

物联网是互联网+制造战略实施的关键基础设施和重要产业支撑，是推动传统产业升级、生产效率提升、运行模式创新必不可少的手段。2015 年，全球物联网产业规模已接近 3500 亿美元，中国物联网产值高达

7500亿元人民币。市场研究公司Forrester Research预计，到2020年物联网的产业规模将比信息互联网大30倍。物联网包含三个关键要素：智能硬件、人工智能技术和云服务，其中智能硬件是支撑物联网的基础核心。中国智能硬件的发展在政策推动下呈现上升势头。2016年9月，工业和信息化部、国家发展和改革委员会联合制定《智能硬件产业创新发展专项行动（2016—2018年）》。中国目前智能硬件企业主要集中在北京和深圳，两地企业占比达到56.8%。其中，硬蛋科技（深圳）有限公司（简称"硬蛋"）在行业中具有突出表现，有效地整合了智能硬件产业资源。

硬蛋成立于2014年，是科通芯城创立的一家子公司。其主营业务是智能硬件创新创业平台。选择智能硬件作为企业发展切入点，一方面是因为科通芯城是中国首家面向中小企业的IC元器件自营电商；另一方面是因为科通芯城作为一家互联网企业，其商业模式几乎是公开的，如果不能持续创新，迟早会被淘汰。随着物联网新时代的来临，科通芯城希望打造一个互联网平台，专门服务于中国做智能硬件的创新创业者，因此成立旗下最重要的品牌——硬蛋。

随着劳动力成本日益上涨，越来越多的客户开始使用智能硬件产品代替高成本劳动力以实现高效便捷的生产。然而，当前中国智能硬件先进技术的应用与企业成本之间相互制约，功能丰富的智能硬件设备售价较高，价格较低的产品功能单一，在"智能化"程度方面与消费者的心里落差较大。硬蛋看到智能硬件发展的障碍，力图提供智能硬件相关服务，提高技术水平并降低生产成本，解决客户痛点。

16.3.2　互联网+制造的战略核心

智能硬件的创新与发展需要电子制造业供应链提供元器件和代工支持，需要互联网企业提供资本和营销支持，需要软硬件各维度的人才。为了解决技术水平与技术成本之间的制约，硬蛋选择了整合智能硬件产业资源的路径，以实现产业生态的共赢。一方面，硬蛋纵向打通创业链条，帮助智能技术落地生产制造；另一方面，硬蛋横向构建共享平台，推动产业资源横向分享、互相促进。硬蛋的战略具体可以归纳为以下三点。

第一，智能硬件生产，从简单生产某个智能硬件到提供针对功能需求的配套智能硬件解决方案。借助母公司科通芯城的支撑，硬蛋提供智能硬件生产服务业务。

第二，纵向资源整合，打通智能硬件创业全过程链条。着力以制造业供应链为核心，提供一站式 O2O 资源链接。通过 Offline 和 Online 两条线，为硬件创业者提供硬件创新咨询、供应链需求对接等服务，帮助创业者的创意落地。

第三，横向资源整合，建立投资人、创业者、制造商和消费者的分享平台。硬蛋将核心资源汇聚到平台，比如世界 500 强的技术、专利、政府资源、制造业产能等，免费开放给全球的创新创业者和中国大量的传统企业。通过这样的方法，帮助他们转型与升级，打造全球最大的制造业共享经济平台。同时建立线下体验平台，让年轻人起引领作用，使智能硬件的使用成为风气。

16.3.3 具体举措

1. IOT 智能硬件与解决方案

硬蛋从智能硬件切入物联网，不仅销售智能产品，更是为客户提供基于其需求的配套解决方案。例如，当 B 端用户产生一款智能硬件产品的创意时，硬蛋可以帮助客户选择更合适的硬件产品组合，如针对某项功能选择 WiFi 模块或蓝牙模块的建议。对于硬蛋来说，这样的优势来自于其母公司科通芯城。硬蛋希望通过这种方式扩大智能硬件市场规模，影响到如 ARM、Intel 这样的上游供应商。

硬蛋在智能硬件方面有两个发展方向。第一，扶持智能硬件企业发展。硬蛋帮助企业的策略是在一线城市做品牌，在二、三线城市走销量。

硬蛋的目标是培育像苹果这样的"独角兽"企业。第二，推动智能硬件市场发展。在智能硬件领域，产品、市场每个环节需要快速响应，缝隙市场需要快速进入。智能硬件目前是第一波浪潮，只给传统硬件加一个 WiFi 模块，就可以变成时髦的智能硬件。硬蛋的目标是在 5G 应用下实现物体与物体的数据交换。

2. 提供以制造业供应链为核心的服务

智能硬件创业包括硬件制造与软件研发，是两者的默契结合，后端的云服务，还需要考虑用户教育。虽然中国制造的机器人、智能可穿戴设备、智能医疗等产品非常出色，却面临商业化难题，问题在于智能硬件供应链不顺畅。目前阻碍智能硬件发展的主要因素包括：创业者对硬件制造的难度预估不足，供应链成瓶颈，企业与工厂配合失调，元器件技术有待突破等。正是以上的短板和由此衍生的创业者需求，让硬蛋看到智能硬件供应链的重要性。

硬蛋提供以制造业供应链为核心的服务：一方面是其母公司科通芯城在芯片供应链领域有强大的话语权；另一方面是硬蛋平台积累的海量数据。硬蛋体系化地帮助创业团队，靠算法将客户需求与供应商对接起来，把控包括设计、研发、采购、生产等关键业务节点。硬蛋 link、硬蛋线下 IOT 体验厅、硬蛋众测版块共同形成平台三大"硬核"，为创业者提供供应链服务。

硬蛋 link 向全球智能硬件创业者提供供应链 O2O 服务。硬蛋 link 已经聚集了 2000 多个智能硬件项目、2000 多家供应链厂商及 200 万粉丝。其中，20% 的项目来自国外。

硬蛋线下 IOT 体验厅是智能硬件互动平台，将新奇酷的智能产品展示给消费者，让消费者或用户先体验。硬蛋线下 IOT 体验厅基本都开在城市的地标区域。硬蛋的目的就是让年轻人玩起来，成为一种风尚，以持续地带动消费。目前硬蛋线下 IOT 体验厅已经在深圳、北京、顺德、香港、重庆等地开设，预计 2017 年将在全球设立 100 家以上。硬蛋线下 IOT 体验厅主要是展示与体验功能，通过体验厅发现消费需求，将其导流到天猫、京东等电商平台。图 16-5 所示为硬蛋香港线下体验厅。

图 16-5　硬蛋香港线下体验厅

硬蛋众测是为用户提供智能硬件产品试用、体验、评测的渠道。硬蛋众测的首期试用产品是虚拟现实眼镜——暴风魔镜，该产品在不到一天的时间内，吸引了多达 2000 人参与申请。除了硬蛋平台产品项目，众测频道还聚集了来自淘宝众筹、京东众筹、点名时间上的新品。在硬蛋众测上，产品特性、售价一目了然，点赞、拍砖更能让用户玩得愉快。除"一张图"式的简易评测外，硬蛋众测还贯穿众筹、预售等环节，旨在为产品收集种子用户，降低大众体验智能硬件门槛。

3．打造全球最大的制造业共享经济平台

通常，供应链费用占智能硬件创业成本的 1/3，专利费用占到创业成本 1/4。硬蛋通过构建平台，给创新创业者提供资源和服务，大大降低了智能硬件创新创业的门槛。硬蛋平台着力推动"积木式创新"，即在创新过程中，不同要素（智能硬件公司、国际大型公司、投资公司、市场策划公司等）之间如"积木"般组合，实现资源整合与效益共享。

例如，硬蛋平台上有很多创新项目，如三个爸爸、微跑等产品。创业企业对于如何将产品卖向市场，如何对接更多的国内国外投资人，缺少资源和经验，硬蛋帮助这些企业提供系统性的服务。

再如，微软的语音交互等先进技术，是很多智能硬件商必需的技术。但是，微软的专利授权费和技术转让费很高，创新创业型企业难以承受。硬蛋提供一种合作方式，以技术占股的形式，与创新创业型企业合作。

硬蛋致力于构建智能硬件产业生态。百度、阿里、腾讯和京东四大巨头宣布成为硬蛋智能硬件生态圈的盟友；供应链代表博通、联想等，创投圈代表 IDG、阿尔法公社等，孵化圈代表微软创投、太火鸟等数十家企业代表也共同参与了硬蛋平台的生态圈建设。硬蛋打造的生态系统，就是一个线上线下相融合的企业服务平台，且会打造更多线下资源，能够很好地促进合作和联系。图 16-6 所示为硬蛋的 IOT 生态系统。

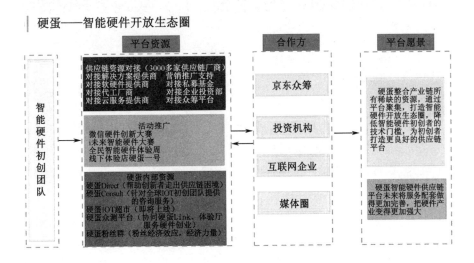

图 16-6　硬蛋的 IOT 生态系统

16.3.4　成效

硬蛋平台 2014 年正式上线，经过短短几年的培养，目前已经成为中国最大的智能硬件创新创业平台。硬蛋平台有超过 16000 个智能硬件的项目，其中 80%来自中国的创新创业公司，另外 20%来自硅谷、以色列、欧洲等海外创新公司。目前，硬蛋已经在全球各处设有办公室，包括硅谷、米兰、特拉维夫、中国台北等地。

此外，硬蛋通过互联网让众多创新公司连接了深圳周边超过 1.4 万家的供应商，包括珠三角、长三角的一些公司。2017 年，硬蛋开展"聚投100"项目，计划服务 100 个项目，项目由 Intel、科大讯飞等技术型企业提供技术支持，硬蛋提供供应链服务。硬蛋目前创造了超过 1600 多万的智能硬件分析群，打造在智能硬件 B2B2C 的闭环，服务全球智能硬件领域的创新创业者。

16.4 广汽传祺：打造智能工厂，实现全方位转型

16.4.1 企业介绍

广汽集团成立于 1997 年，2005 年 6 月 28 日完成股份制改造。主要业务包括汽车、摩托车整车及零部件设计与制造及相关服务，是国内首家实现 A+H 股[①]整体上市的大型国有控股汽车企业集团。2016 年《财富》全球 500 强企业排名第 303 位，2017 年上升至 283 位，连续八年蝉联广东省大型企业竞争力第一的宝座，经济效益综合指数连续数年排名行业第一。

广汽集团自有品牌是广州汽车集团乘用车有限公司（简称"广汽乘用车"），成立于 2008 年 7 月 21 日。公司旗下广汽传祺品牌自 2010 年年底上市以来，实现了平均年复合增长 85% 以上的优质高速发展。2015 年 11 月，广汽集团正式发布了"十三五"战略规划——"1513"战略，其中突出"1"个重点，即举全集团之力发展自主品牌，实现以传祺为核心的自主品牌事业的跨越发展，2020 年实现自主品牌 100 万产能规模。广汽乘用车厂区占地面积 118 万平方米，由动力总成工厂和涵盖冲压、焊装、涂装、总装四大工艺的整车工厂组成。

广汽传祺的互联网升级关键在于打造智能工厂，即逐步使车间工作智能化和数据化。以物联网为基础，以智能系统为后台支持，实现大量智能设备协调有序工作，从而取代大部分人工工作，工人逐渐转向辅助

---

① A+H 股是既作为 A 股在上海证券交易所或深圳证券交易所上市，又作为 H 股在香港联合交易所上市的股票。

岗位。同时，依托广汽研究院，将自身产生的数据采集并利用起来，作为管理和监控的手段，为了更好地实现数据化，广汽传祺还在搭建云数据平台的考量中。广汽集团决定发展自有品牌（广汽传祺），较同行企业稍晚一些，但依靠互联网转型升级为核心的自主创新，广汽传祺实现了80%的平均年度增长率等卓越的成长。

16.4.2　广汽传祺智能工厂

广汽传祺作为广汽集团的自有品牌，旨在打造自动化与智能化的智能工厂作为其核心竞争力。广汽传祺的动力总成工厂使用高精度生产设备和严格的检验标准以确保发动机的品质。广汽传祺的冲压车间采用具有八连杆伺服传动压力机和旋转七轴搬送机器人的全自动生产线，能够满足高品质、高精度、复杂外形的板件冲压条件。广汽传祺的焊装车间的主线实现全自动化，且是国内首例采用了 ABB 滚边系统①、KUKA 机器人②协同作业技术、多品种小批量柔性生产线的生产车间。广汽传祺的涂装车间是国内首例采用壁挂式机器人喷涂系统，并采用了四折线五机能工艺布局的生产车间。

广汽传祺智能工厂所使用的核心生产系统称为 GPS（Gacmotor Production System），以"止呼待"和"准时化"为两大生产支柱。

"止呼待"指的是全面推进自动化，实现人和机的止呼待。广汽传祺以"止呼待"实现品质保障和安全保障。"止呼待"，意为停止呼叫等待。如果车间内发生异常，整个生产线及人员都会有发现异常的能力，而且每位工作人员都可以立即拉起生产线、呼叫停止。"止呼待"由异常呼叫系统和 QA 联锁系统两个部分组成。异常呼叫系统的作用在于快速应对

---

① ABB（Asea Brown Boveri）是一家总部在瑞士苏黎世的瑞士—瑞典跨国公司，经营范围主要覆盖机器人、电机、能源、自动化等领域。

② KUKA（Keller und Knappich Augsburg），即库卡机器人有限公司，于 1995 年建立于德国巴伐利亚州的奥格斯堡，是世界领先的工业机器人制造商之一。

异常，实现止呼待，发现问题，立即暂停或减缓速度，就地改进质量提升生产力；而 QA 联锁系统的作用在于拧紧异常时，输送线自动停止，严防不良流出。

"准时化"则指的是推行少人化生产体制和全面实施 SPS 拉动式物流与拉动式生产。一方面，车间内全面实施 SPS 配送方式，依靠 AGV 小车、自动上下线装置、大物料链运输零件，从而确保零件能准时运送到安装岗位，同时有效减少人工搬运的成本。另一方面，编制车型基础工艺条件和最小有效作业单元，从而逐步形成以生产组长为核心的少人化工艺体系。

16.4.3　广汽传祺的智能化路径

1．拉动式物流

拉动式物流是广汽传祺智能化的核心内容，以促成柔性化生产，即一分钟切换生产车型，满足顾客需求。拉动式物流与过去的推动式物流相比，极大提升了工作效率，保证了"准时化"生产。过去的生产车间会把很多零件堆在一旁，如果生产很多车型，就需要不停切换零件，库存非常庞大。为了降低库存量、实现柔性化生产，广汽传祺引入拉动式物流的工作方式。拉动式生产分为场外拉动和场内拉动。场外拉动是指广汽传祺生产车间与供应商的信息共享与系统联动，按照订单需求生产零部件，从而实现零库存。通过智能的拉动式物流，广汽传祺整个车间的库存资金节约了 60%左右。场内拉动是指广汽传祺车间内的数据互通与系统整合，在车间现场，某台车生产到什么阶段哪个环节，需要装配什么零件，信息系统会将信息与 AGV 智能搬运机器人交互，得到指令的 AGV 小车负责到分拣区搬运零件，并将零件送到指定岗位。

AGV 智能搬运机器人能够帮助广汽传祺实现最优价值流的生产。不同于普通的搬运机器人，拥有"柔性伺服系统"支持的 AGV 智能搬运机器人表现出三大优点。第一，AGV 智能搬运机器人可以从系统处获得"路面情况"，自动规划更短的物流线路，自动让车、等待、启动，解决物流通道堵塞问题，提高物料配送效率，准时性强。第二，AVG 智能搬运机器人具备安全功能，小车能够识别前面是否存在障碍物，如果有障碍物，AGV 小车会自动停止、让行、避让。具体表现为 AGV 小车上的红绿灯，红灯停止、绿灯行走，因而 AGV 机器人不会碰撞翻车。第三，AGV 智能搬运机器人能够实时监控 AGV 小车运行状态，AGV 小车自身系统设置使得其能够在低电量时报警，然后返回充电区充电。

2. 管理智能化

信息系统的联动、数据的实时共享是实现管理智能化的关键。汽车订单首先到达销售系统，排成销售计划并与生产管理系统对接。生产管理系统与零部件采购系统对接，形成零部件订单。零部件采购系统把需要的零部件以一组零部件对应一台汽车的方式送到需要的生产线相应位置上，实现按需配送。这完全改变了过去大量堆积零部件在生产线附近的模式，实现了柔性化生产。

实现按需配送零件仅仅依靠物联网是不够的，广汽传祺针对该问题投入使用了智能"零件箱"SPS 系统。智能 SPS 系统智能化匹配产品和零件，将车辆生产的所有零件一次性预备齐全。广汽传祺在生产车间全面实施 SPS 分拣上线模式，分拣比例高达 88%。智能 SPS 系统以生产管理系统和拉动式看板为信息载体，实现"后工序领取、前工序拉动"的"一个流"生产模式。广汽传祺通过物联网技术实现了全过程物流环节与智能自动化作业。生产车间实现了智能反馈，因而能够确保精准化实时拉动，达到零部件库存减少 70%，厂房的可利用面积增加 30%，库存资金减少 50%。

广汽传祺通过特定的生产管理系统实现混线生产，这些还暂时无法完全智能化。目前至少可以做到在生产管理系统中，工人可以看到整个正在生产的汽车版型，物流会按照系统中的版型去取零件，这样达到拉动式生产与减少零件库存的目的。但广汽传祺认为没有必要完全无人化，原因在于成本会很高。成本一方面体现在完全无人化所需要的技术和设备，另一方面体现在未来技术进步后对过时的设备进行更新升级所带来的成本。

3. 智能设备与智能系统的交互

广汽传祺生产线数量多、生产量大、工艺工序复杂，所需要的智能设备的数量可想而知。不同于简单、单一的智能设备在生产中的投入使用，广汽传祺要实现众多智能设备之间有序协调工作，因而，必须存在一个在所有智能设备背后的后台系统做协调支持服务，即智能设备与智能系统的交互。其中，必不可少的是单点的智能（车间内的机器人、机器手）和系统的智能（系统的整体调控）。这样才能实现拉动式物流，使得柔性化生产协调有序。

为如此复杂和数量众多的机器人提供数据交互的基础设施是环网监控系统。环网监控系统是基于 PROFINET 建立车间级环网监控系统，集现场总线的优势与以太网功能于一体，提高了系统安全性、稳定性。广汽传祺之所以采用标准以太网，是因其具备高传输速率、无线传输、灵活的拓扑结构三大特点。环网监控系统设计之初考虑到了未来发展的可能性，因而采用了西门子 PROFINET 最新网络架构。针对"中国制造2025"，大部分的自动化，乃至未来会出现的设备，都可以很容易地接入广汽传祺环网监控系统现在的网络中。

16.4.4　广汽传祺的数据化手段

为了实现智能化生产，广汽传祺从管理和监控两个方面入手，分别是信息流一体化管理和数据化智能监控。管理会产生大量的数据，监控则需要以大量的数据为基础。但这些数据远远不够，因而，广汽传祺智能工厂的数据化还在规划搭建云数据平台，通过管理、监控、运输三者的联动，从而走向全生命周期管理；这也是未来汽车行业的发展趋势——依托大数据平台和"互联网+"的制造业服务化。

1．信息流一体化管理

广汽传祺的信息流一体化管理涵盖了从市场调研、生产、销售到售后的全过程。

市场调研过程中，广汽传祺非常重视市场用户的需求，会做十分细致全面的市场调查工作，包括广汽研究院的数据和销售数据。生产过程中，广汽传祺从战略和成本决策的 ERP 系统延伸到生产领域的生产管理系统，从生产管理系统延伸到设备系统的触摸屏操作系统，最后到达员工进行智能化生产的操作界面，从而形成了工厂整个从车间生产层到上端决策层的基本系统。销售过程中，广汽传祺为了实现功能最大化，追求实现信息流跟物流一致化的目标，让物流跟信息流、销售端、顾客的需求端联动起来，让集成管理系统和物流端系统联动起来，让供应端到销售端联动起来，从而实现广汽传祺信息流一体化的管理。售后过程中，广汽传祺依托于产品数据平台，实现对产品全生命周期的管控，从开发到运作结束，结束之后再涉及整个产品顾客的使用端，包括使用需求、使用习惯，甚至未来用途，都会以生命周期的形式延伸和展现。

2．数据化质量管控

广汽传祺依靠汽车管控数据系统来进行质量管控，即现在所谓的设备运营的稳定化。通过设计和策划来管理，对稳定性进行评估。在质量方面，通过过程管控的基础来进行评价，叫作过程指数，也就是 KPI，进行数据的评估。例如，在零部件的质量管理方面，判断汽车是受控还是不受控，要不要进行干预，如果判断需要干预，广汽传祺的相关部门会启动程序进行干预，使产品质量处于一个稳定的环境。典型的例子是整车检测线，涵盖超过 2800 个检测项目的静态品质检测区，总长 2600米的华南整车工厂最长试车跑道，20 多项路途检测，确保每辆下线新车符合品质要求，而这些检测标准都是数字化的。

3．云数据平台搭建

在数据化质量管控板块，广汽传祺力求平台化、系统化。按照当前运营的构筑方向。未来广汽传祺很可能走向云数据。当然，广汽传祺现在还没有产生云数据,对于广汽传祺来说,其中有潜在价值,也有潜在风险。广汽传祺自身积累了大量的数据,但是还没有很好地、系统地利用起来。尽管如此,广汽传祺也需要接收外部产业的信息,比如由阿里或者腾讯提供的云数据。广汽传祺认为,互联网产业和传统汽车产业并不存在谁颠覆谁的关系,反而可以相互合作,无论是云数据还是电商,都可以是广汽传祺全产业链的延伸。未来,生产和服务连成一体,相关数据将会打通,通过打造云数据平台,广汽传祺可以利用自身数据,也可以接触到外部产业数据,真正实现制造业服务化。

16.4.5 效益和总结

广汽传祺以智慧和不懈努力铸就世界品势和社会信赖的卓越企业。秉持 SSC 理念打造绿色清洁的工厂,为客户带来高性价比的产品,提高企业竞争力。

将智能工厂作为目标,以智能化和数据化为着力点进行"互联网+"升级,围绕冲压、涂装、焊装、总装四大工艺,广汽传祺打造出非凡的生产车间。冲压车间,广汽传祺做到了建筑面积减少 38%,降低厂家投资 4%;采用进口数控液压垫,合格率提升 8%;采用一体式液压离合制动器,噪声不大于 85 分贝;换模节时 30%,提高开动率 8%。焊装车间,广汽传祺做到了机器人小型化、减少机器人空间占用;优化焊枪结构,焊枪轻量化,降低生产能耗;采用国内领先的高柔性焊接生产线,采用机器人焊接自平衡技术、焊接参数自适应技术,确保焊接品质。涂装车间,广汽传祺做到了喷房长度削减 20%,降低厂家投资 10%;采用全新喷涂工艺,取消中涂层,能源节约 20%;电泳采用双摆杆输送线,布局紧凑,提升空间利用率;内外板喷涂全面自动化,削减作业人员 40 人,材料节约 10%。总装车间,广汽传祺做到了空间立体作业,优化生产线布局,生产面积降低 25%;SPS 区域近线体集中布置,分拣率达到 88%;采用 AGV 自动搬运机器人进行 SPS 物料配送,提升生产效率。

16.5 均胜电子：打造智能生态链

16.5.1 企业背景

2016 年，"互联网+"的旋风席卷汽车行业，对整个制造业链条的影响持续发酵。随着车联网和智能驾驶技术高达上万亿元的市场潜力快速释放，除了与新能源汽车相关的产业链，汽车电子开始成为资本热逐的下一个风口。宁波均胜电子股份有限公司（简称"均胜电子"）就是中国优秀的高速成长型汽车电子供应商之一。

均胜电子成立于 2004 年，在企业初创时期专注做汽车零部件，产品设计、研发和制造同步进行，可以对客户需求实时作出反应。注重研发的发展战略使得公司在起步阶段销售规模上升缓慢，成立 2 年后才有 2000 多万元的销售额，但却为未来的发展打下了坚实基础。在以研发为基础的起步站稳后，均胜电子开始考虑规模化发展。2006 年，在长春建立汽车零部件生产基地，对一汽就地供货；2009 年，成功收购了中德合资企业上海华德塑料制品有限公司，进一步完成了汽车零配件产品系的拓展和整合，成为国内汽车零部件产业的领军企业之一。

汽车功能件的产品附加值较低，同行竞争白热化，企业利润空间不断缩小。而在高附加值的汽车电子产品领域，整个中国市场被国际巨头通过技术壁垒和技术转移控制着。为了突破国内汽车行业发展的天花板，实现"安全、智能、互联和新能源化"的企业战略，均胜电子雄心勃勃地开始了海外并购之路，从此成为汽车电子领域的一匹黑马。2011 年收购德国普瑞、2012 年收购德国机器人公司 IMA、2014 年收购德国内饰和方向盘总成公司 QUIN，2016 年又用 11 亿美元完成了对德国 TS 和美国主被动安全技术供应商 KSS 的并购。现如今，均胜电子年销售额迈向 100 亿元人民币，未来几年总资产将会超过 300 亿元人民币。

通过多次海外并购，均胜电子让国外企业的创新能力和生产品质管控与中国公司的资金优势和市场资源互补，提前实现了全球化和转型升级战略目标，为实现智能制造的目标打下了坚实的基础。目前的均胜电子立足于中国和德国两大基地，实现了全球资源配置。企业产品系列包括驾驶员智能控制系统、电动汽车电池管理系统、工业自动化生产线、空调控制系统、传感器系统、电子控制单元、汽车发动机涡轮增压进排气系统、空气管理系统、车身清洗系统、后视镜总成等。

16.5.2　互联网+制造的战略核心

在实现互联网+制造的升级之路上，并购驱动与研发驱动是最重要的两条路径。均胜电子在创业早期选择了研发驱动，后期为了整合国外先进技术、公司的资金和市场资源，实现优化配置和跨越式发展，便以并购驱动为核心，用研发驱动支持新购技术的落地，双轮并行、逐步成长为国内汽车零部件行业的领头羊。

1．并购驱动

并购驱动是围绕着优秀的营销体系，以高效率、低风险的形式帮助企业完善产品线，是企业快速实现互联网+制造的捷径。2007 年前后，均胜电子的管理层发现国内汽车零部件行业竞争激烈异常，大部分中国汽车零部件企业仍处于产业链最低端，产品盈利能力低下、创新开发能力不足。均胜电子尽管投入了大笔资金用于研发，但总免不了被同行模仿；靠自主研发进军汽车电子配件领域的计划实施起来非常困难。此外，国外市场垄断了利润率高的汽车电子前装市场，核心制造技术也一直被全球 500 强企业所控制，如天合、博世、大陆集团、西门子、伟世通、株式会社电装等。对于有 2000 多亿元的庞大的中国汽车电子配件市场，均胜电子显得心有余而力不足。

面对这些问题，均胜电子将寻求突破的目光投向海外，探索性地走上了一条与多数公司不同的成长路径，把海外并购作为技术突围、企业转型的关键举措。通过海外并购实现技术跨越，让国外企业的创新能力和生产品质管控与中国公司的资金优势和市场资源实现互补，优化资源配置，从而切入国际大型汽车制造商供应体系，实现供应层次的根本性转变。

2. 研发驱动

研发使均胜电子不断开发出重磅产品获得持续增长动力，保障公司的核心竞争力，为互联网+制造注入源源不断的活力。早在创立之初，均胜电子就设立了"同步创新设计研发"理念，期望做到与客户同步，实时做出反应；为前沿客户量身打造全方位解决方案，切实满足客户需求。公司不愿意从产品复制起步，而是从设计的角度切入，确立了与汽车制造主机厂同步设计开发的发展理念。均胜电子不断致力于技术的研发与创新，推动开发理念的变革，提倡智能化的发展方向，为客户提供高功效的产品。

以工业自动化业务为例，均胜工装中心的工业自动化部门一直致力于为均胜功能件产品生产线进行自动化升级改造，已成功开发了多条自动化生产线。例如，洗涤泵自动化生产线使原先 14 人操作的一条生产线降到 1 人，不仅大大节省企业的用工成本，还提高了生产效率。图 16-7 所示为均胜电子的自动化车间。

图 16-7　均胜电子的自动化车间

为了更好地推动自身产业升级，均胜电子还在原有的创新设计的基础上开展了校企合作模式。至今，均胜电子已与美国密歇根大学、德国汉堡大学、清华大学、同济大学、浙江大学等知名高校建立合作项目。

16.5.3　具体举措

均胜电子的每一次跨越式发展都是以跨国并购作为支撑的。2011 年至今，均胜电子在汽配领域进行了三次跨国并购，实现了其零部件生产业务从价值链低端向高端的转型升级。

1．并购实施路线

2011 年，均胜电子斥资 18 亿人民币收购德国老牌汽车零部件企业普瑞 74.9%的股权，次年收购了剩余 25.1%的股权。这次并购使得均胜电子成功进入国内汽车电子前装市场，改变了国内汽车电子领域被国外零部件企业一统天下的格局，实现了实施"德国技术+中国市场"的发展战略。

成功收购德国瑞普后，均胜电子复制"均胜模式"成功经验，跨出了其汽车零配件业务转型升级的第二步，于 2014 年以 9000 多万欧元成功收购德国 Quin GmbH 公司。通过市场资源共享、产品系列互补、产业链上下游整合等方式，显著增强了公司业务的协调效益，巩固和深化了第一阶段的合作，实施"面向全球市场+高端客户"的发展战略。

为实现汽车"安全、智能、互联和新能源化"战略升级和突破，均胜电子于 2016 年再次并购了两家汽车零部件行业巨头——美国 KSS 公司和德国 TechniSat 汽车业务，收购金额达 11 亿美元。通过此次并购，均胜电子深度介入了全球汽车主/被动安全市场、车载娱乐系统、导航系统、车联网及信息处理等领域，进一步完善了公司在智能驾驶领域的布局，成功跻身全球汽车产业智能化领先阵营，实现汽车 4.0 时代的战略升级。至此，均胜电子在汽车电子行业的产品线也变得丰富（见表 16-1），其在中国、欧洲、北美三个全球最重要的汽车市场的战略布局也完成了。

表 16-1 并购扩充均胜电子产品线

产品分类	产 品 系	所属细分领域	并购企业	核心客户
智能汽车电子	人机交互产品	车身电子	Preh	宝马、奔驰、大众、福特、通用
	电子功能件	车身电子	Quin	奔驰、保时捷、大众、通用
	汽车安全系统	安全控制系统	KSS	大众、宝马、沃尔沃、通用、福特
	车载互联系统	通信娱乐系统	TechniSat	大众、奥迪、斯柯达
新能源汽车电子	新能源动力控制系统	动力控制系统	Preh	宝马、奔驰、中国中车
智能制造	工业自动化及机器人集成		Pia Evana	博世、大陆、TRW

2．企业融合

企业并购并不仅是签订收购协议就尘埃落定、万事大吉的，并购是一回事，融合是另一回事，均胜电子是如何在并购后实现一加一大于二的呢？首先，均胜电子和被并购企业都有高度融合的共识，二者愿意朝同一方向努力。例如，德国普瑞公司员工在被并购前使用德语作为官方语言，并购之后双方各退一步，将英语作为工作语言。现在均胜电子有20多人常年在德国，而普瑞也有多名资深工程师常驻宁波。两个团队相互学习，让德国公司的强大创新能力和生产品质管控，与中国公司的强大资金优势和市场资源实现了强强联合。其次，均胜电子的很多高管都有在大型外企的从业经历，双方互有了解，使得文化衔接非常方便。最后，均胜电子有独特的期权安排方式①，使高管薪资与被收购公司的业绩挂钩，调动员工积极性，还能够保障上市公司股东利益。

---

① 均胜电子与德国普瑞控股的全体外方股东及持有德国普瑞 5.10%股权的股东签订的股权购买协议规定：均胜集团享有按协议规定的条件收购德国普瑞控股全体外方股东持有的另外 25.10%股权的购买期权，并有权将该购买期权转让给均胜电子控制的关联方。该权利的确定使得均胜电子得以顺利实现对普瑞控股的 100%控制。购买期权中约定的普瑞控股 25.10%股权的转让价格包括固定的购买价格、购买价格的利息，以及可变购买价格三部分，其中购买价格利息和可变购买价格与瑞普控股的业绩表现挂钩。

3. 研发支持

均胜电子在研发方面的先天优势也为并购融合提供了巨大的支持。

一方面，均胜电子不停加大研发投入，目前公司在宁波、上海、长春、欧洲及北美都已建立新的研发中心，实现多地互动，研发领域包括产品先期模拟、产品设计开发、模具设计开发、工装设备设计开发、工艺技术开发、软硬件开发、电子信息开发等，具备与国内外客户同步开发项目的能力。均胜电子非常注重研发管理体系建设；采用与高端客户同配置先进的 CAD、CAE 开发工具，完成产品前期开发的过程中的数据准备，通过对动态力学、声学、气、液体流动学方面的分析验证，实现项目开发整个过程中的质量、进度及成本的监控。此外，均胜拥有先进完备的实验室，负责产品功能性实验、原材料实验、外观及尺寸检测，为项目开发提供保障。通过不断创新与积累，均胜电子已在产品平台化开发、项目管理、产品轻量化、模块化、节能环保、精密制造等方面积累了独特的优势。

另一方面，均胜电子也在积极推进校企合作模式。例如，均胜电子和浙江大学共同创建了创新设计与智能制造联合实验室，它将结合浙江大学的科研和人才优势，以及均胜电子先进的技术和产业化能力，推动德国工业机器人及自动化生产线技术在中国的推广和应用。实验室还将推进自动化科研项目的开展和关键技术的攻关，成为均胜人才的培训及学生培养基地，促进产学研结合。

16.5.4　效果与成绩

经过短短几年的并购发展，均胜电子已经转型成为中小型跨国企业，在全球 17 个国家拥有 7 个研发中心和 20 个生产基地，现有员工超过22000 人。尤其是在欧洲市场上，2009 年均胜电子销售额仅有 2.7 亿欧元，2016 年的销售额超过 8 亿欧元，实现了约 22%的年增长率。

　　均胜电子的并购有很强的战略指引，对构建均胜电子的汽车生态圈及未来产业的创新升级有重大意义。并购促进了资源优化整合，扩充了均胜电子的产品线，从人机交互、汽车安全、车载互联、电子功能到新能源动力控制系统等。这使得现在坐在汽车驾驶舱或者乘客位置上所能接触到的产品基本都有均胜电子的贡献，也使均胜电子拥有了比较全面的工业自动化及机器人领域的高端核心技术。

　　通过一系列的海外并购，均胜电子已在汽车产业智能化这一发展趋势中快速崛起，有望进入全球汽车零部件排名前 50 强。未来的汽车零部件企业趋势是强者越强，弱者退之，均胜电子在通过跨国并购和自主研发完成转型升级的过程中，明确了自身战略目标，选择了发达国家优质、成熟企业作为并购对象，在并购后积极、有效整合，消化吸收并购目标的专利技术、紧跟行业发展趋势，维持企业的核心竞争力，全面铺开产品线。均胜电子就这样依靠着并购和研发的双轮驱动，稳步在实现"互联网+制造"转型的道路上前行。

　　未来，均胜电子也不会停止海外并购的步伐。2016 年，均胜电子不但收购了车音网 10%的股权，成立了均胜智能车联投资公司，还与南车团合作成立产城均胜新能源科技有限公司，从乘用车到商用车 BMS 应用全覆盖。均胜电子将依托国内资本市场平台，加快并购海外龙头企业，引进先进技术进一步攻破行业壁垒，同时使其保持在驾驶控制系统里全球领先的地位，进一步扩大销售，成为全球前三的供应商；专注于人机交互、自动驾驶、辅助驾驶、车联网等领域。

参考文献

[1] 马凯. 在省部级干部"深化制造业与互联网融合发展"专题研讨班开班式上的讲话,《制造业+互联网》[M]. 北京:电子工业出版社, 2017-1.

[2] 苗圩. 《国务院关于深化制造业与互联网融合发展的指导意见》解读, 2017-1.

[3] 安筱鹏, 深化制造业与互联网融合发展的形势与任务[EB/OL]. (2016-7-7) http://www.cnii.com.cn/gyhxxh/2016-07/07/content_1749541.htm.

[4] 国家质量监督检验检疫总局, 中国国家标准化管理委员会. 《国民经济行业分类》(GB/T 4754—2017), 2017-6.

[5] 马化腾, 孟昭莉, 闫德利, 等. 数字经济:中国创新增长新动能[M]. 北京:中信出版社, 2017-4.

[6] 制造强国战略研究项目组. 制造强国战略研究(综合卷)[M]. 北京:电子工业出版社, 2015-10.

[7] 洪京一. 世界制造业发展报告(2014—2015)[M]. 北京:社会科学文献出版社, 2015-4.

[8] (美)杰里米·里夫金. 第三次工业革命(新经济模式如何改变世界)[M]. 张体伟, 译. 北京:中信出版社, 2012.

[9] 卢秉恒, 李涤尘. 增材制造(3D打印)技术发展 [J]. 机械制造与自动化, 2013, 42(4).

[10] 计时鸣, 黄希欢. 工业机器人技术的发展与应用综述 [J]. 机电工程, 2015, 32.

[11] 牟富君. 工业机器人技术及其典型应用分析 [J]. 中国油脂, 2017, 42(4).

[12] 黄培. 彻底变革制造业的六大新兴技术 [J]. 企业管理, 2017(3).

[13] 王峰，杨帅. 工业互联网发展态势及政策建议[J]. 开放导报，2017(2):84-88.

[14] 沈苏彬，杨震. 工业互联网概念和模型分析[J]. 南京邮电大学学报（自然科学版），2015, 35(5):1-10.

[15] 工业互联网产业联盟. 工业互联网体系架构（版本 1.0）[EB/OL]. [2017-7-6] http://www.aii-alliance.org.

[16] 德国联邦教研部. 德国 2020 高科技战略 [EB/OL]. http://www.innovation4.cn/library/r824, 2010-7.

[17] 德国工业 4.0 工作组. 保障德国制造业的未来：关于实施工业 4.0 战略的建议[OL]. http://www.innovation4.cn/library/r698, 2013-9.

[18] 德国电气电工信息技术委员会. 德国电气电工信息技术委员会工业 4.0 标准路线图（第一版）[EB/OL]. http://tbt.testrust.com/bz/detail/16455.html, 2015-3.

[19] 美国总统行政办公室. 重振美国制造业框架[EB/OL]. http://www.innovation4.cn/library/r4492, 2009-12.

[20] 美国总统行政办公室和美国总统科技顾问委员会. 捕捉美国先进制造业的竞争优势（AMP 1.0）[EB/OL]. http://www.innovation4.cn/library/r1441, 2012-7.

[21] 美国总统行政办公室和总统科技顾问委员会. 加速美国先进制造业（AMP 2.0）[EB/OL]. http://www.innovation4.cn/library/r1442, 2014-10.

[22] 美国总统行政办公室，总统科技顾问委员会和先进制造国家项目办公室. 国家制造创新网络计划 2015 年度报告 [EB/OL]. http://www.innovation4.cn/library/r7963, 2016-2.

[23] 信息物理系统公共工作组. 美国信息物理系统（CPS）框架草案[EB/OL]. http://www.innovation4.cn/library/r2318, 2015-9.

[24] 美国工业互联网联盟. 美国工业互联网参考架构[EB/OL]. http://www.innovation4.cn/library/r1797, 2017-1.

[25] DG CONNECT 欧盟委员会. 数字化欧洲工业 [EB/OL]. http://www.innovation4.cn/library/r15124.

[26] 欧盟第七框架计划"龙星"项目组. 地平线 2020[EB/OL]. http://www. innovation4.cn/library/r5452, 2014-7.

[27] 制造 2030 计划[EB/OL]. http://www.innovation4.cn/library/r13882.

[28] 德勤与美国竞争力委员会. 2016 年全球制造业竞争力指数[EB/OL]. https://www2.deloitte.com/cn/zh/pages/manufacturing/articles/2016-gl obal-manufacturing-competitiveness-index.html. 2016.

[29] 日本经济产业省. 2015 年版日本制造白皮书[EB/OL]. http:// www.innovation4.cn/library/r890, 2015-6.

[30] 日本工业价值链促进会. 制造业价值链参考架构[EB/OL]. http://www.innovation4.cn/library/r7632, 2016-12.

[31] 日本经济复兴总部. 新机器人战略[EB/OL]. http://www.innovation4. cn/library/r1107, 2015-2.

[32] 日本产业技术综合研究所. 2030 年研究战略[EB/OL]. http://www. innovation4.cn/library/r1834, 2016-6.

[33] 日本经济产业省. 社会 5.0 和互联工业升级[EB/OL]. http://www. innovation4.cn/library/r16216, 2017-4.

[34] 欧阳劲松，刘丹，汪烁，丁露. 德国工业 4.0 参考架构模型与我国智能制造技术体系的思考[J]. 自动化博览，2016-3.

[35] 《NI、博世力士乐、思科、英特尔、KUKA、施耐德电气和 TTTech 宣布与工业互联网联盟合作开发时间敏感网络测试平台》[EB/OL]. http://www.ciotimes.com/IT/118385.html.

[36] e-works: 《数字化工厂、智能工厂和智能制造》[EB/OL]. http://articles.e-works.net.cn/amtoverview/Article123943.htm.

[37] 刘冬，闵华松，杨杰. 基于 EtherCAT 的机器人控制总线方案研究[J]. 计算机工程与设计，2013, 34(4).

[38] Peter C.Evans, Marco Annunziata. Industrial Internet: Pushing the Boundaries of Minds and Machines[R]. General Electric, 2012.

[39] Idustrial Internet Consortium. The Industrial Internet reference architecture technical document[EB/OL]. [2017.7.6] http://www.iiconsortium.org.

跋

本书旨在总结2015年以来国内及部分发达国家移动互联网与制造业加速融合的创新成果，希望打造出一本互联网+制造工具书，为一线的实践者提供实操参考和行业标杆。

互联网与传统产业的渗透融合是从文化娱乐、新闻媒体等服务性行业最先开始的。在很长一段时间内，互联网的功能性局限在信息交互、在线支付等方面，对传统产业的商业模式和价值链条影响较小。随着移动互联时代的到来，从云计算、移动支付、LBS，到最近火热的人工智能，基础性创新技术进一步完善了互联网的功能性，也助其与传统产业碰撞出新的火花，将互联网与日常生活的实体场景真正结合在一起。O2O、共享单车、互联网医院等新玩法在一定程度上重塑了餐饮、出行、医疗健康等传统服务业，也让各界认识到互联网与传统产业融合的巨大潜力。

"互联网+"概念的诞生可以看作是一个里程碑，一方面标志着全社会对移动互联网的技术能力和功能性达成了基本共识，另一方面为移动互联网与传统产业的加速融合亮出了绿色开启信号。

制造业是"互联网+"的主战场，这一点在国内已经形成共识。与大部分服务性行业不同，制造业有固有的技术体系和标准，产业链条长，环环相扣，牵一发动全身。因此，对于移动互联网与制造业具体的融合路径和手段，各方看法差异较大。仅举一例，2015年"互联网+"行动计划写入政府工作报告伊始，就出现了到底是"互联网+"还是"+互联网"的争论。表面上看，这一争论的焦点似乎是互联网与制造业融合过程的主导权。但在更深的层面上，这一分歧的产生还是参与各方对互联网与制造业融合的最终形态有不一样的想象。

我们认为，保持开放包容的心态是持续推进融合创新的关键。毕竟，完全的颠覆或者替代不常有，而协作和互助才是贯穿始终的主线。移动互联网正在成为社会的基础设施，不论是高可用、按需付费的云，还是连接人与人、人与物的超级平台，都逐渐如供电供水一样成为人们日常生活中认为是理所当然的基本保障。这也为兴建《中国制造 2025》提供了基础性工具。我们期待中国的制造业企业能创造性使用这些工具，在新一轮的全球竞争中摆脱关键环节授之于人的窘境，打一场漂亮的翻身仗，占领全球制造业的制高点。

在本书的写作过程中，我们得到了北京大学光华管理学院、国家工业信息安全发展研究中心等智库的大力支持，信通院政经所副总工何霞教授在课题研究中给予了切实的指导。腾讯公司的业务实践是本书得以诞生的土壤，特别感谢腾讯云团队，他们的一线实践经验及对制造业的洞察是本书写作灵感的重要来源。还有其他专家学者和公司业务团队也提供了诸多帮助和建设性意见，在此一并感谢。

感谢电子工业出版社刘九如总编辑、学术出版分社的董亚峰分社长及各位编辑，他们为本书的出版付出了大量精力，进行了高效工作。

制造业成为"互联网+"的主攻方向，"用云量"成为衡量数字经济发展水平的重要指标。腾讯研究院将开展持续研究，期待和大家共同探讨互联网和传统行业融合发展之道，为经济加快转型升级提供参考借鉴。

郭凯天

腾讯公司高级副总裁

腾讯研究院理事长